U0058073

蒹葭蒼蒼，白露爲霜……所謂伊

在水一方遡（蘇路反）洄（音回）從之道阻且長

遊從之宛在水中央（賦也。兼葭……未敗時也。而露始爲霜……細高數尺似……賦也。兼似……又……）

廉，葭，蘆也。兼葭灌河之……時也。伊人猶言……霜

宛，遡洄逆流而上。一方，彼一方。宛也。

遊也，順流而下也。然坐見貌，在而水上。

央，言近而不可至也。言秋水方……上……盛

時所謂彼人者，乃在水之一方……上下

華人教養之道——若水

呂金燮
吳毓瑩
吳麗君
林偉文
柯秋雪
徐式寬
袁汝儀
蔡敏玲
閻鴻中
著

目 次

序

　　一本書的完成，寫出了什麼，固然是讀者所關心的，但對於作者而言，如何寫出，才是真正難以忘記的。嘔心瀝血，說的不就是寫作歷程之刻骨銘心？尤其這一本含有九個作者的書，如何共同寫出，更不是近三年以來、八十多次碰面讀書討論所能說得盡的。

　　我們的成軍，真要感謝 Gardner 於 2006 年 8 月時的來訪。Gardner 一方面參加亞太資優教育學會之研討，另一方面透過台北教育大學與遠流出版社的合作，對大眾舉辦一場「天賦密碼——多元智能的發現與培育」演講。從當年的 2 月開始，我們浩浩蕩蕩開出了值得閱讀的 24 本書，邀集愛讀書、喜研究的學者共襄盛舉，成立「心智論述的成長與開放」讀書會。閱讀基地在台北教育大學，每個星期一位引言人，導讀一本。從第一本 Goodman 於 1976 年出版的 *Languages of Art: An Approach to a Theory of Symbols* 開始，到 2006 年 7 月底閱讀最後一本 Gardner 熱呼呼寄來的 2006 年精彩文章集結的 *Development and Education of Mind: The Selected Works of Howard Gardner*。讀書會熱鬧時，全員到齊共有 23 人，一起嘈嘈切切錯雜談；安靜時，大概就是金變、汝儀還有我，三人成行。那個暑假，回想起來，就這麼一件事，其它，似乎都模糊了。

　　Gardner 離台後，新的學年正要開始，我們想要做點什麼的企圖也有了雛形。一方面欣喜從 Gardner 身上看到 Project Zero 的團隊運

作方式，凝聚出篇篇心血之作，不禁興起可以效法的意念；另一方面更驚心於身為華人，在教育學術圈中打混了幾年，我們對於祖先的智慧，竟然渾然不覺到將之隔離於學術關懷之外。我們集合了一些好朋友，來自台北教育大學、台灣大學師培中心與歷史系，共九個人一起閱讀討論、激盪研究想法，並邀請學者研討，同時也把想法與念頭化為具體的探查行動、研究計畫，以及吉光片羽的書寫。近三年來，我們一直接受台北教育大學「發展學校重點特色」項目下的經費支持。當時申請這筆小小經費的說帖，便是於今這本書第一章的草稿，算是最早寫成的一篇。而本書的最後一章〈教養之道——若水〉，則是出版前一刻，最後完成的篇章。因為金變必須看到所有的內容，才能確定的整理出智慧若水的初樣。

是的，說到初樣，這也確實是三年以來在我們心中逐漸萌發的想法。原先我們想把書名稱為「教養智慧——上善若水」，因覺得我們立足於台灣，身承華人文化的大脈絡，經過台灣文化的淘洗，以及歐美文化的影響，我們期待以此觀點詮釋出來的教養智慧——包括較正式的「教育」以及較非正式的「養育」，可達到「上善若水」的境界。但看著「智慧」與「上善」二詞，忽然間我們感到猶疑了。此刻的我們，能夠通透智慧的真諦嗎？能夠描述上善的境界嗎？我們碰面討論了八十多次以來，愈漸覺得教養之道有若水的意味，然我們尚不足以詮釋出智慧與上善的感覺。想著，便大筆一揮，難以道盡的就暫且留在心中吧！僅留若水，其餘再探。

而我們將田野場景置於華人社會中，那麼題目是否該加上「華人」二字呢？認為不需要加上華人二字的說法，乃是正如歐美人談理論或是發現時，亦不會加上荷蘭人的教養觀、美國人的多元智能理

論，或是英國人的人格特質論等的用法，那麼我們爲何要謙卑地區隔自己，強調我們的發現僅限於「華人」？Gardner 或是 Project Zero 侃侃而談所詮釋的現象，從不加上「美國」或是美洲，或是盎格魯薩克遜文化等標籤，反而當他們在討論其它社群時，便會加上文化或是種族標籤，例如印地安族裔、亞裔、墨西哥城等。而我們從自己的社會出發，描述我們自己的教養之道，不是盎格魯薩克遜族裔的傳承，也不是清教徒的文化，況且又在台灣出版，採用華人都懂的正體字，我們還需要加上「華人」之標定嗎？我們難道需要認可歐美學者「家天下」的態度，從他們的立場著想，從他們的角度來看我們的論述，而爲自己標籤爲「華人」？書名用上「華人」是否類似過去我們以歐洲中心論者的用詞稱自己「遠東」（相較於近東與中東，對他們而言我們眞是遙遠的東方）二字一樣的可笑？這些理由，我們最後以一個想法否定了。如果我們認同 Geertz 所說的在地知識（local knowledge），則怎能以爲我們說的教養觀就是普天下可概化的知識？因此加上了「華人」二字，當是更能清楚地標示出我們這本書的脈絡。至於我們慣常看到的理論或是觀點，一般並沒有「產地」之標示，汝儀特別強調，那是他們應該進一步思考的問題，我們不應重蹈覆轍。我們不應一則以 local knowledge 自許環境脈絡等文化的影響，另一則卻又同時期待這本書的普同立場。我們爲書名加上了華人之形容詞，同時亦期待他日歐美學者出書時，亦能想到自己的侷限性與置身地。

關於若水的教養之道，十個篇章，有起始、有中論、有結語，我們如何區分之？命名之？鴻中提起《詩經·蒹葭》：「蒹葭蒼蒼，白露爲霜。所謂伊人，在水一方。遡洄從之，道阻且長。遡游從之，宛在水中央。」我們心中響起了鄧麗君的「在水一方」，瓊瑤作的詞：

「綠草蒼蒼，白露茫茫。有位佳人，在水一方。我願順流而下……我願逆流而上……卻見彷彿依稀，他在水的中央。」是的，在我們還沒讀過《詩經》的小時候，已經唱過蒹葭的白話本了——三千年前的民間詩歌，今日有新的面貌被傳唱著。鴻中從圖書館架上取下了兩個刊本，一個是朱子的《詩集傳》，一個是清朝方玉潤的《詩經原始》。仔細看這兩個刊本用的字，敏玲細心發現，「遡洄、遡游」，這幾個字要仔細看好，不是「溯」、不是「迴」，亦不是「遊」。我們心想好險沒出錯，並得到一個結論，完美主義的細心，真是一美德也。關於我們書中所尋找的伊人——華人教養之道，朱子說此詩旨趣為：「上下求之皆不可得，然不知其何所指也。」真是說中了我們現在的心情。雖然「不知其何所指」，我們仍遡洄從之，又遡游從之，正如鴻中提醒我們讀讀方玉潤在《詩經原始》中之註解，我們實則因這想望之心而徘徊低吟尋覓——「玩其詞，雖若可望不可即；味其意，實求之而不遠，思之而即至者。特無心以求之，則其人倜乎遠矣。」只怕無心求之，則伊人縱然近在眼前，也渺不可及。於是，我們採了「在水一方」表達我們的起始點，「遡洄遡游」形容我們的努力，「宛在水中央」是我們對於伊人的想望，也是金鑾說的：「這本書，是我們探求的開端。」雖然開端之始，研究場域基本上在台灣本島與金門，然而我們想將之置於華人文化的脈絡中。南京的田野，則等著我們踏足。

終究，若水如何若水呢？位於水之任一方正在思索「宛在水中央」之面貌的此刻，我們或涉或走或遡或游，我想藉韓嬰寫於《韓詩外傳》卷三對於水的形容之一段，與大家相互切磋：

夫水者，緣理而行，不遺小間，似有智者；動而下之，似有禮者；蹈深不疑，似有勇者；障防而清，似知命者；歷險致遠，卒成不毀，似有德者。天地以成，群物以生，國家以寧，萬事以平，品物以正。此智者所以樂於水也。

在撰寫過程中，感謝台北教育大學連續三年給予讀書會經費之支持、國科會研究經費的支助、心理出版社林敬堯總編輯對於這本書的看好與出版編務的奔走，尤其感謝宋文里先生仔細閱讀評論每一章節，是我們這本書的第一位讀者。如果讀者看到書的封面，便興起了想要與我們一起撩衣涉水的念頭，翻開了扉頁，感受到了水紋的撥動，那麼您一定要知道：我們請了台北教育大學退休教授謝朝清先生為這本書寫了封面與三個部分的扉頁標題；並請藝術系謝宏達老師為我們設計封面與封底。有了他們的人文風采與藝術才華，我們很放心把這本書交給了讀者。最後，我們更要感謝即將閱讀這本書的您。雖然我們不知道您在何方，因何緣由開始翻起第一頁，但我們總笑說，買這本書可是挺划算的，一口氣看了九個人的觀點、瀏覽了各層面所顯現出來的教養之道的若水歷程、接受十種不同文風筆調的轉換，我們相信在閱讀心智上必定負荷過重，但心靈精神上當與我們相合——是啊，華人教養之道，若水，真美。

吳毓瑩 謹識
2008 歲次戊子之暖冬

阻且長。遡游從之。宛在水中央。○貨○非○居○海○仍○用○虚○活○之軰妙妙章一　蒹葭淒淒白露未晞

所謂伊人。在水之湄。遡洄從之。道阻且躋。遡游從之。

在水中坻。章二　蒹葭采采白露未巳。所謂伊人在水之涘

遡洄從之。道阻且右。遡游從之。宛在水中沚。章三

右蒹葭三章章八句　此詩在秦風中氣味絕不相類

以好戰樂鬥之邦忽遇高超遠舉之作可謂鶴立雞

羣脩然自異者矣然意必有所指非泛然者序謂刺

襄公未能用周禮呂氏祖謙遂謂伊人猶此理鑒之

又鑒可為寶飯蓋秦處周地不能用周禮周之賢

在水一方

1. 華人教養之道的探尋──
全球視野在地理解

吳毓瑩 教授
台北教育大學心理與諮商學系

　　我去參加孩子學校的「學校日」活動，在我自己小時候，這叫做母姊會，似乎只有媽媽或姊姊會來。大姊的母姊會，媽媽參加，小弟小妹的母姊會，就大姊參加了。當然，更多時候母或姊都沒出現，爸爸更不可能出現了，因為爸爸不在邀請之列啊。不禁想起那個拚生活拚經濟的年代，爸爸有爸爸的工作，媽媽可能也很忙，說不定大姊已經離家在都市上班了。孩子的教養，基本上就全權託給老師。

　　近幾年時代變遷，母姊會的名稱亦歷經轉變。當我的大女兒讀小學時，我參加的，叫做「教學參觀日」，第一、二節課老師教孩子，父母當作旁聽生，後面三、四節課則是親師座談，聊聊教學與孩子成長狀況，通常是老師主持。漸漸的，隨著孩子年級增長，親師合作興起，主持棒逐漸轉交給班級家長代表。而今我參加的活動叫做「學校日」，從母姊會到學校日，名稱一百八十度大轉變，顧名思義，學校日是學校開放之一日，邀請家長來校了解學校經營狀況，並促進親師溝通。雖然名稱有變，但相信我的心情，應該與兩千年來的家長心情一樣，孩子學得好嗎？老師教得好嗎？我可以做什麼？就這三個基本問題而已，也足夠讓我們絞盡腦汁思索如何教養下一代，促進下一代的成長。

沙漏與鑰匙盒

關於這三個問題，我們可以做什麼？我可能是孩子的父母、孩子的老師、孩子身旁的路人，當然也會是自己——一個永遠的學習者。

學校日時，學校發給每個來參加的家長一本薄薄十二頁的親職小品，意思是家長們在與老師談孩子時，也莫忘了自己在親職範圍內的本分與職責。親職小品中有一篇洪蘭的文章〈給孩子跌倒的機會〉[1]，描述她在國外教書時，有時會帶學生去參觀附設幼稚園。有一次看到一個景象，沙坑裡有各國孩子玩沙，也有各國的媽媽在旁邊。美國媽媽看著孩子用沙漏想要把瓶子裝滿沙，孩子先是用沙漏裝了沙後，手指堵住漏口，再把沙漏移到瓶子旁邊，放開手指，將沙漏放進瓶口，但這樣做總是漏的比裝的多。幾經試驗，突然之間，孩子開竅了，他把漏斗直接對準瓶口，再用手捧沙由上而下倒沙便成功了，孩子高興回頭看媽媽，媽媽拍手鼓勵。「中國的母親便不一樣了」，洪蘭接下來描述一個中國母親看到孩子裝沙的困難，蹲下去說：「來，媽教你，把漏斗對準瓶口，再把沙從這裡灌下去。」中國孩子比美國孩子早學會用漏斗，但他很快的便不玩漏斗了，爬出沙坑要媽媽抱。洪蘭由這故事點出中國父母剝奪孩子從失敗中求經驗的機會，孩子很容易就輕易放棄挑戰。最後，洪蘭提醒父母在遊戲中訓練孩子獨立，鼓勵孩子創新，不必事事都依父母的想法來做，孩子的自發創造力就是這

---

1 讀者可上此網站 http://www2.lssh.tw/~lib/share/chance.htm 閱讀全文。

樣培養出來的。

　類似的場景，多元智能創立者 Howard Gardner 也有一個故事要說。我們看看他如何描述一個關於鑰匙的故事（Gardner, 2006）。

　1987 年時，Gardner 以及妻子還有前一年甫從台灣收養的二十個月大的兒子Benjamin，一家三口訪問中國大陸。當時他們住在南京的金陵飯店，房客離房時，需將鑰匙交給櫃台保管或是投入鑰匙盒中。小 Benjamin 特別喜愛自己把鑰匙對準小小的長方口，投入鑰匙盒，當然以一歲半孩子的手眼協調以及肌肉運作能力，更多時候是根本投不進去。但Benjamin喜愛那叮叮咚咚的碰撞聲音，而Gardner夫婦更是樂意讓孩子嘗試解決問題，自己體會發現的樂趣，與洪蘭文章所說的那位美國媽媽之態度非常類似。Gardner 這麼說：「這是典型的美國中產階級之育兒原則。」此育兒原則有一個假定是：「一旦大人告知孩子正確的作法，不管是投擲鑰匙還是畫隻公雞，孩子就不會想去花腦筋自己解決問題了」（Gardner, 2006, p.118）。然而，每當小Benjamin嘗試投入鑰匙屢試不成時，只要旁邊有人經過，那人便會趨前看看小朋友在做什麼，一旦發現小朋友一直嘗試卻不能成功，便會握住孩子的手溫柔而堅定地把這緊握住鑰匙的小手帶到鑰匙盒的孔上，並輕輕壓下小手，投入鑰匙。此位來幫忙的大人之舉動，也正如洪蘭文章中的中國媽媽一樣，溫柔而堅定地說：「來，媽媽教你……」，當任務完成時，這位大人還會微笑看著 Gardner 夫婦，似乎在等著他們說聲謝謝。

　從洪蘭的沙漏到Gardner的鑰匙盒這兩個故事，我們看到嘗試中的孩子以及旁觀的大人。兩個故事不約而同點出了中西兩種不一樣的教養觀：一為典型美國中產階級的觀點：放手讓孩子嘗試（如沙漏故

事中的美國媽媽，或是 Gardner 故事中的自己）；另一為典型華人的觀點：溫柔而堅定的教導（如洪蘭故事中的中國媽媽，或是 Gardner 故事中的金陵旅館旁觀者）。至於各自觀點對於孩子未來的影響，洪蘭指出其中一個可能性，美國觀點可以鼓勵問題解決，而中國觀點容易導致孩子輕易放棄挑戰。但是否還有不同的說法呢？

我們從沙漏故事裡中國媽媽的示範，或是鑰匙盒故事中金陵旅館裡旁觀大人對於孩子的引導，看到大人在教孩子正確的作法，顯示華人社會中身為大人在孩子學習歷程中自然而然會扮演的角色。Gardner 透過鑰匙盒故事，從藝術教育的觀點引出五項華人教養孩子的重點：

1. 生命之開展，如同表演，每個人都有清楚的角色。
2. 藝術是美，且導引出美好的德行。
3. 由上而下的控制為必要之舉。
4. 教育乃是連續不斷的修正與形塑。
5. 基本能力為基礎功夫且是創意的先決條件。

大人的導引與示範，容或減少了孩子在這問題上的嘗試機會，然而，這樣的引導所帶出來的學習，不盡然是負向的結果，如 Gardner 所看到的華人教養的面向。引導與示範是華人社會結構中穩定的力量：長者知道何者為適當的表現與正確的行為，因而長者的角色便是提供範例並成為楷模，一方面傳遞更優更好的知識技能，另一方面建立權威。如果大人從過去的經驗得知存在有最完美最好的解決方式，例如如何用沙漏把瓶子裝滿沙，例如如何把鑰匙準確投入鑰匙盒中，則長者清楚的指示，從另一個角度想，乃在讓孩子省下時間去進行其他更複雜的活動。但是再從引導的功能進一步想，是否孩子都能夠從長者與祖先的經驗得到解決方法？當然亦不盡然。洪蘭的憂慮也許在

此，如果孩子習慣從大人處（或是祖先，或是智慧之書）學到最好的方法後，一旦碰到連大人也不能解決的問題，或是沒有大人在旁邊的時候，則孩子將放棄挑戰而無法完成任務。然而這個面向的後果，華人不理解嗎？

　　究竟在孩子的學習過程中，長輩需扮演什麼樣的角色？Gardner觀察到華人社會中，孩子從老師或長輩處學得基本能力與基本功夫後，便需要用此能力進一步解決更複雜、也許長輩無法處理的問題。我亦相信，唯有如此，文化與文明才能一代代革新而有不一樣的面貌。不論任何文化，長者對於下一代的教養，不可能停留在期待孩子等著別人餵養食物，給予指引，或是僅從事規律工作而不迎接挑戰或是放棄挑戰。教養觀並不是一個獨立於社會結構的方式而獨立運作，且僅會在單方面造成特定的結果。教養觀在一個社會中逐漸形成，醞釀出一個系統化的運作方法，其過程與目的與社會形成一個整體，成為這個社群生存的法則。教養方式也不會一成不變，而是隨著時代潮流與社會需要點點滴滴改進。然而所有的改變，必然植基於這個社會所賴以生存並賴以進步的文化信念上。教養方式很難直接移植，因一個方法背後有一套體系與思維，並與整個社會的結構環環相扣。例如「讓孩子儘量嘗試」這一個方法，來自美國多種族多文化的社會系統，來自一個玉米馬鈴薯為主要食物來源的國度，沒有人有把握什麼是最好的生活方式，在個人主義為上，尊重權利的體系下，獨特性是創意的先決條件。而在華人義務重於權利的社會中，百分之九十為漢人，倫理關係井然有序，稻米農業決定團體的生活方式，整個社會如同一個表演的舞台（余秋雨，2007），學習不是為了彰顯個我的獨特性，更是為了光宗耀祖或是增進社群利益，是以在這個社會中，把最

好的問題解決方式有效教給孩子，是長輩的責任。兩種不同的教養觀點所植基的社會基礎，更是我們不可忽略的脈絡。

被 Gardner 借走的一塊「他山之石」

我們知道，在這全球資訊溝通流暢的今日，沒有一套教養觀是截然的西方或純然的東方，而不受外來文化影響。所有的教養體系都在動，都在思索如何讓下一代更好。我們來看看《詩經》如何教我們使用他山之石。《小雅・鶴鳴》篇中說：「……他山之石，可以爲錯……他山之石，可以攻玉。」這並不是說我們在建造園林時，把他山之石借來擺在自己的庭園中，也不是說我們去攻下他山之石所在的山頭；而是在說我們可把他山之石拿來作爲「錯」——一種磨刀，目的在於「攻」玉，也就是砥礪磨練我們的石頭成爲晶瑩剔透的美玉。換言之，我們有自己的玉石待琢磨，他山之石可以引來成爲一個好用的工具。

Howard Gardner 曾於 2006 年 7 月來台參加亞太資優學術研討會（Asia-Pacific Conference on Giftedness, APCG），同時台北教育大學與遠流出版社亦聯合邀請 Gardner 舉辦一場演講，演講主題是「天賦密碼——多元智能的發現與培育」。Gardner 演講最後舉出孔子的教誨，讓在場的我們心有戚戚焉。他坦承不論多元智能有多周延，總是少了一塊人與人之間的倫理關係之貢獻。他今天提出 good works 的概念（Gardner, Csikszentmihalyi, & Damon, 2001），作爲他對於未來多元智能走向的期許，呼應孔子於二千三百多年前提出的人與人間之倫

理與道德。我在現場,與隔壁同事面面相覷,孔子說的話,我們早已經不知將他放在三十年前的哪一個記憶匣中了,不就是那中國文化基本教材嗎?當時為了升學與考試,我們背得滾瓜爛熟。可是現在身處於教育學術圈中,孔子說過的什麼話,對我們而言,與研究方法、教育心理學等理論,何時發生關聯過?而今透過多元智能的窗口,重新看見孔子。

Gardner 所說的 good works,簡單言之,乃指最好的成就不僅是技術卓越,更在於社會責任。關於社會責任,我們並不陌生,用我們的話說,就是儒家的「仁」。孔子的學生曾子說:「士不可以不弘毅,任重而道遠。仁以為己任,不亦重乎?死而後已,不亦遠乎?」《論語·泰伯》。仁是士一生的關懷,是君子死而後已的任務。如果把仁更淺白地放在生活上,其實也就是「修己善群」,是我們日常生活的基本準則,亦是我們社會上表揚的善行義舉。這準則在我們心中、我們行為上,如同是媽媽的叮嚀、老師的提醒一樣,平常不過。這麼家常的原則,怎麼會是一種「理論」或是「概念」?可是 Gardner 借用孔子(儒家)的「仁」,向同為華人的我們傳遞出智慧片語,將之概念化成為 good works,並反過來告訴我們人與人之間的相處以及倫理,才是多元智能的極致與基底。仁是君子的使命,在儒家文化中,早已發端,當我們在為 Gardner 所提出來的 good works 而感動,頻頻點頭稱是時,感動的是他對於儒家文化的欣賞,感激的是他喚醒了我們重看這一塊被 Gardner 借走的他山之石。

孔子曾回答子張問仁「能行五者於天下為仁矣。」哪五者呢?「恭、寬、信、敏、惠。恭則不侮,寬則得眾,信則人任焉,敏則有功,惠則足以使人」《論語·陽貨》。一位仁者,要具備這五個條件——

恭、寬、信、敏、惠，與 Gardner 所強調的 good works 距離不遠，然而又更細緻，從個人修養的「恭」開始，逐步推向人之間的相處——「寬」與「信」，進而期待仁者最後可以帶領社群、引導社群向上發展——「敏」且「惠」。在儒家的理念中，君子不僅獨善其身，尚須兼善天下。

「仁」除了我們在儒家經典中看到的意涵外，還有一層生活中的意義。蔣勳（2006）在《美的覺醒》一書中提醒了我「仁」這個字，同時也是果核中的種子——果仁，如花生仁、杏仁、瓜子仁。「仁」同時也顯示了發端與開始，下一代繁衍的起始。此意義可回歸到孔子所說的仁者——恭、寬、信、敏、惠，修己而終於善群。我們最朗朗上口的「夫仁者，己欲立而立人，己欲達而達人」《論語‧雍也》，所說的，不就是社會的責任以及下一代的培育乃為仁者之最大使命嗎？

他山之石，為錯，不是為玉

坐在觀眾席中的我們不禁楞楞地想著，文化的結晶與智慧就在身邊，而學術中人，卻仍汲汲向外乞求，把老祖宗的智慧當成生活，把西方的論述當成學術殿堂的理論，而我們又將理論與生活區隔，兩邊互不相犯。三、四、五十歲的我們，國中時候開始接觸國文，高中時候學習中國文化基本教材，研究所時候學習研究方法、心理學與教育理論。國、高中時候學的，是為了考試；研究所學的，是為了學位；成為大學教授之後，寫的文章又為了升等、為了評鑑的績效。為了考

試所學的經典文章，歸在考試升學的生活抽屜中；為了博士學位所學的，歸在事業成就的理論抽屜中。生活抽屜裡，有許多產生自文化的生活原則，不知不覺成為日常生活的指引；而在事業成就的理論抽屜裡，多的是叫做理論的素材，是可以產出研究成果的基礎。兩個抽屜互不相擾，各有各的發揮範圍。生活中的準則，我們不覺得是一種可以與西方世界溝通的理論，例如：孔子的「仁」、莊子的「游刃有餘」，直到 Gardner 的 good works 或是 Csikszentmihalyi（1991, 1997）的 flow 出現時，我們似乎才急切的回頭，開始整理自己的生活抽屜。也才恍然，我們何以將生活抽屜與理論抽屜做這樣的歸類？而忘記了《詩經》說的：「他山之石可以為錯，他山之石可以攻玉。」他山之石最好的功能在於成為一個好工具，磨玉的錯，錯所要磨的、所要攻的，是自己的玉。錯，不是待磨的玉，亦不可能成為玉。換言之，另一社會的教養觀點或是理論，是一個好窗口、好方法（他山之石可以為錯），而其所砥礪的，是自己本體的生存樣貌，其所磨的，是自己文化中產生出來的理論（可以攻玉）。我們勿以為他山之石，可以為玉，把另一社會的理論，當作是自己的典範。Gardner 不就是把孔子的「仁」借去為錯，砥礪其 good works 的美玉？

在 Gardner 緩緩提出華人文化給他的啟示時，我們有了一個願望，我們是否能夠重組那紮根於我們生長地方的知識，與世界的潮流銜接對話，而能產生出華人關於教養的智慧。於是我們組成一個團隊，冀求以長程的腳步，步步為營；透過在地的理解，探究華人教養與成長的歷程。從文化的脈絡，匯聚出前進的方向與方法，把梳出我們的理論、琢磨出我們的美玉。

教養：教育與養育的核心

教育與養育，從「人」開始，也回歸到「人」身上。教育在字義上指向較正式的學習管道，例如學校教育；而養育則指向較生活的學習過程，例如家庭養育。無論正式或非正式的系統，必然牽引著豐富多元的人，是文明傳遞者，亦是文明接受者與開創者。在代代相傳之間，我們應當了解在正式的組織機構中之教育歷程，與在非正式的家庭鄰里社區中的養育歷程，換言之，在人所集合的群眾之間，我們的文化要如何培育群體中的人。結合教育與養育，我們在書中以「教養」一詞共稱之。

教育與養育，共用一個字 —— 「育」，也是二者的共同核心。東漢許慎所著的《說文解字》這麼說，養子使作善也。育之古字乃是「毓」，我從甲骨文中「育」這個字的轉化來談教育與養育的精神。首先，育的受教對象是子，因而有「養子使作善」之期待，圖 1-1 顯示出包著的孩子，露出了頭與雙手。

圖 1-1　「子」的甲骨文

孩子來自母體之孕育，甲骨文中的母體自女子演變而來。「女」

字如圖 1-2。女子懷「孕」了，肚子隆起，肚內的一個點表示胚胎的形成，如圖 1-3。懷孕後要生產，於是「孕」字的右下方，我們看到一個倒過來的「子」，倒子下方有三點水如同「川」字，意指嬰兒頭朝下產出，下有羊水，乃是順產之意，這便是現在「毓」字的甲骨文，包含有孕以及生產之意涵，如圖 1-4。

圖 1-2 「女」的甲骨文　　圖 1-3 「孕」之甲骨文　　圖 1-4 「毓」的甲骨文

　　懷胎十月，生產之後，要養育孩子了，靠的是母親之哺乳。我們再來看看「母」這個字（如圖 1-5），可清楚看到哺育的乳房。哺育的母親頭上帶著美麗的頭飾（也許是美麗的羽毛），如圖 1-6 之「每」字。「每」這個字後來漸漸轉成「美」，但是其原型取代了圖 1-4「毓」的「孕」字旁，轉化為「每」字旁，於是「毓」的字形已成，如圖 1-7。「毓」字形的演變，告訴我們懷孕生子如圖 1-4 的「毓」，之後的哺乳與養育如圖 1-7 的「毓」，是長久不可卸的責任。《說文解字》中寫著：「毓，育，或從每，草盛也。養之則盛矣。」

圖 1-5 「母」之甲骨文　　圖 1-6 「每」之甲骨文　　圖 1-7 「毓」之小篆

「毓」這個字為什麼後來變成我們常用的「育」字呢？在文字的演變上，我相信應該類同於文化思維的演變。「毓」此字原先來自懷孕生子（如圖 1-4），後演變成生子後哺乳餵養（如圖 1-7），而早在東漢時候，「毓」又轉成了「育」。「育」字保留原來「毓」之右邊偏旁的倒子形（倒子即𠫓形，表示胎兒在母體中的頭下腳上位置），但其餘的含意，包括羊水以及哺乳已退位，轉而為肉（月部），意指孩子的養育，從誕生、哺乳之後，需要更充足的營養，以利筋骨的強壯，後引申為「養子使作善」也。

《說文解字》進一步提及「孟子曰，中也，養不中。才也，養不才。」點出了「育」字，不從子，而從倒子的轉化意義，使倒者為正，「不善者，可使作善也。」育之目的「當養以正」，乃是教育與養育之共同目標。

在地與全球的呼應

關於教育學，拉丁文是這樣稱呼的——pedagogy。字源是希臘原文 paidagogos，其中 paio 指兒童，尤指服侍國王或是神的僕人（請見 http://strongsnumbers.com/greek/3816.htm），而 paidagogos 是教僕的意思，在希臘雅典時代，此教僕教導兒童僕人學習如何執行僕人的工作、聽從主人的命令（請見 http://en.wikipedia.org/wiki/Pedagogy）。pedagogy 教育學之內涵產生了當代之教育心理學以及教學原理，從蘇格拉底的「產婆論」，到 Piaget、Skinner、Bruner、Vygotsky 等人的論述，皆是教育心理學與教學原理的主要內容。學者們來自西方文

化,他們自己也是文化的產品,他們描繪他們所「看到」的人,並提出對於「人」的教育理論。我在閱讀教育心理學諸理論時,最心動的一刻是讀到蘇俄心理學家 Vygotsky(1934/1986)提及的社會情境觀點,我立刻聯想到孟母三遷的故事,而 Vygotsky 在地理上也最靠近我們。

在教育心理學或是教學原理的範疇中,關於心智的培育,認知發展一直是主流重點,情意之內涵與修為,則常常在教科書有限厚度中,或是教學時數的限制下,悄悄的被忽略了。教育到底要成就什麼樣的下一代?Good works 的出現(Gardner et al., 2001)正好彌補了情意的缺席。

華人文化中的君子養成,便超越認知上的成就。孔子曾說:「*君子不器*。」意指君子不要成為技術官僚或只有一技之長的專家。舉例來說,寫字,在華人文化中,是很重要的活動,即至目前,小學生的回家功課中,國語科的寫字簿,一直是書包中被翻得最熟爛的本子。寫字的訓練,一方面在熟悉字的結構,然而,還有一潛在想法是練人格、磨品行。教養的重點不是傳授知識與技能,而是在於教導出什麼樣的人,期待受教者成為一個君子。這樣的信念放在教室中,便是老師對於學生的規範、叮嚀、指引、訓誨與鼓勵,不同於認知教導,而強調情意、態度、價值與行為,廣植於生活之中。有趣的是,這樣的實踐範疇,較少見於以知識為主流的教學理論中。教科書中不容易處理的情意領域,恰恰是華人教養的基礎,包括道德、品格與為人。但遺憾的是,華人文化關於教育哲思之論述,並沒有占據教育心理學或是教學原理討論範疇中的任何一頁。我們的教養觀點存在於日常家庭生活與教室學習中,但在教育方法學中卻消失了。

孔子把君子當作人才的培養目標,「君子義以爲質,禮以行之,孫(遜)以出之,信以成之。君子哉」《論語·衛靈公》。短短一句話,我們看到了仁、義、禮與信。《周易》的乾掛更具體說:「天行健,君子以自強不息」,在德與才的基礎上,君子也如坤掛中所說:「地勢坤,君子以厚德載物。」這是華人看待學習的終極目標,也是教養的方向。此方向,恐怕不存在於教育學之學術論述或是教科書中,它毋寧更是實踐的、內隱的、沒有概念化的行動指南。例如:生活中我們強調心性的陶冶,培養能夠知曉並力行禮義廉恥的下一代,然這些並不在正式的教育或養育論述中被直接強調,但我們自己知道,這是內隱在生活之中,成爲我們的默契。

我們思考著,如何從我們生活當中萃取出知識,並將之整合爲有系統的架構,讓每個教養之實踐者都可以輕易掌握這個體系。例如:洪蘭「沙漏故事」中的中國媽媽之行爲,從個體認知學習之面向來看,也許正是扼殺個人創意的開始;但如果從社會生存的方式、長幼的倫理、教養的信念來看,則此一小舉動,內嵌於整體脈絡之中,會帶出來什麼樣的教養體系?值得我們細細品味與探究。

每個族群的發展,必然受限於、亦同時立足於他所存在的社會狀況和自然條件,亦被周邊或遠或近的其他族群所牽引而連動。今日我們生存在台灣地區,所讀的、所行的、所期待的,在在呼應著我們社會文化條件下生活著的「人」將如何發展之情境。反省自我、追求突破、與社群共享,是人類文明進展的來回過程。本書的主要重點在於從文化的角度,看見並了解我們所實踐的教養是什麼,包括了正式的學校教育以及非正式的家庭或社會之養育,我們想問其中摻揉了什麼元素,又如何磋商出好的方法。我們希望在當代的社會文化脈絡中說

出社群的長者對於「新生代如何學習、如何被教導」的期待與實踐歷程。我們立足於在地的教養知識，回應全球化的趨勢，從台灣華人的視域出發，希望能在「人如何學習、教養如何成就」的知識裡，貢獻我們的一頁。

華人觀點的教養，強調心性的陶冶，因為深知習慣一旦養成，便不容易更改。是以在教育的現場中，尤其是幼稚園以及小學的教室裡，老師強調行為與生活規矩，勝過學科的學習。而在家庭中或鄰里間，孩子的品行更是大人們的關切。在我們使用教育學各項知識的歷程中，我們確實體認到不可能將西方理論全部移植，因為我們知道每一種學理都有其限制。有趣的是，明知各種理論在實踐上，都會與現實生活產生衝突，有其限制，然而，當西方的學理和華人文化世界的現實發生關係時，我們在腦袋中，想的是西方的理論，例如兒童中心、知識建構，但是在行為上，則呼應社會上存於每個人心中的教養信念，例如教室裡老師是長輩，兒童要尊重長上；數學需要熟練公式與計算；錯字一定要訂正等的日常信念。

我們以一個二年級小朋友的週記之一頁為例，如下頁圖 1-8，老師一方面想要鼓勵孩子多寫、多表達，二方面仍不免要提醒孩子有錯字，更重要的是錯字要訂正。而因為錯字太多了，致使老師忽略與孩子所描述的週日歡樂相呼應。老師雖然依據現實考量要求孩子訂正錯字，但往往又覺得懊惱，懊惱自己怎麼不像教育心理學中所說的做一個以兒童為中心的老師。

諸不知，教科書中學來的理論在現實中，永遠不足。在文化的意義交換平台上，理論有多少可以在此文化平台上得到共鳴，而能符合我們社會上對於「人」是什麼的期待？這些都有待討論。這並不是學

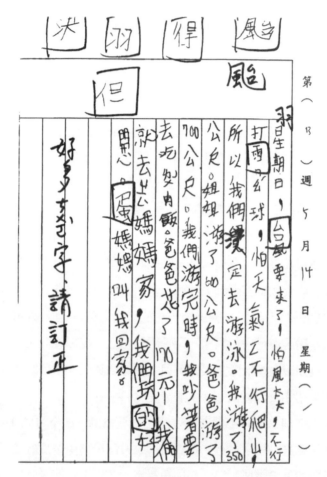

圖 1-8　一個二年級小朋友的週記

理和現實的衝突，也不是西方理論與華人文化的捍格，而是理論鑲嵌於社會脈絡中時，必然會出現差距。不斷應用從西方的本體論與認識論中產生出來的論述與理論，結果是在使用的歷程中，我們其實產生了自我實踐出來的知識。這個知識，或者被一般人認為只是常識，或者把它視為教科書中的理論之例外，或者認為是個人的轉化。然而，

多去想想，我們發現這便是我們在這本書中所強調的華人教養之道，普遍存在，卻有待整理。近來學術社群鼓勵教師從事行動研究以說出自己的聲音，並進而建構公共的、共享的教養知識，所做者，無非希望賦予理論以在地的實踐與了解，進一步長出在地的知識與理論。

我們的焦點

我們一方面了解華人有代代相傳的智慧之語，一方面亦深知華人所崇尚的儒家、道家、法家、釋學等，並不乾淨純粹地存在於兩岸三地華人的心中。Bruner曾言，文化論者的任務有兩個層面：在鉅觀層面上，將文化視為一個由價值、權利、交換、義務、機會與權力組成的體系；在微觀層面上，檢視文化系統之要求如何影響那些在文化中運作的人（Bruner, 1996/2001, p. 11）。就大系統而言，兩岸三地各有其社會所形塑出來的價值、權利、義務、機會與交換的體系；就小系統而言，即便都是華人，亦都有對於在其中生活的人們獨特的要求與影響。同樣承襲華人文化的兩岸三地：中國大陸經歷了文化大革命以及十年來的經濟改革；香港接受九十九年的英國殖民之後，回歸祖國沒落後再升起；台灣接受了日本文化五十年的殖民之後，由國民黨政府治理到台灣意識的出頭，在不同社會條件的地域中，我們各自建構了怎樣的教養知識，是豐富整體知識不可或缺的一環。

教養是一門實踐的知識、實踐的科學，教養的知識如何產生，我們希冀從實踐中建構並厚實理解的基礎，Gadamer 曾說：

　　事實上，歷史不屬於我們，而是我們屬於歷史。早在我
們透過自我檢驗的歷程了解自我之前，我們已在我們生活的
家庭中、社會裡，透過自我證成的方式了解自己了。（Gad-
amer, 1960/1989, p. 276）

　　以此觀點看之，歷史就在我們身上，我們存在於歷史中，或可
說，我們存在於傳統中，傳統是一個流變的歷程。我們希望能夠透過
閱讀、辯證、現場觀察與對話，來理解當下社會中所實踐的教養知
識。在我們的理解過程中，必然產生差異性，而此差異性，並不是需
要被屏除的成見，反而是辯證與相互理解的好時機。在對話過程中，
不論是本書的各章節之間，或是書中作者與現場行動者之間，我們期
待都能以視域的融合，作為理解與詮釋的核心精神。我們存在於歷史
中，我們也在寫歷史。

　　回到植基於生活中的教育以及養育，我們可以萃取出什麼道理？
我們希望以自己的皮膚和手去接觸現場，才能讓根植於文化中的教育
常識成為社會發展歷程中深具生命力的影響工具。我們相當慶幸語言
的豐富，使得我們可以同時接受兩種文化系統的思維：一則以外來的
辭彙進行師資培育，談論源自於西方的教育理論，比如說「情境認
知」，比如說「認知基模論」；另一方面，我們亦在自己的文化中找
到相呼應的觀念，例如說「近朱者赤、近墨者黑」，「舉一隅而不以
三隅反斯殆矣」等。我們相信詞彙與理論等等都是一個個存在文化體
系中的概念，而在文化中運作的人們，將擷取各項資源／資訊以及操
作方式，生成意義，進行教育或是養育的任務。回到教養是什麼的問

題，教養在文化中，不是海上謝絕參觀的孤島，而是連綿陸地中的一塊區域，沒有疆界，無法劃定界線。人們在教養中生活著，如同在家中生活一般，這是一個隨時隨地在進行的文化傳承。藉著這本書，我們想要問教養歷程的範圍與發展基礎為何？就人的外在而言，有學校組織、家庭與社會等資源；就內在而言，人天生就擁有一些能力。是以教養的發展，奠基於何？受限於何？條件為何？

我們正在砥礪這塊文化系統中關於教養之道的玉石。磨玉之此刻，我們必須要非常了解自己是塊什麼樣的石，才知道從那個角度用什麼樣的力道下手。至於何時借用以及如何借用他山之石，也是一個需要細思量的問題。我們希望在與整體社會適配的情況下，美玉欣然有成。

謝　誌

這篇文章的草稿，很早就寫完了。我看了自己的檔案，2006 年11 月 27 第一次完稿，檔案篇名是〈教育文化變遷中的實踐與知識——從全球在地觀點出發〉。當時讀書會已成形，我們還在為「全球在地」（glocal＝global＋local）這個詞討論著。兩年以來，我們的方向不變，但合作的方式以及各自可以處理的議題，點點滴滴在流轉（不愧是若水啊）。我在文中所說的話，已經融合了我們「若水工作室」很多成員的想法與點子，這是我們相欠、也是互惠的結果。

本文第一位認真嚴肅的讀者是宋文里先生。他的回應有兩個要點，我樂意在此呈現出來與讀者分享。其一是宋先生提醒我注意：

「有一種文化差異是發生在華人文化內部的兩層文化之間的區隔……
只是在當代環境中用高等教育和俗民教育的方式表現出來而已」（個
人通訊，20081204）。換句話說，當我把華人教養之道中的教育與養
育放在一起時，固然將之定義爲正式的教育（如學校）與非正式的養
育（如家庭），然教養的複雜性，並不是正式與非正式的場域之別而
已，教養所指涉的範圍中，仍有其他層次的不同，例如：菁英文化與
常民百姓文化。繼而，宋先生告知：「把『教育／養育』視爲同一個
過程，很可能會不自覺地更加混淆了文化區隔的問題，而沒辦法彰顯
華人文化和西方文化之間在什麼質地上可以接軌的問題。」是的，我
們確實有意將教育與養育混在一起，連書名都以「教養之道」行之，
用意乃是將其視爲一個整體來看待。整體之中，仍有許多層次，其分
野或是經典菁英與常民百姓，或是個人心理觀點與整體社群觀點，或
是陽與陰，或是儒與道，或是孔子與蘇格拉底，或是老師與父母，或
是學徒與師父。包含有很多個層次的系統，等待我們開發。那麼，我
這一篇文章，做爲我們任務的第一章，其目的毋寧更是「心戰喊
話」。既是喊話，莫不動用到一些資源，感謝國科會研究計畫
（96-2413-H-152-013-MY3）對此心戰喊話的部分支持。

參考文獻

余秋雨（2007）。**中國戲劇史**。台北：天下文化。

蔣　勳（2006）。**美的覺醒**。台北：遠流。

Bruner, J. (2001). **教育的文化——文化心理學的觀點**（宋文里譯）。
台北：遠流。（原著出版於 1996）

Csikszentmihalyi, M. (1991). *Flow: The psychology of optimal experience.*
New York: Harper Collins.

Csikszentmihalyi, M. (1997). *Finding flow: The psychology of engagement
with everyday life.* New York: Harper Collins.

Gadamer, H.-G. (1989). *Truth and method* (2nd ed.) (J. Weinsheimer & D.
G. Marshall, Trans.). New York: Crossroad. (Original work published
in 1960)

Gardner, H. (2006). *The development and education of mind.* NY: Roultl-
edge.

Gardner, H., Csikszentmihalyi, M., & Damon, W. (2001). *Good works:
When excellence and ethics meet.* New York: Basic Books.

Vygotsky, L. (1986). *Thought and language* (A. Kozulin, Trans.). Cam-
bridge, MA: The MIT Press. (Original work published in 1934)

作者簡介

吳毓瑩

　　我大學時候參加登山社，參加攝影社，也參加合唱團，都是認真的參與（但不要問我讀那個系，那是我最歉然的一面）。乍看似乎三者不甚搭調，但如從生活來看，也很簡單，就是在山上、攝影、唱歌，啓動體力透支的胸膛起伏、探望天地的大美、歌喚不同層次的聲音。曾經在美國東岸 Maryland 大學讀了六年書，從諮商到測驗。現在在台北教育大學講、唱、誨、寫。也不知怎的，因為 Gardner 而重新認識孔子，因為 Csikszentmihalyi 而重讀莊子。諮商與測驗成了我的工具，不知不覺中，我竟然在探詢華人的教養之道——還在尋找（開發？）一條可以踏查的路徑。有時我在想，我現在做的，似乎漸漸回到了我所喜愛的活動上。我在爬學術的大山，體力透支；我在望文化的面貌，美不勝收；我在喚夥伴一起唱和，同曲而不同調。

2. 師道初肇——
孔子、墨子和莊子的教育故事

閻鴻中 助理教授
台灣大學歷史學系

　　人類是文化的動物，得藉著某些形式的教育來傳承文化。不過，在不同社會裡，教育者和學習者的關係卻有種種差異。例如：在羅馬帝國時代，羅馬主人的老師經常是有教養的希臘奴隸；而藏人傳統上則崇敬僧人爲師。在華人文化裡，師道與天、地、君、親並尊，代表人應當視爲根源的五種對象，其中「天、地」是宗教與自然，「君、親」是群體與生命，而「師」則賦予人們文化教養。[1]教師如此崇高的地位在大多數社會並不常見，而華人教育直到今天還深受此一傳統的影響。這種師道的信念是如何發生的？是源自制度的規範，還是社會的需要？回顧歷史，似乎都不盡然。孔門設教和百家授徒遠遠早於選舉、考試的萌芽；即使在考試制度和學校教育興立以後，如東漢大儒傳經設教，韓愈振興師道，周濂溪對明道、伊川的啓迪，王陽明對諸多弟子的感發，乃至方外傳法、禪門印心，凡此文化上最高意義、

1　「天地君親師」的觀念源於《荀子‧禮論》，云：「禮有三本：天地者，生之本也；先祖者，類之本也；君師者，治之本也。」君、師不分是先秦儒家的通說。到了明代，民間宗祠、家廟或廳堂上多書此五字於祖先牌位之上，以示崇敬。參見徐梓（2006）。

最具啟發性的教育，都不屬於考試制度和學校機構的範疇；民間拜師學藝的百業技藝之師亦復如是。由此看來，師道無疑是具有獨立特質的文化項目，不完全是其他社會因素的投影，而且，中國歷史上許多意義重大的變革正是由師生教育開啟了先聲。

因此，師道的歷史成因、盛衰起伏以及內在動力，理應是華人教育史和文化史的關鍵課題。不過，以往相關學科的教育史研究大都偏重制度、學校和思想，相對輕忽了師生互動的內涵與方式，以及師生社會角色的變動。近年來，台灣地區以師生互動為觀察焦點的研究開始興盛，十分可喜，不過對歷史上的教育行為還未給予同樣的關注。認識師道，了解弟子的學習之道，不僅可以深入認識傳統教育，也有助於理解華人教育的文化特質，進而開發其中蘊含的珍貴資源。

在這篇文章裡，將為師道的誕生階段做個初步的歷史描繪，述說華人文化最初的教育故事。

大家都知道，孔子首先樹立了教育的精神和師道的典型。諸多弟子追隨孔子共同享受學習生活，持守理想，患難與共。當孔子死後，弟子自動群集，在追思孔子的漫長歲月裡固守著從師為學的生活方式，進而誕生了以教育者自命的「儒家」。這是中國的第一則教育故事，它的影響永不磨滅，故事中的教育精神也值得再三品味。

先秦諸子大都效法儒家講學授徒，由於人格和思想的不同，隨之發展出各具特色的師生關係和教育內涵。從師道的典型著眼，除了儒家，特別值得認識的首推墨子和莊子。墨子是推展信念最為積極的行動教育家，他提倡兼愛，崇尚公義，重視功利理性，督促體行實踐；弟子們徹底實行節用、非攻、兼愛等基本信念，以身作則的宣揚墨子的理念。墨家組織嚴密，行動一致，不惜犧牲，前仆後繼，竟能活躍

兩百餘年之久。在人類歷史上，能長期保有認同和行動力的具有犧牲精神的自願性群體，除了宗教團體外，很難找到能與墨家相提並論的例子。相反的，道家主張清靜無爲，行不言之教，也強調學習者的靜觀默會，重視施教者不憑藉言語的德行感召，一意探索物我兩忘的生命境界。墨、道兩家一動一靜，猶如兩翼，呈現出古代師道的可能與張力，也更加彰顯儒家教育的中道特質與豐富內涵。

師道的三個原型，反映出以人爲本、因人而異的教育特質。不僅教師順應學生而因材施教，學生也師法其人，在精神和行事風格上有深厚的傳承。先秦諸子的著作幾乎都是集體創作，是學派的集體成果，諸多門人後學很少凸顯個人色彩，多將成就和榮耀盡歸於開創學派的宗師。「諸子百家」的「家」字，就寓含了師弟子猶如家人一體的意味。但另一方面，這又是個百家紛起、不斷創新的時代，師生之間強烈的認同和鮮明的個性，交織出極其斑斕的色彩。只有回到眞實的師生關係中，才能對這些看似矛盾的現象得到深刻的理解。

讓我們回到教育故事本身，考查中華文明教育典範的創生歷程。認識了這些典範，對於探討現今的師生關係是否具有意義？這個問題希望讀者能幫助我們回答。

孔子的啓發教育

春秋時代的貴族崇尚教養，士大夫多能虛心學習，彼此切磋砥礪，不少故事還保留在《左傳》等古代文獻裡，然而卻沒有人以老師的身分留下事蹟。從孔子開始才完全改觀。在先秦人物裡，生平事蹟

記載之詳莫過於孔子（551-479 B.C.），[2] 主要是由於司馬遷寫下〈孔子世家〉，以《論語》為骨幹而又蒐羅各種資料，詳細呈現孔子的一生。而且，司馬遷還根據孔府的珍貴資料《弟子籍》編寫了〈仲尼弟子列傳〉，記下七十七名弟子的基本行事，載明二十多位重要弟子的年齡先後。[3] 這是中國最早的教育史寫作，也為後人將孔門教育生活進行編年的工作奠下了基礎。此外，《論語》一書更保存了最貼近實況的豐富紀錄，留待世人細心解讀。

孔子可不是從政不成才從事教育的。他早年任職小吏，大約三十歲前開始授徒，[4] 不久就聲聞公卿，連齊國國君也曾有意重用。但孔子出處不苟，多次放棄從政的機會，[5] 悉心於教育工作，培育出許多優秀弟子，著名者如：冉伯牛、閔子騫、子路、曾點、仲弓、冉求、宰我、公西華和顏回等。直到五十歲，魯國在連串對外失利、家臣內亂的困境下，世代主政的三桓大夫終於痛下決心，願意擁戴公室進行改革，於是聘請孔子主持國政。孔子帶領許多學生一起出仕，大刀闊斧的施為，僅僅四年魯國就大治，無論內政、外交都獲得了重大成就。然而定公和三桓意志不堅，改革終究受阻，孔子不得已而離開魯

---

2 孔子生卒年根據《史記・孔子世家》；但《公羊傳》和《穀梁傳》記載孔子誕生在魯襄公二十一年，為西元前 552 年，早於《史記》一年。

3 參見《史記・仲尼弟子列傳》。參見陳榮捷（1985a）、錢穆（1956）攷辨卷一〈孔子弟子通考〉。

4 琴張在孔子三十一歲時已經從學，弟子中年齡較長的，如仲由少孔子九歲，顏回少孔子三十歲，顏回的父親無繇也師事孔子。由弟子年齡看來，孔子在三十歲前應已授徒。參見錢穆（1975）。

5 包括齊景公、陽虎、公山弗擾，都曾有意禮聘孔子。齊景公待孔子，曰：「若季氏則吾不能，以季、孟之間待之。」曰：「吾老矣，不能用也。」孔子行。（《論語・微子》）。景公當時不過四、五十歲左右，自言老而不能用孔子，可以想見孔子對政治抱持激烈的改革主張。

國，[6]在多名弟子的伴隨下，周遊列國長達十三年。其間雖曾受到幾位國君的禮遇，但並未擔任政務。在這段日子裡，孔子始終講學不倦，甚至在衛靈公詢問軍旅之事的次日，他毅然離開衛國，竟因無人接濟而在陳絕糧，處於顛沛困頓中的孔子卻絲毫不以爲意，還淡然的說：「君子固窮」，依舊講學不倦。[7]直到六十七歲時，在冉求、子路等返魯從政的弟子協助下，他才被迎回魯國。魯哀公對孔子深表尊敬，待以大夫之禮，可是哀公並無實權，孔子也僅對重大國政盡其言責而已。[8]在生命的最後六年中，孔子又培育出一群優秀的年輕弟子，包括：有若、曾子、子游、子夏、子張等人，他們在孔子身後成爲各國的教育家，開啓了戰國初年的第一波改革。

綜觀孔子一生，雖然當他有機會實現理想時沒有迴避從政，但生命的重心卻並不在此。在諸多記述孔子言行的先秦文獻裡，從未見到他提起從政生涯；他喜歡談的是學習心得。孔子晚年回顧一生，曾這麼描述自己：「吾十有五而志於學，三十而立，四十而不惑，五十而知天命，六十而耳順，七十而從心所欲不逾矩。」他對自己的內在發展有深刻的自覺，少年時立下了向學的信念，而爲學之所得也反映爲心靈境界的不斷提升。孔子諸事謙遜，唯獨對學習和教育的熱愛坦然承當，他表示：「十室之邑，必有忠信如丘者焉，不如丘之好學也。」有一回他還半開玩笑的想讓子路如此介紹自己：「其爲人也，發憤忘食，樂以忘憂，不知老之將至云爾。」將自己好學不倦的精神

---

6 參見錢穆（1975）第五、六章。

7 參見《史記・孔子世家》和《論語・衛靈公》。

8 參見錢穆（1975）第七章，一、「有關預聞政事部分」。

表達得痛快淋漓。他說：「若聖與仁，則吾豈敢？抑為之不厭，誨人不倦，則可謂云爾已矣。」也說：「我學不厭而教不倦。」他樂於所學，又教其所樂，愜心滿足。他又說：「有教無類。」簡單四個字道出了永恆的教育理想。

　　這股好學的精神也深深感染了弟子。孔子曾詢問學生志向，子路回答：「願車馬衣裘與朋友共敝之而無憾。」顏回則說：「願無伐善，無施勞。」子路請問孔子的志向，他說道：「老者安之，朋友信之，少者懷之。」他們的志趣所在，全是由衷關懷他人和當下自我的實踐反省，絲毫沒有仕途的影子。甚至當孔子詢問弟子：若真有人識拔重用，你要做什麼呢？（「如或知爾，則何以哉？」）在弟子各自表達了抱負和自信之後，孔子對曾點所說特別認同。曾點的志向是什麼呢？「與冠者五六人，童子六七人，浴乎沂，風乎舞雩，詠而歸。」[9]歷代學者對這番話有許多不同解讀，陶淵明的領悟是：「童冠齊業，閒詠以歸。」那是帶著成年和未成年的子弟，在學習之餘一同遊嬉水濱，吟詠詩歌吧？[10]這不正是孔子平日生活的寫照嗎？孔子

9　參見《論語‧先進》。這則故事出現在孔子出仕之前，是與早年弟子的對話。其中曾點是曾參的父親，孔子出仕之後，在場的子路、公西赤等都得到出仕的機會。孔子中年時期的重要弟子顏回、子貢等人這時還沒有出現。這則故事對曾點的神態和言語，描寫得極細緻，張亨先生有很生動的分析，見〈《論語》中的一首詩〉（張亨，1997）。

10　參見陶淵明的〈時運〉詩。陶淵明在晉宋之際，潔身自好，但也深刻的盼望能從事教育，曾在詩裡追想孔門設教沂上，說：「但恨殊世，邈不可追。」他又對在官府羽翼下講學的朋友說：「願言誨諸子，從我潁水濱」（〈示周掾祖謝〉）。這真是隱逸之士絕意仕途而上友古人的典範。可是時代已變，始終未有長久追隨他學習的人，令他深感失望，曾憤然寫道：「如何絕世下，六籍（指六經）無一親？終日馳車走，不見所問津！」（〈飲酒〉）。因此，陶淵明是確能深刻了解孔子志業的人。

真是樂在教育的老師啊！

孔子特別欣賞顏回，稱讚他：「賢哉回也！一簞食，一瓢飲，在陋巷，人不堪其憂，回也不改其樂。賢哉回也！」安貧樂道是他們一心向學、終身不移的性情之自然流露。教育和學習就是共享這份生命情懷的心靈感召。《論語》開頭的第一句話說：「學而時習之，不亦說乎？」快樂學習就是孔門的基本精神。而「有朋自遠方來，不亦樂乎？」對孔子來說，教育即是學習的分享和心靈的共鳴。

那麼，孔子是如何教育弟子的呢？這樣的「大哉問」實在不容易回答，只能舉出比較特殊的幾點，談一下個人的粗淺認識。

首先我們得知道，孔子和學生的關係極為親密，無論講學、生活、從政乃至播遷流離，他們都是親密的夥伴。這份師生情誼是歷史上前所未見的。身為老師的孔子有一種威嚴，但他與學生共同生活、分享一切，樂意將自己坦然、全然的呈現在學生面前，曾說：「二三子以我為隱乎？吾無隱乎爾。吾無行而不與二三子者，是丘也。」他認為自己說得太多，希望讓學生多多自行觀察，因此說道：「予欲無言。……天何言哉？四時行焉，百物生焉。天何言哉！」

孔子善於因材施教，那是出於對學生的觀察和欣賞。孔子最初是這麼觀察顏回的：「吾與回言，終日不違如愚；退而省其私，亦足以發，回也不愚！」顏回靜靜的聆聽吸收，而孔子也注意到他真確的實踐；顏回死後，孔子深深追念：「唯顏回為好學，不遷怒，不貳過。」不遷怒、不貳過，都不是自我表白的事情，而是孔子敏銳觀察之所見，他是何等細心、何等善於理解和欣賞弟子的老師啊！他又說：「回也，非助我者也，於吾言無所不說。」孔子因為顏回能心意

相通而感到快慰，同時也希望學生質疑問難，讓自己獲得成長。[11]

孔子所教的內容又是什麼呢？弟子如此歸納：「子以四教：文、行、忠、信。」這包括了知識、行為和內在品德。孔子自己也說：「德之不脩，學之不講，聞義不能徙，不善不能改，是吾憂也。」內在的德、外在的學，以及不斷的遷善改過，是孔子時時刻刻的自我要求，可知孔子之所教也就是他之所學。而這些成分又是交織而富有動態的，顏淵形容得很妙：「夫子循循然善誘人，博我以文，約我以禮，欲罷不能。」孔子將豐富的知識與禮樂的實踐相結合，誘導弟子循循不已的學習成長。《史記》描述孔子在陳絕糧食時，仍然「講誦弦歌不衰」，總是悠遊在學習之中而毫不懈怠，「講誦弦歌」一語是對孔門獨特的教學生活的典型描述，其他各家也常這麼形容孔門的風貌。《論語》記載說：「子之武城，聞弦歌之聲，莞爾而笑。」年輕的子游擔任小小的武城宰，卻能不分貴賤的認真教育人民，孔子是何等的欣慰！

在今天的中文世界裡，「啟發式教學」是大家耳熟能詳的詞語，而「啟發」一詞正是孔子對自己教學方法的解說。孔子說：「不憤不啟，不悱不發；舉一隅不以三隅反，則不復也。」原意就是要求學生主動求知，只有當學生真正遇到困境而憤悱挫折之時，老師才給予關鍵的引導；即使引導，也永遠留給學生舉一反三的餘地。學生若是不懂得

---

11 二程兄弟回憶少年時拜訪周敦頤，周敦頤屢次問他們同樣的問題：「昔受學於周茂叔，每令尋顏子、仲尼樂處，所樂何事？」〔見程顥、程頤（無日期）卷二上，頁二，語錄〈元豐乙未呂與叔東見二先生語〉。〕理學的興起，就因為這個問題而開啟的。周敦頤自然是極為欣賞顏回，他提出「學顏淵之所學」的理想（見《通書》），以顏回做為為學的典範，其實也就是透過顏回的生命情懷來認識孔子之所學，這是理學家最特殊的領悟。

觸類旁通，就代表並未真正領悟，或者並未有探索求知的真正動機，孔子不會再增添更多的教導。孔子要學生永遠保持真心求學的誠意。

不過，孔子並非僅僅消極等待學生的摸索和詢問，而是採取許多方法來誘導學生懷疑、提問，又常在回答時特意留下讓學生思索的空間。例如：

> 司馬牛問仁，子曰：「仁者其言也訒。」曰：「其言也訒，斯謂之仁已乎？」子曰：「為之難，言之得無訒乎。」

當司馬牛問「仁」的時候，孔子居然以「其言也訒」來回答──「訒」是說話鈍澀的模樣──任誰聽到這個答案，都會感到不解吧！司馬牛果然立刻表示懷疑，這卻也正反映出他未經深思咀嚼就輕易出口的個性；而孔子只輕輕回問：「若覺得行事不容易，說話怎能不感到為難呢？」不但暗示出仁者對人對事的情意和鄭重，又藉著回問讓司馬牛警惕自己輕易出言的心態。類似的故事在《論語》裡不勝枚舉。

「仁」是孔子教人為學的最重要目標，可是在《論語》中，孔子提到「仁」的時候從不給予定義，都用觸類旁通的提示法，以不同方式做說明。例如：

> 巧言令色，鮮矣仁。
> 剛毅木訥，近仁。
> 仁者，先難而後獲，可謂仁矣。

誰不曾有「巧言令色」的時候？誰又不曾有「剛毅木訥」的時

候？甚至誰不曾有「先難而後獲」（利恐居前，難恐居後）的時候？那時的心態、滋味如何？聽者捫心自問，自會瞭然於仁與不仁的差別。有了這樣的體會，「舉一反三」豈非水到渠成？

另一位學者林放曾向孔子請教「禮之本」，孔子嘆說：「大哉問！」這也許是對問題的讚賞，也許是感嘆問題難以回答。孔子依舊旁敲側擊的舉例：「禮，與其奢也，寧儉；喪，與其易也，寧戚。」行禮是奢華些好，還是寒儉些好？治喪是條理井然較好，還是人心盡哀較好？孔子講出自己的判斷，其實也是人人心中共通的感受。而從不盡完美的抉擇之中，文質彬彬的恰當分寸更加呼之欲出。這種含意深遠的回答，留給請益者多麼豐富的探索空間！

若將孔子對於「仁」、「孝」、「士」、「君子」等觀念的各式各樣描述當成定義，誰都會覺得零散紛亂；但那些話其實都是指向人心本有經驗的引導，若能反求諸己，咀嚼出經常忽略卻又永遠存在的那些滋味，自我的覺醒也就隨之展開。在仁者眼中，這種人心共有的經驗和品味，信手拈來皆可做為例證，哪有定規可言？「啓發式教育」的本質便是如此。獲得了內心的指引，認識了內在的動力，自然會首肯於「學而時習之，不亦說乎」的詢問吧？這樣的學習經驗足以使人產生深刻的嚮往，並得到最大的滿足。

孔門弟子從這種內在覺醒中養成了無畏的力量，並且透過學習和教育的生活，傳遞了這份生命的自覺。儒家不是因為孔子的號召所成立的，而是由於這群弟子內在的覺醒和堅持而形成的。

孔子之死與儒家誕生

　　當孔子漂泊在外之時，曾經病重瀕危，弟子中以子路年齡較長而又跟孔子最爲親近，他指導門人以家臣的身分爲孔子準備後事。可以推想，他們是多麼不願孔子僅僅如尋常庶民般草草殯殮，既然孔子曾爲魯國大夫，這樣的儀式多少可以彰顯孔子的不平凡吧？孔子病勢減輕以後聽聞此事，大發脾氣：

> 久矣哉，由之行詐也！無臣而爲有臣，吾誰欺？欺天乎？且予與其死於臣之手也，無寧死於二三子之手乎！

　　「二三子」是孔子對弟子的習慣稱呼，孔子不但不肯逾越身分假充大夫，而且明白表示，在自己心中，即使眞以大夫身分在家臣手中死去，也不如以老師身分死於弟子的手中。孔子的期望深切反映出與弟子非比尋常的情義。後來孔子返回魯國，顏淵卻不幸早夭：

> 顏淵死，門人欲厚葬之，子曰：「不可。」門人厚葬之。子曰：「回也，視予猶父也，予不得視猶子也。非我也，夫二三子也。」

　　不論照孔子論禮治喪的原則，還是依顏回安貧樂道的性格，這件喪禮都該是簡約樸素的；可是同門深覺不忍，聯手爲顏回厚葬，孔子

縱然感到遺憾，卻也無法強力制止。這些故事說明了孔門情意誠摯的關係，也顯現出孔子並非絕對居於指揮掌控的角色。凡是強調內心自發和自覺的教育，必然要讓每個人有自主斟酌的空間。所謂「當仁，不讓於師」，正是孔子的教誨。

孔子回到魯國以後，享有大夫的禮遇；當孔子去世之時，魯哀公更親賜誄辭哀悼。[12]孔子之喪雖享有哀榮，弟子們卻發生了重大疑問，因為師生猶如朋友，本無服喪之禮，他們該如何表達對老師的心意？這時子貢提出了非常特別的建議：

> 孔子之喪，門人疑所服。子貢曰：「昔者夫子之喪顏淵，若喪子而無服；喪子路亦然。請喪夫子，若喪父而無服。」（《禮記·檀弓》）

當孔子失去了特別欣賞、親近的弟子顏回、子路的時候，他一樣不能著喪服，卻在私生活上執守著猶如為子服喪般的規範，默默抒發心中的哀悼。這種執守謂之「心喪」，自然是不明言的，只有子貢那樣親近而聰慧的學生才由觀察得知。孔子弟子非一，孔子也不可能為每位死去的弟子都行同樣的禮法，但此時所有弟子都贊同子貢的提議，願意依照喪父之禮來為孔子服心喪，並且採行了最為徹底的表現方式——共同在孔子的冢墓上陪伴老師，廬居三年！

> 孔子葬魯城北泗上，弟子皆服三年。三年心喪畢，相訣

---

12 《史記·孔子世家》，頁 1945。

而去,則哭,各復盡哀;或復留。唯子贛(即子貢)廬於冢上凡六年然後去。弟子及魯人往從冢而家者百有餘室,因命曰孔里。魯世世相傳以歲時奉祠孔子冢,而諸儒亦講禮鄉飲、大射於孔子冢。孔子冢大一頃。故所居堂、弟子內(「內」即是「室」),後世因廟藏孔子衣冠琴車書,至于漢二百餘年不絕。(《史記・孔子世家》)

經過三年的陪伴和思慕之後,弟子道別而去,子貢卻返回冢墓,又獨居三年。[13] 才華洋溢的子貢是當時極其傑出的外交人才和一流的商人,人品學識被譽為「聖人」,竟以生命中五、六年的光陰全心追念老師!弟子們又回來了,魯國人也跟來了。由於追念而形成聚落,環繞著冢墓及孔子和弟子的居室,成為傳承禮樂生活的一片園地。大約三百年之後,青年司馬遷曾特地來此遊學,眼見儒生在孔子廟堂的演習傳承而感動不已:

太史公曰:「……余讀孔氏書,想見其為人。適魯,觀仲尼廟堂、車服禮器,諸生以時習禮其家。余祗迴留之,不能去云。」(《史記・孔子世家》)

儒家並不是孔子有計畫建立的,而是因為孔子之死,弟子們不能

---

13 這裡說子貢「廬於冢上凡六年」,恐怕不準確。廬居是住草棚,古人為父母之喪最多也只能廬居三年就要除喪。《孟子・滕文公》說:「昔者孔子沒,三年之外,門人治任將歸,入揖於子貢,相嚮而哭,皆失聲,然後歸。子貢反築室於場,獨居三年然後歸。」子貢應該是回來再築室(單間房舍),繼續獨居三年。所謂獨居是不帶家眷的意思。

容忍那樣的失落而誕生的。透過祭祀和演習禮樂，弟子將對孔子的追思化爲世代相傳的教育生活。孔子的弟子也曾有意推舉一位同學繼續領導大家學習，孟子曰：「子夏、子張、子游以有若似聖人，欲以所事孔子事之。強曾子，曾子曰：『不可。江漢以濯之，秋陽以暴之，皜皜乎不可尚已』」（《孟子·滕文公上》）。曾子指出，孔子是無可比擬的，不須勉強尋找接替者。孔門因此樹立了維持自發學習、自由從師的傳統。此後弟子們分赴各國推展教育，而被稱爲「儒家」，「儒」就是「師儒」，因爲他們是獨有的「教育家」。他們沒有組織，沒有實際的領袖，僅以魯國爲精神的原鄉。這是中國歷史上第一個因教育而形成的群體，以師生關係爲教育主軸的傳統也從此確立。

在中國文明源遠流長的歷程裡，孔子教育的影響其實才剛開始而已，以下只就儒家傳承到秦漢之際的情況略作介紹。

當秦始皇併吞六國、統一天下之初，原本有意兼容百家；但是在儒生公開批評徹底的郡縣制度以後，丞相李斯建議盡焚「《詩》、《書》、百家之語」，「有敢偶語《詩》《書》者棄市」，儒家教育遭到最嚴厲的禁止。當陳勝揭竿而起時，孔子後人孔鮒竟抱著禮器前往投效，可見儒家對秦的憤慨之深。陳勝失敗之後，項梁擁立楚懷王之孫爲義帝，義帝封項羽爲魯公。雖然項羽與魯地本無瓜葛，而且在天下騷亂之際這類分封的意義也十分微小，後來項羽更自立爲西楚霸王；但是當項羽自刎於烏江以後，楚地皆降漢，天下獨有魯人不降，「漢乃引天下兵欲屠之。爲其守禮義，爲主死節，乃持項王頭視魯，魯父兄乃降。」項羽也終於得以「魯公」身分依禮埋葬。可見魯人有著極其特殊的自尊與信念。而且史稱：「高皇帝誅項籍，舉兵圍魯，魯中諸儒尚講誦習禮樂，弦歌之音不絕。」只因爲秦朝已亡，終於能

恢復演習禮樂，儒生竟然一意沉浸其中而置死生於度外。這種意態讓一向輕視儒生的劉邦也大受震撼，後來還以太牢祭祀孔子。[14]

　　歷經戰國、秦朝到漢初，法家、縱橫、陰陽、黃老和刑名等思想先後扮演了政治發展的掌舵者。漢武帝雖然獨尊儒術，其實在政治決策上與儒家思想的衝突遠多於契合；但是他立五經博士，甄選基層人才為博士弟子員來接受經典教育，卻使儒家獲得了培育政治人才的機會。弟子員不過數百人，在龐大的政府中寥若晨星，受學之後或為郎、或為吏，也不過增添少許資歷而已。可是數十年之後，「公卿大夫士吏斌斌多文學之士」，儒家以其醞蓄數百年的教育能力培育出出色的政治人才，進而締造了以道德教化為理念的文治政府。平心而論，在政治的理論和實務上，諸子百家各有所長，但是先秦學派傳至漢代，最富於變通性和吸納精神的首推道家和儒家。道家「以虛無為本，以因循為用」（〈論六家要旨〉），其基本原則充滿了靈活的特性；而儒家的出發點則在教育，政治思維也以此為核心，主張先富後教的平和手段，此外則順應時代，貼近民情，未必有一貫的主張，然而以其虛心好學的心態，也能隨時發展變化，不斷更新。

　　官僚化的儒家有其妥協的一面，但批判朝政的忠言讜論，推動禪讓的革命精神，以及不斷以教育的思維來改造社會和指導政治，在在顯露出他們堅韌的生命力。儒家不僅教育官吏、培育士人，也經由官吏和士人來教化百姓，將傳統文化和儒家的倫理精神散播且深植於庶民社會。另一方面，漢朝的太子都有老師，也尊敬、信任甚至倚賴老

---

14 以上秦漢史事依據《史記》〈秦始皇本紀〉、〈項羽本紀〉、〈高祖本紀〉和〈儒林列傳〉。

師。東漢時，皇帝即位之初首先要禮請老師出任「太傅錄尚書事」，協助、甚至代理皇帝來總理政務，其地位在三公之上，享有最高的尊榮。直到太傅過世，皇帝才完全自行掌握政務。[15]任何人都需要教師的指導，皇帝也不例外。儒家以師道馴化權力之功是不可埋沒的。

墨子的實踐教育和行動團體

儒、墨兩家都是基於志同道合而形成的群體，也同樣擁有改造世界的理想。他們不僅要改變世界的秩序，更希望提升人的素質，培養出理想的價值觀，因此他們的理想政治都帶有道德性和教育性，政、教是相結合的。為了行道，他們宣揚自己的政治主張；為了傳道，他們更推展教育事業，因此成為先秦時代綿延最久、凝聚力最強的兩大學派。但儒、墨兩家也有些基本的不同：儒家是鬆散的，除了師法孔子之外，並沒有實質的領袖，甚至最初也沒有十分明確的經典；墨家卻有組織、有信念、有領袖、有集體行動，還有源於墨子口述、代代傳誦的經典。儒家可稱為信念相近的群體，而墨家確實是道道地地的團體。就墨家最極端的行動來看，稱之為人類史上第一支（如果不是唯一的）自願性民間維和部隊是當之無愧的。[16]舉凡組織性、行動力

---

15 司馬彪，《續漢書志》第二十四〈百官一〉「太傅」目；收於范曄（無日期）。

16 《墨子‧公輸》記載，公輸盤（般）為楚國造雲梯，將攻宋國；墨子奔走十日十夜由齊至楚，與公輸盤辯於楚王之前，拆解了所有器械戰術，墨子說：「臣弟子禽滑釐等三百人，已持臣守圉之器，在宋城上而待楚寇矣。」楚王為之罷兵。篇末又附載了一則趣聞：墨子由楚歸來路過宋國時，適逢天雨，想借里巷閭門避雨，守閭之人卻還執守門禁不許他進入呢！這則故事生動的說明了墨家實踐兼愛、非攻的精神，以及堅卓的平民性格。

和嚴格的準則理念，都深植在墨家的教育過程中。認識墨子，可以認識中國教育傳統裡最富積極性和領導性的教師典型。

　　墨家留下的教育故事不少，墨子尤其豐富，主要見於《墨子》書的〈耕柱〉、〈貴義〉、〈公孟〉和〈魯問〉等篇。這些雖然不是即時的紀錄，卻具有一致的縝密特色，傳述出許多墨子與弟子對話時質樸的言詞和仔細的回答，同時也流露出再傳弟子的恭敬之情（例如：對墨子的弟子多稱為「子」，而對墨子一律稱為「子墨子」）。以《墨子》一書編輯之嚴謹，雖然不能斷定行事記載都完全準確，但藉以考察墨子的教育風格和師生關係基本上是可信的。而先秦時代其他學派的作品則可以提供若干佐證。

　　墨子思想帶有濃厚的儒家色彩，[17]教育方式也有接近之處，如《淮南子・主術訓》就說：「孔丘、墨翟修先聖之術，通《六藝》之論，口道其言，身行其志。」（此處不宜拘泥文字，實際上「六藝」是儒家重視的學問，而墨家只重視《詩》、《書》、《春秋》等歷史知識。）[18]雖然如此，兩者也有根本差異，因為教育方式、師生關係，都與人格和思想分不開。以墨子最重要的主張「兼愛」的論證為例，雖然是從儒家的「仁」、「恕」之道推導而來，卻有著毫釐千里之別。例如《墨子・兼愛》中說：[19]

----

17 《淮南子・要略》說：「墨子學儒者之業，受孔子之術，以為其禮煩擾而不說，厚葬靡財而貧民，〔久〕服傷生而害事。」因此許多學者認為墨子曾接受儒家教育。墨子生於孔子身後，應是從孔門弟子學習。

18 墨子非禮、非樂，批評儒家教育說：「弦歌鼓舞，習為聲樂，此足以喪天下。」墨子也「明鬼」，相信鬼神會因人的善惡而賜予禍福，但卻從未提到要依循占卜來窺測吉凶、詢問神意。

19 《墨子》書中有三篇〈兼愛〉，都記錄了「子墨子言」對兼愛的完整論證，三篇的主要論述層次幾乎完全一致。正像《聖經》中的「四福音書」一樣，是同一來源經過口傳而寫成的不同紀錄。

> 子墨子言曰：「仁人之所以為事者，必興天下之利，除
> 去天下之害。」

孔子講「仁」，說的是情意的相通和內心的自覺；墨子講
「仁」，卻從行動和結果著眼，要為天下興利除害。那麼，天下之利
害何在呢？

> 今若國之與國之相攻，家之與家之相篡，人之與人之相
> 賊，君臣不惠忠，父子不慈孝，兄弟不和調，此則天下之害也。

各式各樣的爭端、衝突與傷害就是大害；害由何而生？

> 以不相愛生。

不相愛就生大害，那麼對治之方就得反其道而行：

> 以兼相愛、交相利之法易之。……視人之國若視其國，
> 視人之家若視其家，視人之身若視其身。……凡天下禍篡怨
> 恨可使毋起者，以相愛生也，是以仁者譽之。

所謂「兼相愛」，就是不只愛自身及自己的家和國，對他人的
身、家和國也同樣珍愛。這種想法很像是從孔子「己所不欲，勿施於
人」的恕道發展而來的，只不過儒家認為仁義禮樂等諸多原理都要協
調均衡，而墨子一旦證明了某項原則，就要求貫徹到底，沒有任何妥

協折衷的餘地。

墨子常把學習的目標稱之為「義」，認為人必須透過學習才能知義：

> 有游於子墨子之門者，子墨子曰：「盍學乎？」對曰：
> 「吾族人無學者。」子墨子曰：「不然，……好美、欲富貴
> 者，不視人猶強為之；夫義，天下之大器也，何以視人？必
> 強為之。」（〈公孟〉）

墨子說「義」是美好的事物，更是天下最重要的事物，不必問他人做不做，每個人都該自己努力追求。這樣的信念何等明白簡易！因此，墨子從不認為應該等人前來請教才要給予教導，他說：「今求善者寡，不強說人，人莫之知也」（〈公孟〉）。為了積極勸學，因此「強聒不捨」（《莊子‧天下篇》）。有時候甚至為了誘導不知向學的人求學還不惜說謊：

> 有游於子墨子之門者，身體強良，思慮徇通。欲使隨而
> 學，子墨子曰：「姑學乎！吾將仕子。」勸於善言而學。期
> 年而責仕於子墨子，子墨子曰：「不仕子。……今子為義，
> 我亦為義，豈獨我義也哉？子不學則人將笑子，故勸子於
> 學。」（〈公孟〉）

對墨子而言，以謊言勸誘別人求學行義，是為了利他而不是為了利己，因此可以坦然無愧。這種「學」既有普遍的意義，也有強制的意義，它是每個人都應盡的義務；其所學的內容則是「義」，也就是

世間共通的準則。儒家把個人心中的義利之辨當做道德自覺的表現，而墨子則從天下著眼，認爲只要每個人割捨自利之心而以天下之利爲利，世界上的義、利就能完全一致，絲毫沒有衝突了。[20]

墨子不完全接受《六藝》，只能算是儒、墨表面的差異；其實墨家對教育的核心能力有更爲特別的看法。有則故事微妙的傳達出墨子的見解，今將故事內容意譯如下：

> 墨子遠赴衛國，車座下裝載了許多書冊，平添不少重量。弟子弦唐子見了大感訝異，提出疑問：「先生曾教導弟子公尚過說：『能懂得衡量曲直就夠了。』現在先生卻載書甚多，是何緣故？」墨子先舉出周公爲政仍然勤勉問學做爲典範，隨後針對公尚過的情形特別解釋：「常言道：『眾人所傳所信，還是會有錯的（同歸之物，信有誤者）。』人們無所適從，必須增廣見聞，於是書籍不得不多。如今公尚過經過辨析精微的反覆訓練，面對眾人傳信之詞都能知道要領，當然不再教他讀書了。有何可怪呢？」[21]

簡單的說，書籍是供學習者練習分析判斷之用，藉以取得對一般

---

20 許多學者將墨家的主張比擬於英國邊沁以下的「功利主義」就是基於這樣的理由。
21 《墨子·貴義》的原文如下：「子墨子南遊使衛，關中載書甚多，弦唐子見而怪之，曰：『吾夫子教公尚過曰：「揣曲直而已。」今夫子載書甚多，何有也？』子墨子曰：『昔者周公旦朝讀書百篇，夕見漆（通「七」）十士。故周公旦佐相天子，其脩至於今。翟上無君上之事，下無耕農之難，吾安敢廢此？翟聞之：「同歸之物，信有誤者。」然而民聽不鈞，是以書多也。今若過之心者，數逆於精微，同歸之物既已知其要矣，是以不教以書也。而子何怪焉？』」

常識的批判能力（「同歸之物」即是眾以爲然的道理）；養成了良好的判斷能力，能夠分辨常識的眞僞對錯，就不必再多讀書了。常識當然未必眞確，但認爲知識學習的最終目標就是爲了養成分辨常識正確與否的能力，這種看法卻很罕見。

究竟墨子如何批判常識呢？由以下兩個例子看來，他所指的「揣曲直」和「知要」，即是藉著推理來破除成見的能力：

子墨子謂魯陽文君曰：「攻其鄰國，殺其民人，取其牛馬、粟米、貨財，則書之於竹帛，鏤之於金石，以爲銘於鍾鼎，傳遺後世子孫曰：『莫若我多。』今賤人也，亦攻其鄰家，殺其人民，取其狗豕食糧衣裘，亦書之竹帛，以爲銘於席豆，以遺後世子孫曰：『莫若我多。』其可乎？」魯陽文君曰：「然，吾以子之言觀之，則天下之所謂可者，未必然也。」（〈魯問〉）

世俗之君子皆知小物而不知大物。今有人於此，竊一犬一彘則謂之不仁，竊一國一都則以爲義。譬猶小視白謂之白，大視白則謂之黑。（〈魯問〉）

養成這樣的判斷力並不需要廣博的知識，重要的是理性的思考，以及貫徹推理的心理動力，然後再加上付諸實踐的決心。教育的全部目標就是如此。《墨子·非命上》提出過「立言（即立說）」有三項準據，謂之「三表」，分別是歷史經驗、現實經驗和行動檢驗，[22]三

22 《墨子·非命上》說，子墨子言曰：「有本之者，有原之者，有用之者。於何本

者構成了墨家思想的整體特質。這些經驗和檢驗，都倚賴一種由訓練而養成的明智判斷，墨子教育的全副精神都貫注於這項目標。

在實踐行動上，墨子希望弟子為實現公義而各盡其能，分工合作，避免凸顯個人的作用。有弟子問墨子：「行義最重要的工作是什麼？」墨子回答：

> 譬若築牆然，能築者築，能實壤者實壤，能欣者欣（欣通掀，挖土），然後牆成也。為義猶是也，能談辯者談辯，能說書者說書，能從事者從事，然後義事成也。（〈耕柱〉）

墨子認為集眾人之力才能成事，不願分別先後。至於無關乎此一目標的技能，如士人傳統習射之類，墨子都明白揚棄。[23]

墨子指派弟子分赴各國遊說或出仕，努力推動他們的理想，但也制訂了出處進退的準則。墨子曾拒絕越王給他五百里封地的禮聘，只因為越王並非真正信從他的道理。[24]出仕的墨家弟子也多能持守取予

之？上本之於古者聖王之事；於何原之？下原察百姓耳目之實；於何用之？廢（廢通法）以為刑政，觀其中國家百姓人民之利。此所謂言有三表也。」

23 〈公孟〉：「二三子有復於子墨子學射者，子墨子曰：『不可。夫知者必量其力所能至而從事焉，國士戰且扶人，猶不可及也；今子非國士也，豈能成學又成射哉？』」

24 〈魯問〉：「子墨子游公尚過於越。公尚過說越王，越王大說，謂公尚過曰：『先生苟能使子墨子於越而教寡人，請裂故吳之地，方五百里，以封子墨子。』公尚過許諾。遂為公尚過束車五十乘，以迎子墨子於魯。……子墨子謂公尚過曰：『子觀越王之志何若？意越王將聽吾言，用我道，則翟將往，量腹而食，度身而衣，自比於群臣，奚能以封為哉？抑越不聽吾言，不用吾道，而吾往焉，則是我以義糶也。鈞之糶，亦於中國耳，何必於越哉？』」墨子終未成行。

不苟的進退之義，例如：

> 子墨子使管黔游高石子於衛，衛君致祿甚厚，設之於卿。高石子三朝必盡言，而言無行者（每次上朝都暢所欲言，但無一被採行），去而之齊，見子墨子曰：「衛君以夫子之故，致祿甚厚，設我於卿。石三朝必盡言而言無行，是以去之也。衛君無乃以石爲狂乎？」子墨子曰：「去之苟道，受狂何傷！……」高石子曰：「石去之焉敢不道也。昔者夫子有言曰：『天下無道，仁士不處厚焉。』今衛君無道而貪其祿爵，則是我爲苟陷人長也。」（「苟陷人長」當作「苟啗人糧」，即尸位素餐之義。）（〈耕柱〉）

高石子能遵循墨子的教誨而拒絕尸位素餐，無怪乎墨子欣然而喜。[25]相反的，當弟子違背師教，不能匡正君上錯誤的行爲時，墨子也直接要求其君長將他遣退：

> 子墨子使勝綽事項子牛（齊國大臣）。項子牛三侵魯地，而勝綽三從。子墨子聞之，使高孫子請而退之曰：「我

---

25 還有另一個例子，載於〈耕柱〉：「子墨子游荊耕柱子於楚，二三子過之，食之三升，客之不厚。二三子復於子墨子曰：『耕柱子處楚無益矣。二三子過之，食之三升，客之不厚。』子墨子曰：『未可智也（智通知）。』毋幾何而遺十金於子墨子，曰：『後生不敢死，有十金於此，願夫子之用也。』子墨子曰：『果未可智也。』」耕柱子前往楚國宣揚墨子理念，或許會得到國君、大臣的餽贈，但他並無俸祿，因此在接待賓客和自奉上盡量簡約，所餘之財則交付墨子運用。

使綽也，將以濟驕而正嬖也（濟驕，挽救驕心；正嬖，糾正邪行）。今綽也祿厚而諂夫子（意謂綽不以正道引導項子牛），夫子三侵魯而綽三從，是鼓鞭於馬靳也。……綽非弗之知也，祿勝義也。」（〈魯問〉）

可見墨子不僅教育弟子，也領導他們實踐力行，嚴格遵守信念和道德。

對墨家信徒而言，犧牲自我即是完成學問後心安理得的歸宿：

魯人有因子墨子而學其子者（請墨子教其子），其子戰而死，其父讓子墨子（讓，責備義）。子墨子曰：「子欲學子之子，今學成矣，戰而死而子慍；而猶欲糶糴（而通爾；糶糴指賣米），讎（通售）則慍也，豈不悖哉？（費通悖）。」（〈魯問〉）

魯人之子戰死，不知是因非攻、維持和平的行動抑或其他緣故，但在墨家而言，為義而死是義無反顧、理所當然的。正是此種情操以及犧牲小我的故事，使得墨家代代保有感召力，而活躍了二百年之久，[26]直到戰國結束，能稱之為「家」的學派似乎僅有儒、墨而已。他們的凝聚力和生命力遠遠超過個別思想家一時的影響。

26 墨子以後的墨家活動，可參考梅貽寶（1985）。戰國晚期墨家在秦國特別活躍，最後的表現是呂不韋主政時代，《呂氏春秋》一書中也保存了許多晚期墨家的思想和事蹟。

但也因為這種義無反顧的行為要求，在墨子與弟子之間，理念與行為之間，不免會出現某些緊張關係。對於期許甚高的弟子，墨子有著求全責備的要求：

> 子墨子怒耕柱子，耕柱子曰：「我毋俞（通逾）於人乎？」子墨子曰：「我將上大行，駕驥與羊，子將誰歐？」耕柱子曰：「將歐驥也。」子墨子曰：「何故歐驥也？」耕柱子曰：「驥足以責。」子墨子曰：「我亦以子為足以責。」（〈耕柱〉）

弟子有離開師門的，也有離開後又再回來的，有名年輕的學生即是如此，他辯解道：「我不算有罪吧？我是最晚才離開老師的。」墨子回答：「這就像軍隊敗北時，不慎落在後面的人逃回之後，還主張自己的堅持該得到犒賞。」墨子似乎願意包容學生的選擇，只是不許學生飾辭狡辯而已。[27]

既然共同為理念獻身，弟子同樣可以檢驗墨子的言行是否一致；特別因為墨子有時以權變勸誘，不免引人懷疑其所說的道理是否真實，而這類疑問確曾發生過。墨子有「明鬼」和「非命」的主張，認為人的命運並非註定，鬼神將依據行為善惡而給予健康疾病、福禍壽夭等賞罰。因此，當墨子有病，或弟子自以為有功而未獲報償之時，都可能構成質疑墨子的理由：

---

27 〈耕柱〉：「後生有反子墨子而反者（後一反字通『返』），『我豈有罪哉？吾反後。』子墨子曰：『是猶三軍北，失後之人求賞也。』」

子墨子有疾，跌鼻（弟子名）進而問曰：「先生以鬼神為明，能為禍福，為善者賞之，為不善者罰之。今先生聖人也，何故有疾？意者先生之言有不善乎？鬼神不明知乎？」子墨子曰：「雖使我有病，何遽不明？人之所得於病者多方，有得之寒暑，有得之勞苦，百門而閉一門焉，則盜何遽無從入？」（〈公孟〉）

有游於子墨子之門者，謂子墨子曰：「先生以鬼神為明知，……今吾事先生久矣而福不至，意者先生之言有不善乎？鬼神不明乎？我何故不得福也？」……子墨子曰：「今有人於此，什子（十倍於你），子能什譽之而一自譽乎？」對曰：「不能。」「有人於此，百子，子能終身譽其善而子無一乎？」對曰：「不能。」子墨子曰：「匿一人者猶有罪，今子所匿者若此其多，將有厚罪者也，何福之求？」（〈公孟〉）

這種隨時要求檢驗印證的態度，是墨家學派的重要特質；但墨子理論左支右絀的窘境也已經呈現了。極端強調實踐行動的教育，終究會面臨到深化理論的需求。

思辨和行動是墨家思想的雙輪，墨家的後起之秀也循著這兩個方向各自走向極端。在行動的一方，墨子弟子形成了服從領袖、目標一致的行動團體。為了延續組織，繼續推動理想，一方面始終以教育手段來傳承理想，師弟子世代相傳；另一方面，其一代代的最高領袖則為「鉅子」，墨家鉅子實踐理念的故事，在先秦時代傳誦不絕。而許行等「農家」學派隨後興起，主張治國者也要身耕而食，將墨家力行的精神做了不同方式的發揚。

　　走向思辨道路的，主要形成了「墨辯」學派，藉由對事物的定義和分類來證明和闡述「兼相愛」、「交相利」的主張；更進一步又發展出了名家，其宗師惠施和公孫龍都與墨家思想有極密切的關係。《莊子‧天下篇》末段說：「**惠施多方，其書五車**」，「**辯者以此與惠施相應，終身無窮。**」惠施博學、有讀書興趣、喜好思辨，而其思想的最後宗旨乃是「**泛愛萬物，天地一體**」，以「天地一體」的概念來支持「泛愛萬物」的理論。公孫龍以「白馬論」馳名一時，而「偃兵」則是他在政治上大力宣揚的主張。[28]兩者顯然在思辨層次上擴展了墨家的主張。

　　從晚明王學到清初的顏（元）李（塨）學派，都重視簡要的理念和切實的行動，其教育活動特別具有平民性格。近代中國從事平民教育和鄉村教育的人士，特別強調行動、組織和理念，如梁漱溟、陶行知及共產黨運動初期的工人教育和工人運動者，大都如此。這種教育思想和教育目標所需要的教師典型，往往有著真率單純、言行一致、勇往直前、無所畏懼的特色，梁漱溟、陶行知就是著名的例子。雖然政治主張、思想立場各有不同，但從教育方式、師道典型來看，他們可說都是墨子精神上的繼承者。

莊子的不言之教

　　在先秦時代，道家似乎並不是界線明確的學派。今天看來，《老

---

28 事見《呂氏春秋》的〈應言篇〉和〈審應覽〉。考證請見錢穆（1956）玫辨卷四，一四一〈公孫龍說燕昭王偃兵玫〉、一四二〈公孫龍說趙惠文王偃兵玫〉。

子》一書很可能是接續寫作的著作，其思想成分跨越了長久的世代；但該書的作者群似乎徹底奉行「聖人無名」的教導，並沒有在書中留下任何人物故事的痕跡。大約在戰國中晚期有「黃老」之學出現，思想本於老子而又有獨立的特色，幾經演變，到了漢初大爲風行。[29]另一方面，莊子雖然欣賞老子，但思想上未必直接繼承，反而跟若干齊國的稷下學士很有關聯。[30]直到魏晉以後，才以「老莊」代表道家。不過，除了時空和情節都可疑的「孔子問禮於老子」一事之外，老子並沒有教育的事蹟，其生平、師友甚至時代都暗昧不明。因此，要了解道家的教育故事，適合討論的只有《莊子》一書了。

莊子明說自己「寓言（藉他人之口）十九，重言（藉名人之口立說）十七」，即使以莊子本人爲主角的故事也大都不是事實，遑論借用和假託的人物，因此這種資料很難當做歷史素材。不過，從思想的觀點來看，莊子不僅藉由這些故事呈現出有道之人的境界與「道」的內涵，也反覆揭示了求道者的用心、師生的互動和薪火相傳的可能。而且，流傳至今的《莊子》一書，以據信爲莊子親筆的內篇七篇做衡量標準，其餘出自門徒和後學之手的部分也有許多深得莊子的神髓之作，尤其〈天下〉篇能親切而深刻的傳述出莊子思想的淵源和特質，

---

29 先秦時代唯有儒家、墨家稱「家」，構成明確的學派；其次法家在韓非子之時、當秦統一六國前後，也構成比較明確的範圍。「道家」一詞目前不見於先秦諸子之書，但在漢朝初年相當流行，應當早已存在，可是其範圍未必如後人所界定。長沙馬王堆漢墓出土文獻有帛書《老子》和黃老學派古佚書，提供了戰國時期黃老思想極為重要的資料；另外，戰國楚簡有《老子》，其他可能帶有道家色彩的作品也有多種，但後者的學派屬性並不容易確認。

30 《莊子‧天下》提供了對相關思想家的評論，其考證可參考陳榮捷（1985b）。

成爲剖析莊子的鎖鑰以及理解古代思想的瑰寶。[31]這些現象讓我們有理由相信，莊子在教育上確有成績，書中的教育互動和傳道方式並非純屬夢想，或者，許多故事可視爲以眞實的師生關係爲基礎的教育小說。話說回來，從莊子的觀點來看，唯有超越表象才能領略到事物的本質，刻畫言行外觀的紀錄反而不如寫意的敘說能夠透達眞實。道家的教育，恐怕也惟有透過超脫形跡的改寫，才有可能傳其神韻。因此當我們解讀這些故事時，就像是九方皋相馬，「存天機於滅沒之間」，應當用心在其觸動人心的獨特意趣。

在莊子心目中，最理想的老師是何種氣象呢？內篇〈德充符〉有一則故事：申徒嘉曾因犯法而被斬去一足，是一名「兀者」（獨腳漢）。他和鄭國的執政子產都師從伯昏无人（其名猶如「無是公」，不必當眞），子產以申徒嘉爲恥，要求他不得一同出入進退。申徒嘉慨然而歎，責問子產的心中怎麼只有執政官銜而沒有「人」呢？與老師相處如此之久，爲何還這般見識？子產反問申徒嘉曾否自省，居然敢提起老師。申徒嘉回答道：「人人都有犯法的可能，多數人自以爲自己罪不當刑，很少人認爲自己不當不受刑——實則受刑與否都是命。」這是他對「自省」的回答；接著形容先生伯昏无人：

> 人以其全足笑吾不全足者多矣。我怫然而怒，而適先生之所，則廢然而反（拋開一切而歸）。不知先生之洗我以善

---

31 如王夫之（1988）《莊子解》對外篇〈達生〉的題解：「此篇於諸外篇中尤爲深至。雖雜引博喻，而語脈自貫通。且其文詞沈邃，足達微言。雖或不出於莊子之手，要得莊子之眞者所述也。」

邪？吾與夫子遊十九年矣，而未嘗知吾兀者也。今子與我遊
於形骸之內，而子索我於形骸之外，不亦過乎？

　　與老師相處，他不知何故竟然忘卻了所遭受的譏笑和心中的不
平，渾然不知自己身形殘缺，不知自己曾經犯法；與老師相處時完全
沉浸優游於德行的薰陶，脫卻了形骸、遺忘了世界。而子產，怎麼只
看見形骸呢？子產一聽，蹴然改容更貌，請他別再說了。

　　經由申徒嘉的口中，描寫出有德之人的心靈感召。這裡只有弟子
的體會和感動，並沒有老師的教導。在外篇〈田子方〉的一則故事
說，田子方常向國君魏文侯稱引他人之言，卻從不稱述自己的老師東
郭順子，文侯感到訝異，田子方解釋原因：

　　其為人也真，人貌而天虛。緣而葆真，清而容物。物无
道，正容以悟之，使人之意也消。无擇何足以稱之！

　　東郭順子其心如天，能順應事物而保有真心，清而不染，卻能兼
容外物；遇到無理不正之事，僅僅正容以對，他人就立刻解消了邪心
成見。這樣的老師感人至深，可是弟子如何稱述他的教導呢？接觸有
道之人，人心中的困惑邪僻在無形中自然消退，而又不知其所以然。
弟子即使受到感化，也還是無法言傳。此即莊子心中的不言之教。

　　那麼，除了如沐春風的沉醉之外，一般人究竟如何能理解和接近
那樣的境界呢？仍然必須企盼某些老師的言語指導，讓學生能一窺有
德之人的境界，進而循序漸進的切實下工夫，探索那不可言傳的道。
這類教育故事是《莊子》一書最為常見的主題，許多相當精采的見解

都假借師生對話來表達，換句話說，故事中的教師角色也就是莊子本人的化身。有趣的是，莊子最常借用的真實人物竟然是孔子。在內篇七篇裡，〈人間世〉、〈德充符〉、〈大宗師〉三篇就都以孔子為穿針引線的主角。這是什麼緣故？

學者留意到，莊子曾經和惠施認真討論過他心目中的孔子，雜篇〈寓言〉說：

> 莊子謂惠子曰：「孔子行年六十而六十化，始時所是，卒而非之，未知今之所謂是之非五十九非也。」惠子曰：「孔子勤志服知也。」莊子曰：「孔子謝之矣，而其（豈）未之嘗言也？孔子云：『夫受才乎大本，復靈以生，鳴而當律，言而當法，利義陳乎前而好惡是非，直服人之口而已矣。使人乃以心服而不敢蘁立（蘁通牾），定天下之定。已乎已乎！吾且不得及彼乎！』」

莊子先稱道孔子不執著，不但時時改變認識，而且對當下得到的新知也不敢自以為是；所謂「行年六十而六十化」，是當下已化，更不論昨日之非。惠施跟著讚美孔子具有勤奮求知的精神，然而莊子卻對這個評斷不以為然，他引孔子的話：「**依據律法規矩、義利之辨所持的判斷，不過讓人口服而已；唯有使人心服而自然接受，天下才能真正安定。**」而孔子更感嘆自己無法達到那樣的境界。在莊子看來，孔子的虛心以及對於使人自然心服的嚮往，已經超過了求知的層次，走向「不言之教」的境界了。因此，藉孔子之口說出對至道至德的嚮往，是恰如其份的角色安排。

在〈大宗師〉一篇裡有三段孔子的故事，都是弟子對於違反俗情的行事無法了解，而由孔子說出有德之人的精彩寫照。在第一段裡，孔子對子貢解說子桑戶等「遊方之外者」的境界，他們的好友死亡，卻聚在一起「臨尸而歌」，孔子說他們已經「與造物者為人，而遊乎天地之一氣」，故而「惡知死生先後之所在」，既以超脫死生，自然依照心中的真情來舉行儀式，這才是合乎「禮意」。孔子說自己僅是「遊方之內者」，所依循的是「魚相忘乎江湖，人相忘乎道術」的寬容與理解。莊子這段話雖然區分了方內和方外，其實對兩種境界都有讚嘆之意。[32]

在第二段故事裡，孔子描述一位有德之人孟孫才渾樸無我、自然感召他人的情貌，在此從略。第三段是著名的「心齋」故事，藉著好學敏銳的顏回和循循善誘的孔子，寫出進德體道的工夫歷程：

> 顏回曰：「回益矣。」仲尼曰：「何謂也？」曰：「回忘仁義矣。」曰：「可矣，猶未也。」他日復見，曰：「回益矣。」曰：「何謂也？」曰：「回忘禮樂矣。」曰：「可矣，猶未也。」他日復見，曰：「回益矣。」曰：「何謂也？」曰：「回坐忘矣。」仲尼蹴然曰：「何謂坐忘？」顏回曰：「墮肢體，黜聰明，離形去知，同於大通，此謂坐忘。」仲尼曰：「同則无好也，化則无常也。而果其賢乎！丘也請從而後也。」

---

32 嚴復便讚許莊子「蓋知孔子之深」，見錢穆（1985）〈大宗師〉本節節末所引。

當顏回達到忘仁義、忘禮樂的時候，孔子肯定而未予認可——這些儒家德目都還是外在的一事一物；直到「坐忘」——遺忘當下——之時，脫卻了形體與知能，達到通於萬物的境界，孔子才大為讚賞，表示願意追隨顏回學習。道家的超脫領悟是有歷程的，教師可以引導學生並印證其所得，但關鍵在於學習者的實踐體會。孔子能夠指出方向，而顏回經由實踐卻能得到了青出於藍的體悟。一旦悟道，師生也可以易位——這是莊子藉著孔、顏的好學精神所編寫的故事，後來在禪宗和理學流行的時代卻成了事實。

除了莊、惠討論孔子好學一事之外，上述故事基本上都出於假託，讀者不免要問，究竟莊子本人教導弟子時是什麼樣子？莊子與弟子互動的故事有些也近似擬託，不過，雜篇〈山木〉裡有一則特別有真實感的紀錄，由於文詞明白曉暢，直接抄錄於下：

> 莊子行於山中，見大木枝葉盛茂，伐木者止其旁而不取也。問其故，曰：「无所可用。」莊子曰：「此木以不材得終其天年。」夫子出於山，舍於故人之家。故人喜，命豎子殺雁而烹之。豎子請曰：「其一能鳴，其一不能鳴，請奚殺？」主人曰：「殺不能鳴者。」
>
> 明日，弟子問於莊子曰：「昨日山中之木以不材得終其天年，今主人之雁以不材死。先生將何處？」莊子笑曰：「周將處乎材與不材之間。材與不材之間，似之而非也，故未免乎累。若夫乘道德而浮遊則不然，无譽无訾，一龍一蛇，與時俱化而无肯專為。一上一下，以和為量，浮遊乎萬物之祖。物物而不物於物，則胡可得而累邪！此神農、黃帝

之法則也。若夫萬物之情、人倫之傳則不然,合則離,成則毀,廉則挫,尊則議,有爲則虧,賢則謀,不肖則欺,胡可得而必乎哉!悲夫!弟子志之,其唯道德之鄉乎!」

　　莊子喜做詼諧詭譎之談,見到大木脫口說出「**此木以不材得終其天年**」,也就如同〈逍遙遊〉裡與惠施辯論時以「**無用之用**」來形容大樗一樣,雖然聰慧,卻近於口舌之快。不巧隨後投宿於故人之家,主人殺雁待客時先殺其不能鳴者。次日弟子追問莊子將何以自處,莊子只好笑著說:「**處乎材與不材之間。**」這當然是近乎自嘲的託詞,莊子隨即承認這麼說是似是而非的。接著他認眞的說:眞正的無累,只有「**乘道德而浮遊**」,「**與時俱化**」,超乎萬物之表而和合才能達到;至於物情人倫之間,成毀得失瞬息萬變,哪能有萬全之策呢?這番對答來自莊子輕易出言招致的窘境,相當生動;雖然莊子後來扳回最終的解釋權,但若進一步追問,這樣的答案果眞是他生命境界的自然流露嗎?從他爲山木所觸動的表現,以及最後「悲夫」的歎息看來,他似乎未必眞能超脫死生得失吧?細緻的情節以及顯露莊子性格弱點的記載,讓我們得以一窺莊子與學生互動的眞實面貌。[33]從這個故事來看,與其認爲莊子有如他所心嚮往的至德之人,無寧更接近他經常假託來形容有道之士的孔子吧?在每一次的對話裡,幾乎總是由學生的追求和疑問出發,而教師則盡力表達那不可言傳的、遺卻自身與外物的教導。

---

33 王叔岷(1988)認爲此章(及另兩章)似出於莊子之手,見其《莊子校詮》,外篇〈山木〉解題,頁719。

　　《莊子》裡也有悟道之人現身說法的故事，例如〈齊物論〉裡「隱机而坐，仰天而噓，荅焉似喪其耦」的南郭子綦提出了「天籟」理論；〈應帝王〉中嚇走鄭巫季咸的壺子，藉機對弟子（列子）詳細說明存心意態的前後變化。不過這些故事的教育意味較淡，重點在於說理，可以不必討論。

　　回到教育的觀點，無論莊子是如何的欣賞孔子，儒、道兩家面對知識的態度仍然是大不相同的。只要舉一個著名的典故，就可以說明：

　　　　桓公讀書於堂上，輪扁斲輪於堂下，釋椎鑿而上，問桓公曰：「敢問公之所讀者何言邪？」公曰：「聖人之言也。」曰：「聖人在乎？」公曰：「已死矣。」曰：「然則君之所讀者，古人之糟魄已夫！」桓公曰：「寡人讀書，輪人安得議乎！有說則可，无說則死！」輪扁曰：「臣也以臣之事觀之。斲輪，徐則甘而不固，疾則苦而不入，不徐不疾，得之於手而應於心，口不能言，有數存焉於其間。臣不能以喻臣之子，臣之子亦不能受之於臣，是以行年七十而老斲輪。古之人與其不可傳也死矣，然則君之所讀者，古人之糟魄已夫！」（《天道》）

　　古人斲輪時，要讓木材加熱，以便曲折和嵌合。為了曲折得準確而又能堅固，加熱時得「不徐不疾」，原則雖可口傳，但分寸拿捏卻完全「得之於手而應於心」，只能心領神會。輪扁何以年將七十而仍為桓公斲輪？因為他的心得無法傳給兒子。斲輪如此，古人之意又何

嘗不然？基於輕視可傳、重視不可傳的信念，道家對於一般知識的學習，尤其是書本的誦習，常抱著輕視的態度。「爲學日益，爲道日損」老子也這麼說。爲學與爲道是正相悖離的，還是也可能彼此結合呢？這是先秦儒道兩家的一大歧見。從這個角度來看，莊子與惠施對於孔子的描述，似乎也是各自見到孔子的一個方面吧？

餘音

　　回顧孔子、墨子和莊子的教育故事，他們以完整的生命在學習，也以完整的生命來從事教育，所教即其所學，各有濃厚的個性，他們的思想與人格展現在不同的生命情懷和教育生活，創造出華人文化最早的三種師道典型。墨家和道家一動一靜，前者重理性，後者重直覺；儒家則情理交融，中道而立。三者各自精彩卓絕，使得師道的內涵具有微妙而飽滿的張力。他們的精神一直深刻影響著各個時代，深植爲華人教育的基本思維，也成爲師道的基本範型。在先秦時代，這三個學派都是抗拒洪流的砥柱，而其培育人才的影響也終究克服了環境的限制。無論是儒家的綿延、墨家的凝聚或道家的內斂，其實不過出自幾位傑出的教育家，卻啓動了政治、社會和思想文化上震動數百年、甚至數千年的運動與創新，扭轉了未來歷史發展的道路。其所揭示的教育本質以及所蘊含的文化潛力，值得我們細心了解和重新品味。

　　2007年秋天，我隨著台北教育大學的四位老師，初次拜訪武漢、南京兩地的幾所小學。我們來到工商繁榮的城市，如預期的見到了設備和師資都有很高水準的小學。到了學校，在接受簡報、認識校園和

歷史之後，我們隨意的旁聽課程。其中一件令人印象深刻的事情是，每所學校首先訴說的光榮，並不是升學績效、競賽成績或者名人校友，而是各自的風格和師資——學校有多少專家老師，多少一級老師，研發了何種教學設計，甚至為典範的教師設立紀念館（如斯霞），使其成為學校最光榮的傳統。可以說，當地每一所自認有希望的學校，都倚賴有理念、有自信的老師。誰能想像，不過一個多世代以前，這裡曾經發生了人類歷史上絕無僅有的徹底擊毀師生關係、摧殘教師人格尊嚴的運動？曾幾何時，那雷霆萬鈞的政治運動已經完全俯服在源遠流長的師道傳統之下了。

我們參觀的最後一所學校，是南京市外浦口區的行知小學。校長楊瑞清先生在就讀曉莊師範的時候，從老師那裡聽聞了陶行知的行事和人格，以及他培養鄉村教師、推展鄉村教育的願力，深深受到感動，於是自願分發到窮鄉僻壤的村落小學，誓將一生奉獻給鄉村教育。他一待二十五年，屢次拒絕升遷，早已成為整所學校的靈魂人物。如今這所學校發展為陶行知教育理念的實踐基地，市區的學生一波波來此進行體驗學習。而陶行知何許人？他一生為師範和鄉村小學教育竭心盡力，1946年逝世的時候全國痛悼；誰知1951年他竟然成為最高當局親手批判的第一位學者，不僅如此，以國家力量對學術、思想和教育的凌厲攻擊也從那一刻正式啟動。[34]隨後的四十年間，儘管陶行知的名字在整個中國銷聲匿跡，可是他的人格活在學生的心裡，在多年之後依然喚起了有志之士繼續實踐那份理想。如今陶行知

---

34 參見毛澤東（1977，頁53-54）。毛澤東對陶行知的態度轉變始末，參見何平華（2003）。

已經是全中國享有最高聲譽的近代教育家了，數不清的學校、教育團體和研究作品都熱情的分享因他而來的感動。

　　參觀行知小學，讓我想起了蓮子。強韌的生機藏在硬如鐵石的堅殼底下，可以歷經多年的枯旱與寒熱，等時機到來，再抽芽張葉，怡然娉婷於清漣之上，散布著芳馥的氣息。

　　據楊校長說，行知小學旁鄰正好是一大片蓮花池。

參考文獻

毛澤東（1977）。應當重視電影《武訓傳》的討論。載於毛澤東選集（第五卷）。北京：人民。

王夫之（1988）。莊子解。長沙：嶽麓書社船山全書本。

王叔岷（1988）。莊子校詮。台北：中央研究院歷史語言研究所。

王煥鑣（2004）。墨子校釋。北京：北京圖書館。

司馬彪（無日期）。續漢書志。台北：台灣商務百衲本影宋紹興刊本

司馬遷（1985）。史記。台北：鼎文。

朱　熹（1994）。四書章句集注。台北：大安。

何　寧（1998）。淮南子集釋。北京：中華。

何平華（2003，3月）。中共開國後第一文化罪案考。二十一世紀，**11**。

李滌生（1979）。荀子集釋。台北：台灣學生。

周敦頤（2006）。元公周先生濂溪集。長沙：嶽麓書社。

范　曄（無日期）。後漢書。台北：台灣商務百衲本影宋紹興刊本

徐　梓（2006）。「天地君親師」源流考。北京師範大學學報，**2**。

班　固（1979）。漢書。台北：鼎文。

袁行霈（2003）。陶淵明集箋注。北京：中華。

張　亨（1997）。思文之際論集──儒道思想的現代詮釋。台北：允晨。

梅貽寶（1985）。墨家。載於中國上古史待定稿（第四本）。台北：中央研究院歷史語言研究所。

陳奇猷（1984）。呂氏春秋校釋。上海：學林。

陳榮捷（1985a）。初期儒家。載於中國上古史待定稿（第四本）。
　　台北：中央研究院歷史語言研究所。

陳榮捷（1985b）。戰國道家。載於中國上古史待定稿（第四本）。
　　台北：中央研究院歷史語言研究所。

程　顥、程　頤（無日期）。二程全書。台北：台灣中華四部備要本

錢　穆（1956）。先秦諸子繫年（增訂初版）。香港：香港大學。

錢　穆（1975）。孔子傳。台北：綜合月刊。

錢　穆（1985）。莊子纂箋。台北：東大。

作者簡介

閻鴻中

　　從小生活在眷村和農村之間，終日調皮搗蛋。回憶童年，對老師的模樣、課堂的事情幾乎全無印象，只記得跟同伴玩樂作弄、追逐扭打，還有每天衣褲裡滿滿的黃沙。莫名其妙的喜歡上了書法，因而十歲那年機緣巧合的認識了劉大鏞老師。劉老師寧靜淡泊，望之儼然而即之也溫，儘管很少説話，可是只要在他身旁就有著説不盡的喜悦感動。從此只想著這輩子要是能稍稍接近老師那般的人品修養，就心滿意足了；也對養成如此人格的傳統文化存有深深的嚮往。求學階段相當幸運，一路受到好些抱著閎識孤懷的老師啓發引導。雖然興趣太廣泛，好多喜歡的事情僅僅淺嘗輒止，然而對傳統文化不可思議的內涵卻始終割捨不下，就算所知甚淺，也還是滿心愛好，樂此不疲。當學生的生涯走到了盡頭，沒怎麼思索的也成了老師。歉然的是自知距離老師應有的涵養還十分遙遠，但能夠保有學習的生活，看著學生成長，已經是莫大的幸福。唯獨對於上課得講個不停始終不適應，要是當老師不必多講話可就太美妙了——「予欲無言」，孔子也有同感吧？

遡洄遡游

3. 華人藝術教育特色——
學生與文化變遷

袁汝儀 教授

台北教育大學藝術學系

前言

　　這一章的目的，是要根據我在三個田野[1]中的教育民族誌資料，進行一個問題意識的澄清與相關假說的建立。我的資料雖然是一手的、長期累積的、跨越文化樣本的學術研究結果，但對於現在我要探索的問題來說，這些資料仍非常有限，因此本文只能說是很初步，要待未來進一步的探究。

　　這三個教育民族誌研究中，兩個是以台灣、一個是以荷蘭為田野。這三個研究，都是透過長期之在地參與觀察的方式，試圖去了解不同群體的文化與藝術教育現象。這些研究對象，包括台北艋舺龍山

1　所謂「田野」（field），是質性研究的場域，在研究方法上，「田野研究」是專指那些由研究者親自在研究場域中生活沁潤的研究，其問題最開放、最費歸納功夫的一種，就是「民族誌」（ethnography）。此處這三個報告依研究開始時間的順序是：Yuan（1986），袁汝儀（1995a），袁汝儀（1995b）。

寺的寺廟參與人、[2]台北縣Ｍ國小五年級一班學生、一所荷蘭師範學院 PABO D。[3]這些年齡與文化截然不同的人群，過去都從各自的角度，提供了我有關教育與文化互動關係的深入了解，讓我屢屢驚艷於文化比較的穿透力。

民族誌的方法論與研究者本身有很大的關係。以文化觀（cultural perspective）來看，任何人，包括民族誌研究者，都是一己文化的產物，因此民族誌研究者也好，被研究者也好，都因接收了文化傳承（cultural transmission），是其各自文化的一員。從相對觀（relativism）來看，民族誌研究者以己身的文化傳承爲基礎，看見他人文化傳承的異同（即所謂比較的觀點，comparative scope），並秉持整體觀（holistic perspective），透過文化展演的蛛絲馬跡，詮釋性地尋找他人文化的「骨架、血肉與精神」、[4]或者「文化模式」（patterns of culture）。[5]過程中，研究者對研究對象要既「介入」（involvement）又「切割」（detachment），通過互動與比較才能建構有關其研究對象的文化了解。[6]人類學者本身的缺陷，也就是所具有的極限或偏見，並不需要、也不可能去除，卻需要透過「有系統的」（systematic）、「可客化」（objectifiable）的方法訓練，使研究者的文化背景，對研究的負面影響「最小化」（minimize），使民族誌研究者

---

2 當時用的英文原文是「temple participants」。

3 「PABO D」的荷蘭文原文是「Lerarenopleiding Basisonderwijs Dordrecht」，意指「多德瑞克小學師範學院」。

4 參見馬林諾斯基（1922/1991，頁 44-45）。

5 出自 Benedict（1934/2005）的概念。

6 參見 Powdermaker（1966）。

可以親身去調查、了解異文化，漸漸接近被研究對象的脈絡。[7] 這些類似的文化人類學民族誌的知識論與方法論，雖然經過時間演進，研究的對象由部落與村莊發展到工廠與都會，基本上都未動搖。[8]

　　一個重要的前提是相信，人類除了展現龐大的相異處，也分享著巨大的共通性與平行性，唯有在如此的信念基礎上，一個民族誌研究者才可能了解研究的對象；相對的，也由於這個信念基礎，民族誌研究者也會在深入追究「他者」的同時，對「我族」產生新的批判性了解與洞察。

　　Marcus 與 Fischer 曾提出以「外方」（abroad）的人類學資料為「刺激物」（stimulus），來批判「家裡」（at home）的文化課題。兩位作者提出來的方法，是利用人類學資料，使日常熟習的事務「去熟習化」（defamiliarization），產生顛覆的作用，進而暴露出自身文化的盲點，其策略是「知識論批判」（epistemological critique）與「跨文化並置」（cross-cultural juxtaposition），這都是針對文化中「理所當然」（taken-for-granted）的部分，去做文化比較的功夫。[9]

　　在教育的課題上，像 Benedict 與 Mead 對己身文化之教育洞察，[10]

7　相關的討論參見 Pelto 與 Pelto（1978）書中第二章及第四章。

8　參見 Marcus（1998），尤其是最後一章 "Sticking with ethnography through thick and thin"。

9　參見 Marcus 與 Fischer（1986, pp. 137-164），其中作者們以一些著名的人類學者為例，討論其研究對西方文化的批判性程度，但是作者們主張批判時採取多元的、對話的形式，反對「去脈絡化」（decontextualized）的文化比較，以及刻意貶抑自身文化的傾向。

10　例如 Ruth Benedict 對各種文化模式與人格成形之關係的探討，與 Margaret Mead 有關新幾內亞土著兒童養育上的研究，及其與美國社會中類似情形的比較與討論。

曾引起美國教育界很大的迴響，並不是靠她們危言聳聽，而是因為她們都能以民族誌的田野證據，將西方教育的課題「去熟習化」，突出教育上另類的想法與做法。事實上，三十餘年前，在教育人類學的萌芽時期，Nash 談人類學與教育學的關係時，就已指出：

> 文化的涵化過程存在於所有已知的文化中，這件事使我們必須採取一種相對的眼光。文化與不同個人之所以如此，是因為涵化的元素維持並重複影響，並偶而開創人們的生活方式。[11]

由此可知，所謂「外方」與「家裡」，並不必以歐美為立足點，也不必然是指重大的時空距離，只要有文化差距，就可以比較，就可以給任何人新的眼光與理解。

對我而言，經過幾次民族誌的田野研究，長期觀看他人讓我自然而然地，產生比較的心理，常常思考「我們的」，也就是「華人的」，其藝術教育之脈絡性特徵何在。

在文化人類學的基礎上，我所謂的「我們」，是指我以外，與我有類似文化薰陶的人們所組成的文化團體。目前，我認為這個團體的最寬名稱就是「華人」。在此，華人不是以血緣、族群、政治或地域而定義，華人也不是一個全體一致的團體，華人與華人之間，存在內部差異，但因分享相似的文化骨架、血肉與精神，而具有更大的共通性，並因此而得名。換句話說，只要是在華人文化傳統中長大，有意識或無意識地以華人文化之多種內涵做為行為、思想、價值的依歸，

---

11 參見 Nash（1974），引文出自 p. 9。

對我來說,就是「我們的」範疇。

　　下面的討論以及假設,乃是在這樣的前提下進行的。我的做法是先陳述我先前提到的三個研究,依研究時間順序,做一些討論,然後,將各個研究的發現整合起來,形成一個初步的假設,供作未來可能研究的參考點。

龍山寺裡的學生們

　　首先要談的,是對台北艋舺龍山寺的寺廟參與人的研究。[12]我發現,在這個擁擠的城市廟宇中,存在至少六套不同的美學價值體系在運作。操持這六個美學價值體系的人們,分別屬於六個不同的團體,他們是訪客／觀光客、法師／信徒、決策者／公務員、學者／學生、寺廟管理委員／管理人員、匠師／包商這六個團體。撇開研究論證的細節,以我當時的研究目的而言,這個結果,說明美學標準是文化的產物,並非一套放諸四海而皆準的規範,而且即使針對的是同一廟宇中同一批藝術的展現,次文化的美學價值體系之間,仍各有各的著眼點,美學標準南轅北轍甚至互相矛盾。

　　比如說,在龍山寺裡熙來攘往、讓龍山寺名揚海內外的訪客／觀光客心目中,龍山寺中各項藝術展現所代表的,是「古老的中國東西」概念,這個團體的美學標準,最重要的,依序是廟中任何景像或事物的「古老的程度」、「稀罕的程度」這兩項,再來是「故事性的

---

12 參見 Yuan(1986)。

紀念價值」、「發言者從小養成的觀念」、「與博物館中展品的比較
（尤其是故宮博物院）」、「個人感受」、「價錢評估」。

　　相對的，對於在廟中長期奉獻、誦經膜拜的法師／信徒來說，對
於整個寺廟中密度極高的藝術表現，概念上是視爲「宗教用品」，其
美學標準的優先順序，首重規矩。像「宗教與民間規範的認知」、
「與主神莊嚴性的搭配」、「有關宗教與民間規範的權威性解釋」[13]
這三項，在這一群人的美感經驗中，具有極高的指導力。其餘還有
「神話故事的內容」、「對宗教活動與民間活動的注意」、「維護的
狀況好壞」、「中國傳統倫理道德」、「個人之宗教或精神感應」，
這些也是在田野中，法師／信徒們重複表達的美學評價要素。

　　以這兩個團體的美學比較來說，兩者的美學價值體系，從核心概
念到評價標準都不相同，而且在某些狀況下，雙方會互相覺得對方的
存在是一種妨礙。比如說，我在田野中，不時聽到兩個團體相互抱
怨。訪客／觀光客對於法師／信徒的微詞是，後者占據大殿，架設電
風扇和麥克風，讓他們必須在「噪音」與「不搭調」的感覺中，從殿
外伸長脖子才能觀賞到大殿上方精緻的藻井工藝。

　　法師／信徒則不歡迎訪客／觀光客所帶來的混亂，以及其「目中
無人」的態度。第三者即廟方的安排，是讓法師／信徒們在廟側一棟
樓上加設一個清靜的佛堂，堂內每件器物都又新又亮，不容易維護的
帳幔或雕刻，均以塑膠布、玻璃或透明壓克力包覆，完全沒有大殿中
令訪客／觀光客嚮往不已的那種視覺上的「古色古香」、「異國風
情」與「歷史感」。這個落差不是簡單的視覺感受問題，也不只是各

---

13 例如：來自宗教領袖（如法師）的教導。

自便利與否的問題,是一個次文化團體與另一個次文化團體,以其美學價值的差異,來顯示兩者的文化差異。

承接上面 Nash 與 Mead 將教育視為一種文化傳承的機制,但同時也有創新的可能,那麼,龍山寺中的六套美學與文化的相對關係,就顯示藝術是文化的產物,藝術的賞析和評鑑也是文化的產物,不但如此,藝術教育者不能忽略藝術教育是文化傳承機制之一的現實。沒有這些認識,藝術教育者不可能了解藝術教育的來龍去脈、作用與效果,以及教學者介入改變的可能空間與價值。這是我當初做此研究的原始想法。

利用這個研究中所得到的田野資料,在此我試圖探究一個新的主題:「我們的」教育是什麼?訪客/觀光客與法師/信徒雖然看法不同,但是他們都意識到有一個文化傳統的存在。這個文化可以稱為「華人文化」,它無形中影響了外國觀光客對龍山寺容貌的成見,也形塑了龍山寺信徒們念茲在茲的取捨準則。比如說,訪客/觀光客與法師/信徒這兩個團體,都喜歡龍柱,訪客/觀光客欣賞的是經過風化煙燻、充滿東方印象的龍柱,信徒/法師著眼的,是龍柱襯托觀音無邊慈悲與靈感的角度,兩者都對華人文化中龍的圖騰的意義,有明顯的反應與最高的推崇,但是反應方式不同。

新的狀況來了,如果不只看這兩個團體,同樣是對龍山寺中龍柱的反應,學者/學生團體卻會以完全跳開華人文化意義的角度來關照龍柱。他們會以無神的、西方傳統視覺解讀的方式,來看待龍柱。

在某種程度上,接受與學者/學生團體類似薰陶的決策者/公務員團體所具有的,是介乎訪客/觀光客與法師/信徒之間的、獨特的傾向。我曾觀察到兩類有趣的共同現象:第一,藝術相關科系的學生

有不同於傳統的眼光,在特定藝術教育薰陶下成長的學生,會將龍的
吉祥、隆重、權力意義放在一邊,會特別注意龍柱的材質、明暗、解
剖、尺寸、動勢、色彩、構圖等要素,以及平衡、對稱、對比、比
例、循環與變化、連續與斷裂等等抽象性的原理。[14]

這種與龍山寺大部分參與者不同的概念體系,可以從學生們在廟
中寫生的作品,以及對話中意識到。學生的寫生畫,不管技術水準如
何,有一個畫面總是重複出現,就是將裝飾繁複的屋簷下之龍柱,放
置在殿內的氤氳晦暗與殿外的明亮清晰之間,畫面上,宗教與歷史都
歸於一團神祕,而學生和觀賞者,好像一起站在殿外,對著眼前的龍
柱與殿內,投注著一種理性的、存疑的但不失浪漫的眼光,一種不同
於華人信徒、有點接近西方觀光客追尋之「異國風情」的眼光。

第二,在行為上,年齡愈大、受現代化學校教育愈久的學生或學
者,愈不在意龍山寺內被信徒/法師所遵奉的老規矩。前面提到,法
師/信徒對於來寺的訪客/觀光客的「目中無人」時有微詞;相對
的,專程來龍山寺寫生的學生也會遇到類似的抱怨。我就看過國小學
生坐在因慶典而打開的中門口石板地上,以拜墊為坐墊就地寫生,因
此引起信徒們的指摘,但是兩位小朋友不為所動,說是老師要他們來
畫畫以便參展的。我也曾看見國中生和專科生,不顧信徒的阻止,利
用寺內的供桌或石珠(石柱腳),直接進行他們的水彩作業。一位信

---

14 「形式系統」(formal system)是西方視覺藝術的核心系統,係指一些由「視覺
元素」(visual elements)、「設計原理」(design principles)、創作體會、鑑
賞經驗與方法,所累積起來的應用與開發,是西方文化長期發展出來的視覺語
言。形式系統的思想、觀念、字彙、意義與運用,自中世紀起,透過藝術的講
談與論述而成形,最後在1919年於德國成立的藝術學院「包浩斯」(Bauhaus)
的教學系統,之後傳遍世界各地,衝擊各文化之藝術與藝術教育。

徒告訴我說，其實他們出面告誡是出於好意，因爲當時那個供桌是擺在「寒林所」前，如果冒犯了「寒林所」內的孤魂野鬼，是會招來不幸的；[15]類似的「道理」，也可以用在信徒們認爲附有神明的所有寺內物件上，例如台階、欄杆與石珠等，但也都沒有獲得學生的認同。

田野中我還可以觀察到，同樣不受「迷信」影響的學者，對於龍山寺如何保持其作爲三級古蹟應有的「古色古香」，具有很大的影響力，因爲他們的看法，會被決策者／公務員採納，給寺廟管理委員／管理人員有形無形的壓力，給匠師／包商帶來新的施工與技術規範，後面這兩個團體，正是龍山寺美學的六個團體中，剩下的兩者。

M 國小的學生們

我在龍山寺觀察到的次文化團體間的矛盾現象，當時只是美學多元性的註腳，但等到 1987 年我開始研究台北縣某國小的小學生時，[16]竟出人意表地融匯出別的意義。在M國小，我研究的是小朋友在沒有成人[17]監督之下，會主動接觸、喜愛什麼樣的藝術或藝術活動？其文

---

15 至少在我研究的期間，龍山寺的信仰是一個佛教、道教與各種民間信仰的混合體。每年農曆八月間的中元普渡，是很重要的節日，寺內會準備紙糊的樓房，給無祀的孤魂野鬼一個居所，並享受供奉與誦經超渡，也具有安撫其怨懟、防止其為害的作用。

16 參見袁汝儀（1995a）。

17 在此，成人是指對小朋友具有監督權的重要他人（significant others），譬如學校老師、家長、補習班老師，我在田野裡，雖然也是成人，但我並不掌握他們的管教與評量權，也沒有其他類似的權利義務。所謂「無成人監管的時刻」是指下課時間、老師開會全體自修時、午餐與掃地時間、上學與放學路上、往返補習教育機構的途中、週末結伴出遊、臨時去書店買文具時。

化角度的解釋是什麼？我做這個研究的目的，是為了了解兒童的次文化，做為小學藝術師資培育工作的參考基準。

我跟在一群小朋友身邊，以九個月的時間，努力試圖進入他們的世界，了解他們所「關注的、感興趣的、有反應的『視覺藝術』」。[18] 我發現他們的視覺藝術，主要可以分成六類，即電動、[19]漫畫、[20]故事書、[21]電影、[22]偶、[23]小精品，[24]六類都直接或間接地與日本、香港、美國文化有關，其中又以日本流行文化的影響最為廣泛、強大。更重要的是，「官方」藝術教育中的視覺藝術教育項目，[25]完全不在其中。

同時我又發現，觀察兒童的「非官方」生活，與六類藝術相關的美學標準，是建立在五項原則上：好玩、幻想空間、角色認同感、安全感與成就感、成人或兄姊的肯定。再一次，成人社會中「官方」的審美標準，例如推崇個人性獨創、以藝術史（尤其是西洋藝術史）為

---

18 參見袁汝儀（1995a，頁33）。此研究報告在1995年發表後，其文末討論的部分，歷經多次修改，但均未正式出版，這個研究是我個人的長期腦力遊戲。

19 當時流行的是日本任天堂遊戲，包括男生瘋狂的「快打旋風」、「三國誌」，與女生常打的「魔術方塊」。

20 幾乎完全是由日本原版轉印的，例如男女生都喜歡的「機器貓小叮噹」、「七龍珠」，以及偏男性讀者的「聖鬥士」，與偏女性讀者的「電影少女」。

21 主要是當時世一書局出版的一系列日本鬼故事。

22 主要是日製卡通片與港片，前者與漫畫相關，後者包括「賭王」、「賭聖」等。

23 包括各種女生喜歡的芭比娃娃、影歌星偶像周邊產品、填充動物，較弱程度上，有男生喜歡的模型、機器人等。

24 主要是百貨店、文具店、精品店裡販售的小商品，例如文具類的kiki貓鉛筆盒、聖鬥士墊板，禮品類的小音樂盒、貼紙，裝飾的少女首飾等。

25 以1987年時全國執行之「國民小學美勞科課程標準」為準，國小藝術教育之「官方」藝術分類，是繪畫（包括線畫、彩畫、貼畫、版畫及水墨畫）、雕塑（包括塑造、雕刻及立體造形創作）、設計（包括基本造形、裝飾設計、傳達設計及美化環境設計）與工藝（包括玩具、器具及裝飾品）四大類，外加少量園藝與家事，這八類藝術與M國小小朋友喜歡的六類藝術，可說南轅北轍。

美感參考座標、藝術與商業無關的信念等，在此「非官方」的世界中，似乎沒有用武之地。對於這六類藝術與五項審美原則——姑且稱之為「六加五」——以及田野中所觀察的種種學生文化現象，原先我注意到的，是六加五與我所在意的藝術教育官方內涵的巨大差距，因此會把兒童的文化視為一種次文化，認為藝術師資培育應當重視這個文化現象，其他的想法並不成熟。

但那時，我就已經意識到，田野裡成人對兒童的上對下的愛、親情、管教，以及壓抑的必要，兒童則對成人也有敬愛、親情與服從，但是為了伸張自己也好、為了滿足玩的需要也好，兒童之間似乎有一個不成文的共識：偷跑是必要的。也就是說，華人的成人與兒童雙方之間，有遠比荷蘭要強烈的權力與義務認知，成人那邊是要盡為人父母及教師的職責，兒童那邊，則有體諒成人的辛勞、不惹成人生氣、要做什麼私下做的自我約束。

這麼一來，被成人普遍評價為可能妨害學校功課、容易玩物喪志不受管束、內容荒誕不經戕害幼小心靈、會導致浪費耽溺等負面結果的六類，兒童要接觸的話，就需要以功課進步做交換、藉口考試後放鬆時間進行、策略性說服辯解或撒謊、陽奉陰違乘機為之，或者以抗命的方式去維持這六加五的次文化。回想起來，當初就是因為成人與兒童之間這種強大的權力矛盾，以致田野初期想做的教室觀察必須停止，改為鎖定無成人監管的時刻，小學生才比較放鬆、比較自然。

後來，我的想法漸漸深入，開始注意到六加五的內容，裡面還有其他層次的意義。六加五的內容基本上還是「善有善報、惡有惡報」、對合適與不合適行為的拿捏、重視和平、正義與友誼、堅持保護弱小的原則、尊重知識權威等價值觀，並不是簡單的叛逆或無厘頭

創造性而已。即使以「好玩」與「幻想空間」這兩個最重要的審美原則來說，也可以解釋爲一種試探社會共識之底線、虛擬行爲準則之各種可能性的趣味，觸邊踩線有之，但並未及犯罪的程度，故其本質，與成人世界的規範並不衝突，反而是互相呼應的。

由此，我的新推論是，六加五也許在文化展演上、表達上具有弱勢、邊緣性與地下性，卻不折不扣是文化裡「正常」的表現。更進一步說，六加五與其簡單說是不同於主流的非主流文化，不如說，是學校正式課程以外，社會化過程的一環；表面上的載體，不管是可愛還是可怕的人物、戲謔還是驚悚的情節，實際上所處理的課題，比學校教的更廣泛、更眞實，不但不脫主流文化的規範，而且，與「以有報酬的工作爲核心之成人文化」相較，六加五不只是成人文化的次文化，而且可以說是成人藝術或休閒文化的次文化。[26]

靈光一閃：同人展

十年後，2006 年，我見到一個同人誌交流展的盛況。[27]下面是我的一個非正式觀察，這個同人展觸發我再去思考十年前的 M 國小與更早之龍山寺經驗，提供了極佳的對照與延伸。

---

26 如果看最近娛樂性電影「海角七號」在台灣爆紅的現象，這五個原則，似乎可用。
27 這個商展的正式名稱是「CWT 台灣同人誌販售會」。CWT 是 Comic World in Taiwan 的簡稱。「同人」約略等於志同道合者同志的意思，同人誌就是各種誌記同人經驗與表現的產品，這種商展，雖然以產品的交易爲主，但是很重要的成份，是在生產者與買家之間的交流、分享、討論與激勵。

　　暑假八月間，台灣大學的大體育館熱鬧非凡，分兩個樓層，各擠滿了幾百個攤位，擺攤的、觀賞的數以萬計的年輕人，很多人的年齡正約當年 M 國小兒童再加十歲左右，他（她）們在場子裡盡情地欣賞、把玩、討論、選購擺攤年輕人的作品。攤位上五花八門的展售品，都是當年 M 國小那六類藝術的同類型事物或衍生物，日本流行文化仍是風格主軸，有各種精緻的文具、海報、禮品、人偶，自行創作印製的漫畫與小說，克服萬難完成的動漫與科幻遊戲改作，另外還有遊走全場多采多姿的「cosplay」。[28]現場交易很熱絡，全用現金，時見興奮的顧客在會場角落就地坐下，迫不及待地閱讀或分享新買到的物品。很明顯的，當年的六加五，已朝成人的市場經濟轉型，早非吳下阿蒙了。

　　值得驚訝的還有，在這個同人展上，年輕人完全無需閃躲，可以公開地以自己的錢，供養自己的興趣與嗜好，大方地展現他們的想像力，甚至，以某些個別商品來說，銷售情況之佳，頗有潛力轉換成小型的事業——一個成人世界的「工作」。只不過，在偌大的場地裡，所有參與者幾乎全在二十八歲以下，可能小至小學年齡，但幾乎沒有中壯年女性，尤其沒有中壯年男性，[29]也沒有可能會干涉或糾正他們

---

28 Cosplay 是「costume」（戲服）與「role-play」（角色扮演）的合體字，是由素人自行縫製或購買服裝，妝扮出各種漫畫、小說或布袋戲角色，可以在被要求時擺出角色的經典姿勢，供不認識的同好粉絲拍照。

29 同人展分女性與男性，女性偏飾品、娃娃和漫畫，男性偏動畫、漫畫，和當年在 M 國小觀察到的分類相似。2006 年那一場是女性場，也有很多年輕男性參加捧場，但除了我自己之外，沒見到其他與我年齡相仿的女性，少數看起來超過三十歲的女性是幾位攤主，她們展售的大多屬於較高價位的娃娃衣。唯一的例外，是較早 2004 年時，曾目睹一位從旁協助女兒 Cosplay 的母親，她的女兒妝扮清涼，每次吸引大批男性拍照後，母親就衝上前去，以大外套包裹女兒離開。至於中壯年男性，在這種場子裡，我感覺是被歧視的。

行為的成年工作人口。這麼同質化的成員特徵與組成，顯示同人與成人的文化隔閡仍深，整整一、兩代人仍舊持續著某種弱勢對強勢的策略性對峙。

以上同人展的觀察，雖然不是正式田野工作的結果，但是同人展現象，不但印證了之前我對 M 國小學童次文化，與休閒文化的相關推測，還展示這個次文化頑強的生命力，及對其特殊美學的長期堅持。當初要在成人文化的夾縫、底層、邊緣或背面生存的次文化，如今已翻上檯面，準備成為文化主流的一部分。未來假以時日，我毫不懷疑這批年輕人，會以文化接班人及社會新主人的身分，部分改變社會的品味以及藝術的形貌。

圖 3-1 是將我在龍山寺、M 國小以及同人展之所見，從藝術的角度整理起來。此圖顯示兩條平行線，成人的主流文化是以工作為主，藝術是邊緣，學生的次文化是以休閒為主的六加五藝術世界。隨著年紀增長，學生的休閒藝術開始地上化，有更多的自主權。在圖 3-1 裡，學生次文化朝成人的工作世界彎曲，但是中間並未聯結起來，還是各踞一方的。這個文化結構性斷裂處的存在，對我來說很重要。

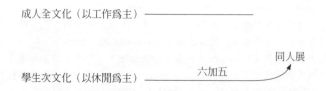

成人全文化（以工作為主）————————————

學生次文化（以休閒為主）——————— 六加五 ——→ 同人展

圖 3-1　觀察龍山寺、M 國小與同人展文化所顯示出來的藝術結構

從「我們的」、「華人的」教育特色這個角度來說，將龍山寺的

研究與 M 國小研究合起來看,再對照同人展,很有趣的是同樣指向:非華人文化與華人文化在華人文化圈相遇、碰撞以及引發文化變遷的現象。在龍山寺和 M 國小裡,台灣的學生族群不約而同地表現出較願意接納異文化、樂於演繹外來文化,甚至從中追求主體性的現象。

兩個案子的不同之處在於,在龍山寺裡寫生的學生,是橫向地衝擊其他團體,而在 M 國小裡的五年級學童,則是與成人社會垂直地分明暗、分主副、分地上地下。總之,華人學生這個群體,[30]以我這些很有限的田野觀察來說,似乎具有一種與傳統分庭抗禮,甚至破壞、改變、創新或增益傳統的功能——雖然他們只是很自然地這麼做。

台灣的學生次文化與學校所代表的成人主文化,這種既對抗又周旋的特殊現象,也曾被 Shaw(1996)觀察到:

> 台北的青年次文化活動,鮮少是朝向社會贊同的目標的,也全未鼓勵那些社會贊同或者要求的品格(例如責任感以及學業紀律)。相反的,它們都朝個人樂趣與為經驗而經驗的方向看齊。[31]

---

30 在此先不處理學者／學生團體中,「學者」這個較小的菁英群體。第一是因為,學者這個群體是龍山寺參與人之一部分,但不是M國小報導人的一部分;第二是因為從製造變遷這個角度來說,學者可以說是學生的一種極致型態。事實上,在龍山寺的田野中,可以屢次目睹「不持香」(持香的行動是表現對民間宗教的信仰及參與)的學者專家,在古蹟保護、建築規範或者民俗執行上的意見,對龍山寺之管理部門造成壓力。

31 同上,p. 201。原文為 "Few of the activities of the youth subculture in Taipei led to socially approved goals, and none were seen to foster the personal qualities that most socially approved goals require (responsibility or academic discipline, for example). Instead they were all oriented towards the pleasure of the individual, and celebrated experience for experience's sake"。

這是 Shaw 所謂「與自己爲敵的台灣學校」（Taiwanese schools against themselves）的來由。[32]

對照：荷蘭的師範教育

上述這個有關 M 國小的觀察，由於與研究荷蘭 PABO D 之師資培育，時間部分重疊，資料互相對照，有了更意想不到的開展。我對 PABO D 有六個觀察：形式系統是基本內容、物質是動力也是媒介、形成個人化生活風格是教育主題、初中高三層次的教育目標、二元制衡架構的縮影。先不談各項目觀察的細節，當初這六項原是要說明 PABO D 之藝術師資培育課程的脈絡化特徵，現在，當與龍山寺、M 國小及同人展來做文化比較時，卻出現了新的意義。現在，我認爲這六項觀察可以分成兩部分來看，前五項可以合起來當做第一部分，去顯示荷蘭教育的內部一致性；最後一項，則可視爲第二部分，可以解釋荷蘭特有的藝術教育脈絡性變遷動力。

到荷蘭之前，我才剛完成龍山寺研究，並結束了 M 國小的田野工作，資料分析尚未開始。到了荷蘭，我很驚訝地發現，荷蘭雖然與台灣在人口數及土地大小上很接近，但荷蘭的社會，相對於台灣社會，對於外來文化，並沒有太大的動心情形，也沒有明顯的排斥。荷蘭人似乎不覺得異文化具有威脅性，或感覺自己正受到某種異文化的擠壓。事實上，荷蘭國民普遍能使用四種語言，並以此標榜、自豪，

---

32 同上，"Taiwanese schools against themselves" 是 Shaw 此文的標題。

我所認識的荷蘭人時常自稱贊成政治去中心化、蔑視民族主義與國家主義，並認為文化的開放性，是荷蘭身為小國而仍能吃四方的重要原因。總之，九○年代初我在荷蘭的時候，荷蘭人的觀念裡，並沒有一個遠方的、強勢的異文化存在，他們的世界簡單來說，就是幾個與他們友好的西方強國。[33]不僅如此，荷蘭做為西歐或歐美概念的一部分，是西方文化的一員，我的荷蘭受訪者，從不隱瞞其歐洲中心的觀點，對於世界上其他的角落如台灣，一般沒有太多好奇感或比較的動機。

　　台灣與荷蘭不論是土地面積還是人口，都相去不遠，但台灣的特殊之處是在於其為各種文化的交會點，強勢文化的滲透，速度快而深，從文化的門口到文化的核心，幾乎沒有障礙。外來文化的衝擊，在龍山寺是每日的常態，在 M 國小，源自外來文化的六加五，隨處可見於學校、家庭、巷子口的小店，與鄰近的百貨公司。可以說，外來強勢文化對學生的影響非常明顯，因此在台灣，外來強勢文化對主流傳統文化的壓力，是遠大於荷蘭的。

　　進一步再看PABO D的田野資料，荷蘭文化的結構性衝突課題，不在於外來文化，而是在於個人與社會的抗衡上。荷蘭文化的種種操作，主要是在個人的自主與創性相對於群體的結構與紀律之間，如何求取雙贏、避免兩敗俱傷。不但如此，荷蘭文化的最終焦點，也是集中於處理個人主體性與社會主體性之間的矛盾上。六項觀察中的最後一項，所謂二元架構的意義，就是建立在「個人自主」與「團體規範」這樣兩極化的座標上。而荷蘭藝術文化的變遷動力，就是來自個

---

33 比如說幾個已開發的先進國家（如 G8）。

人與群體之間無休止的拉鋸、對話、衝突與平衡。[34]台灣的文化也有
其欲迎還拒、既互斥又互補的衝突點，但這個點，是存在於華人文化
與非華人文化之間。

　　依我的觀察，PABO D 的藝術教育，雖然只是一個小案例，但充
分呼應著學校外的社會、經濟、政治等所組成的整體現象。也就是
說，PABO D 內的藝術師資教育，與 PABO D 師生的校內外藝術生
活，與整個荷蘭的生活世界，三者之間沒有明顯的脫節。一個荷蘭人
維持他的工作、維持工作與非工作之間的分野、創作一件藝術品、建
構自己的休閒生活，或布置獨特的家居空間等，這些以台灣文化而言
並不相干的能力，在荷蘭都是一體的。PABO D 的校內世界與校外世
界之間，荷蘭的師範學院、藝術學院、小學之間，還有荷蘭的家庭與
社會之間，都使用同一種觀看與表現的視覺符號與美學，因此學校體
制內的藝術教育，發揮的功能是以學生自家庭與社會帶來的、熟悉的
形式系統為基礎，給學生進一步發展各自風格的機會。但在台灣的龍
山寺以及 M 國小裡，不同的團體對內也許觀念一致，但相互間卻缺
乏共同的語言，從藝術的概念到美學的評鑑標準都是斷裂的，而且互
相間是衝突的。

　　在荷蘭的研究報告中的一個圖，可以做為上述簡單討論的總整
理。由圖 3-2 可知，荷蘭的文化，是以「工作」與「非工作」形成兩
條平行線，工作世界是主流，由社會規範主導，非工作世界是非主
流，由個人主體性主導，而各種藝術活動，不論專業的程度，大多分

---

34 例如哲學家伊拉斯馬斯（Desiderius Erasmus Roterodamus）、畫家林布蘭（Rembrandt van Rijn）及梵谷（Vincent van Gogh）。

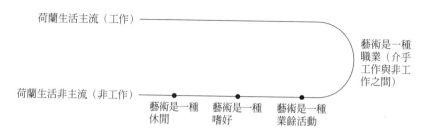

圖 3-2　荷蘭藝術與工作的相對定位，及 PABO D 視覺藝術教育範圍圖[35]

布在個人主導的非工作世界，藝術一旦講求專業，被視爲職業，其操作就會向主流的工作世界彎曲並銜接，或多或少地展現荷蘭工作文化的特徵，比如說競爭激烈、規則嚴謹等。雖然在社會的印象中，荷蘭職業藝術家的工作普遍被認爲帶有休閒的味道，不能完全與主流的工作相提並論，但是職業藝術工作者的表現，與休閒者、嗜好者及業餘藝術家相比，又明顯的是偏向工作者一方，需要有專業的態度與嚴肅的工作倫理，因此專業藝術家是介乎主流的工作文化與非主流的休閒文化之間，一群從事帶有休閒色彩的工作者。由圖 3-2 可知，兩條平行線在同一個光譜上可以完全銜接，沒有斷裂。

　　圖 3-1 和圖 3-2 比較起來，基本結構非常相似，都有兩個平行線，分別代表文化的主流與非主流陣營，而且在兩個圖中，我所關切的藝術也同時處於非主流與休閒的一邊，顯示一種人類的文化共通性。但同時，圖 3-1 和圖 3-2 之間，卻有兩個很值得注意的差異：第一，兩條平行線所代表的，在圖 3-1 的台灣是分別代表強勢的主流文化與弱勢的次文化，是兩個不同的人群，前者主要的成員是成人，後者主要

---

35 參見袁汝儀（1995b，頁 260）之圖 19。

是學生；在圖 3-2 的荷蘭，兩條線雖然同樣代表主流與非主流文化，可能是有工作者和失業／無業者的分野，但也可能同時代表同一個荷蘭人的兩種生活：工作的生活與非工作的生活，也就是代表一個人發揮社會性或個人性的不同場域；第二，圖 3-1 的台灣文化有結構性斷裂處，而這個斷裂的起因是外來文化，圖 3-2 的荷蘭文化沒有明顯的斷裂，外來文化不具明顯的文化區隔作用，也不會導致脈絡性變遷的作用。

從文化變遷的角度來看，這樣的結果反映了民族誌學者對人類共通性的信念，印證了許多文化變遷研究的結果，呼應了將西方或強勢文化視為世界上非西方文化或弱勢文化之文化變遷主因，同時也讓我想要由此尋找華人藝術教育的脈絡性特徵。

根據我的田野資料，荷蘭的學生不分年齡，在成人面前展現其族群之不同時，都沒有閃躲的必要。這個現象，可以說是荷蘭致力以體制維持族群差異的大環境[36]使然，也可以說是荷蘭師資培育以兒童為中心的教育理念所導致。一個相關的觀察是，PABO D 的一年級學生升入二年級之際，有將近一半的學生被退學，就我所知，校方給的最主要的退學理由，就是這些學生在小學裡進行教育實習的時候，無法排除成人的語言與態度，無法對兒童設身處地，與兒童打成一片。根據這樣的理由，一位在寫作比賽中得獎的學生，也被意外地退學了。

---

36 可能是對宗教與政治迫害的一種歷史反應，我研究的當時，荷蘭社會有所謂「多元體」（英文：pluriformity，或 Pillarization，見袁汝儀，1995b，頁 49-55）的制度，目的是切割每一種基督宗教教派的信仰者與無信仰者（secularized）人群的生活環境，包括醫院、學校、養老院、媒體等等，讓每一個人在日常生活中不必勉強與不同信仰者共處，理想上甚至一生都不必為自己的信仰辯護。

另外一個觀察是，PABO D 的學生在校內與個別教師衝突時，學生完全不會受到懲處，即使在較嚴重的狀況時，教師的自我壓力反而比學生大。這些觀察顯示，兒童中心／學生中心的價值觀念，深入荷蘭成人與學生的關係形貌中，荷蘭的學生，不管是在小學裡還是在師範學院裡，學生課內課外作品反映如圖 3-2 中那種休閒、嗜好與業餘的美學與水準，而受教師肯定的作品，是由於能在整個文化通行的形式系統上，做到此系統的應用或者個人化之詮釋，這也再次說明學生文化與成人文化的聯結。

比較起荷蘭的 PABO D 來，華人學生與成人的團體區隔相當明顯，而且學生是處於一種被成人呵護、照管、監控的情勢中，學生有被「兒童化」、「矮化」的情形。台灣的龍山寺裡的華人文化與非華人文化團體之間，以及 M 國小的華人成人官方主流文化與學生的華人非官方非主流文化之間，以及同人展幾乎無成人在場的現象，顯示華人學生感受被成人支配，而且此支配的力量，大得使他們必須使用弱勢者的自我伸張策略，或者採取堅壁清野的排斥態度。與荷蘭相較，同人文化的現象顯示華人學生次文化與成人文化之間的隔閡，顯得相當大而且深，而兩者間最關鍵性的差異，在於是否受到非華人文化的影響。

換句話說，比起荷蘭所見的圖 3-2 來，在台灣，學生與成人的兩條文化平行線之間，並不存在清晰的銜接圓弧，無法讓平行的體系能連接起來，使平行線互相滲透，成為一個具有整體邏輯的大體系或大光譜。這個情形，可以圖 3-3 表示，圖中兩條不交叉的平行線，互相不會發生直接的衝突與銜接，但是文化變遷照樣發生，只不過不是以「直接接棒」的形式發生，而是以「後浪推前浪」的形式發生；也就

是說，在華人藝術教育的文化現象中，可能有這麼一個脈絡性的變遷景象：新一代代換了老一代，老一代被新一代推向邊緣。

圖 3-3　華人學生族群的文化變遷動力地位

假說：學生變遷論

　　根據這樣的討論，是否可以大膽地假設：華人藝術教育現象上的文化變遷動力之一，可能是學生；學生透過運用外來的、非華人傳統的文化元素，在成人的呵護與看管下，建構了自身族群的代間特殊性，因而維持了相當穩固的非主流文化內涵與形貌，這個次文化不會因成人文化的強勢而改變。學生次文化的不變，等於長期維持了圖3-3 中結構的斷裂處，隨著時間推移，學生族群長成成人，掌握發言權與合法性，自然而然帶來整體的文化變遷。不但如此，因為華人文化可能是藉文化結構上內建的斷裂性來引發變遷，因此所形成的變遷，性質上不只是「漸變」，也可能包括「代換」與「劇變」的可能性？前面提到的 Shaw（1996）即曾說，學生質疑傳統，可以導致傳統的改造，甚至造成傳統的遺棄，以使之更適合自身所在的當下。[37]

37　參見 Shaw（1996, p. 203）。

　　這個假說——姑且稱之爲「學生變遷論」——是個值得進一步探究的課題。蓋華人文化中有許多其他片面的證據，可以初步顯示其所具有的解釋潛力。

　　在龍山寺與 M 國小裡，所謂華人的藝術成分中，有很多曾經是非華人文化的元素。譬如約兩千年前，[38]與華人文化開始接觸的佛教是從印度傳來，後因爲赴印度取經的學生而擴散入華人文化，佛教華化的年代悠久，已被公認爲華人文化的一部分。相形之下，龍山寺中寫生的學生們所運用的形式系統，就是荷蘭普遍可見使用的表達與鑑賞工具。此一形式系統與華人文化圈的接觸，可能是肇始於基督宗教與華人文化圈的接觸，時間較爲晚近，只能追溯到約六百年前，[39]因此可能仍處於異文化地位，正透過學生群體衝擊著華人文化。這個粗略的文化比較，可以說是呼應了學生變遷論的非華人文化因素與時間因素，也可以解釋近代華人文化的變遷會因交通發達而加速，以及文化內部衝突明顯化、普遍化的情形。

　　說到近代，華人文化的兩大文化實驗與對壘的背後，是兩種西方傳來的思想：社會主義與資本主義，而各地區不斷發生之較小規模的獨立訴求，也與二次大戰前後傳入的民族自覺思想，有重大的關聯。五四運動以來，靠著文字翻譯與著作被學生閱讀以及各種學生運動，社會主義、資本主義與民族自覺思想這三類實驗，不斷地牽動著全世界各地的華人生命，其洶湧的反傳統與文化劇變力量，有時甚至足可吞噬整個社會。但是，即使有斷裂處的存在，直到今日，華人文化本

---

38 以西漢末年哀帝在位時，佛教到達西域時爲準。

39 以唐代貞觀年間的景教傳入爲準。

身，似乎仍以天行健的態勢，以全世界唯一綿延最長的文化身分，邁入二十一世紀。我認為華人文化的生存與變遷，是一個值得重視的世界性現象，一個需要被華人或非華人研究者深入研究的課題，而其中華人藝術教育相關之文化變遷現象，可以是了解華人藝術教育之獨特脈絡的切入點。

站在發展問題意識的立場，學生變遷論還可以做進一步的推演。經過近代人類學理論的發展，從事教育人類學研究的人，都熟悉一套圈內人的前提：文化維護與文化變遷是文化傳承與文化創新的兩大結果，兩者對文化的生存與發展都有必要，而且教育是兼具傳承與創新功能的文化機制。在這樣的前提之下，華人文化的變遷與傳承平行共生，並非不可能。比如說，華人的藝術教育現象，例如術科考試、師承等，是否可以視為控制或平衡學生族群變遷能量的機制？相對的，華人社會特有的對學生群體的愛護與容忍，是否可以視為內建之藝術文化變遷的機制？

比較學生族群的文化處境，會發現荷蘭學生與台灣學生的不同。荷蘭兒童自小即處於獨立生活前的準備狀態，十二歲便被安排進入人力訓練分流的教育體系中，滿十八歲起由國家供給房租、學費、生活費、通行全國的免費車票，及任何成人都可享受的社會福利，因此，十八歲是大部分荷蘭年輕人離巢的時候。在PABO D裡，不管是否滿十八歲，學生的成績單收受者是本人，不會寄給家長，而家長的來電，也不會由學校轉接給學生，一切皆因他們已被視為成年。這些點點滴滴，可說都是荷蘭文化透過體制所展現的文化期待，以及對學生轉大人的催促。相較起來，華人文化中的學生，一樣被認為是族群的未來，但處境完全不同。

在華人社會裡，晚輩是永遠的身分之一，對父母或師長而言，兒女或學生不因長大成人而擺脫此一地位。兒女屬於父母、學生歸老師管的觀念很普遍，以學生來說，總是被成人小心翼翼地監管、保護與愛護的。在龍山寺與 M 國小這兩個有限的案例中，成人對學生的責任大、全面而長久；在 M 國小裡，學生對父母與師長的倚賴與敬愛，亦是顯而易見，雙方關係兼具緊張與溫暖。尤其在長期施行義務教育的台灣，不像荷蘭那樣積極敦促下一代獨立，學生的身分得以長期維持，學生們集體生活、集體行動的機會多、時間長，形成明確次文化的可能性大，而次文化的內涵深、影響強，而且整個社會的傾向，又是給予他（她）們很大的犯錯空間，及被無條件原諒的特權。在如此多重的條件下，學生們大致不必操心生存與安全問題，可以在夾縫中心無旁騖地整合、建構自己的世界，預先操作文化變遷的各種因子與雛型，避免與成人直接衝突爭論，只需準備有一天將成人推到文化的邊緣，自己站起來。

此外，在西方文化裡，傳統上一直有所謂的「黑馬」（mavericks）藝術家（Becker, 1982），這些少數的離經叛道者，若經得起長期而艱難的社會接納過程，就能製造藝術史上的文化變遷，但黑馬這種西方社會的革命性人物，在華人群性強的社會裡，生存的空間很少。相對的，華人社會裡有的是大量被成人區隔、也刻意與成人區隔的學生。以 M 國小為例，持續玩同人展的學生，也許是少數人，但是同人的美學和品味，不但明顯地瀰漫整個世代，是具有藝術認同符號的一部分，而且隨著學生成年而成為台灣整個社會的符號之一。

學生變遷論不排除教師、課程、教育政策與教育機構等因素的重要性，及其在華人文化變遷上的意義，只不過，我想這些因素的影

響，必須伴隨學生族群的成長與學生次文化的發展，並且由學生吸收、操作、維護、詮釋、發揚，才見功效。在龍山寺的案例中，學生與學者是被歸為一類，可知兩者的關係密切，學生所接觸的異文化，是來自教師與學者。教師與學者扮演引入異文化的中介角色，[40]他（她）們在華人社會中一向受到敬重，但其影響力是當下，不似學生所製造的是長遠的文化變遷，甚至劇烈的文化新貌；在人數上，教師與學者不能與學生相比。此外，於特定情況下（如 M 國小案例），後者在文化變遷中的角色，並非必要，如果有其他的文化中介者存在（例如文化商品的進口商），學生也可以發揮同樣的文化變遷角色。

　　以目前的資料來說，學生變遷論並未脫離文化人類學界常討論的文化變遷因素，包括從大格局出發的，例如：殖民主義、現代主義、女性主義、全球化，乃至科技、媒體與觀光活動等對第三世界或非西方文化的影響，以及從個人動力出發強調個體意志與想像的力量，例如個體超越制度或形勢的情況等。近年的相關研究，大都採取兼顧大局與個人影響的道路，下面僅討論兩個案例。

　　Inglehart 與 Welzel（2005）以二十年（1981～2001 年）來收集的資料回顧八十一個社會（世界 85%的人口），兩人從社會學與政治學的角度指出，較之開發不足之社會，近代先進社會之公眾價值與信念發展有其可預測之趨勢，即：社會經濟發展（socioeconomic develop-

---

40 袁汝儀（2008）追蹤 1930～2008 年間，「自由畫」藝術教育思想自奧地利經英國、日本、大陸進入台灣，由此過程自由畫思想持續深入藝術教育者之共識，各時期學者與教師明顯地扮演了重要的譯介與詮釋功能。如果僅就學者群的代間變化來說，後浪推前浪的情形，在此過程中也可以觀察得到。但是，由於此研究之目的係集中在學術研究者以及論述者身上，對同一時期的學生究竟有何影響，則尚待進一步調查。

ment）一旦發生，重視個人表現（self-expression）的價值觀變遷就會跟著發生，而新的價值觀又會改變該社會的管理方式，進而助長了性別平等、民主自由，以及好政府等變遷的出現。Inglehart 與 Welzel 認為，這種跨國性的共同現象，修正並整合了過去的現代化、文化變遷以及民主化個別理論，將文化變遷的重要性凸顯出來，稱之為「人類發展序列」（human development sequence）。Inglehart 與 Welzel 說：

> 人類發展序列的核心概念，是人類抉擇的擴展以及自主，隨此一民主化面向之逐漸明朗所帶來的文化變遷，會使民主成為合理的機構性結果。在早先有關民主化的討論裡，文化變遷所扮演的中心角色，要不是被忽略了，就是被低估了。
>
> 大體來說，文化由一代傳給下一代，但是人們的基本價值觀反映的，不只是其被教導的，也反映其第一手的經驗。[41]

Inglehart 與 Welzel 的說法，對學生變遷論的意義，是點出了受教育的一方所具有之自然的文化變遷力量。此外，兩人的研究雖然強調「經長期產生的代間價值變遷」（intergenerational value change over time），[42]尤其是朝「自我表達的自由」（self expression values）與「以人為中心」（people-centered）的社會發展，而其所謂的「下一代」並不特指學生，但以前述華人社會學生處境的特殊性而言，並不能排除：「華人學生藉非華人文化藝術生產代間差異，而導致華人文

---

41 參見 Inglehart 與 Welzel（2005, p. 2）。

42 同上，原文見 pp. 94-134。

化藝術變遷」的假設。甚至，由於學生變遷論只在「做爲一個可辯識的族群，學生可能是華人文化變遷的動力」這一點與 Inglehart 與 Welzel 不同，更增其爲華人藝術教育乃至華人教育特徵的可能性。

從藝術史的角度，Kuo（1994）討論了台灣戰後的年輕一代畫家，認爲這些畫家體現了台灣戰後三個世代的不同「文化政治」（cultural politics）面向。Kuo 自述其研究動機，謂台灣戰後的年輕畫家並未受到當時的成年畫家重視，幾致外在世界眼中的台灣只是「一個沒有文化的經濟奇蹟」（an economic miracle without culture），[43] Kuo 認爲，這個評價並不符合事實，他說台灣年輕畫家新風格的來源，除了是自主探索的結果，同時也是他們生長與受教育的社會、政治、經濟環境使然。[44]文中，Kuo 描述「五月畫會」的年輕畫家群，在面對上一代所秉持之中國或日本繪畫觀念時，如何透過西方的抽象表現主義，創造了具有顛覆性的「第三類」；[45]然後，隨著戰後嬰兒潮長成，受到八〇年代商業繪畫市場發展的影響，更年輕的一代的畫家，又展現了截然不同的「第四群」風格。[46]

---

43 參見 Kuo（1994, p. 246）。

44 同上，p. 246。原文為 This view is unfortunate, however, for during the past decade Taiwan has been the emergence of several important young painters worthy of notice, artists whose work exemplifies the rapid cultural change which has taken place in Taiwan. Their new style is the result in part of each artist's search for individual expression. I t is also the result of the social, political and economic conditions in Taiwan where these artists grew up, were educated and have lived。

45 同上，抽象表現主義即 Abstract Expressionism，Kuo 有關第三類（Category III）的論述見 pp. 247-249。

46 同上，Kuo 所謂的「第四群」（the fourth group），即「戰後世代」（the postwar generation），見 p. 249。文中，Kuo 稱第四群畫家的風格特徵為「台灣自覺」（Taiwan Consciousness），見 p. 250。

　　Kuo討論的，是專業藝術界的較小範圍之現象，不是學生變遷論所指向的廣大一般現象，從文章中有限的小傳來看，其所列舉的第四代年輕畫家，也不能確定是否在學生時代即已不約而同地分享類似的美感次文化。但在 Kuo 的論述中，有兩項學生變遷論的要素，呼應了我在台灣田野中觀察到的現象：第一是成人與年輕人之間的鴻溝，而且年輕的一方是處於一種被忽略或無聲的狀態，使其反而得以自成一格，一旦浮現，歷史便無法回頭不說，而且展現的是全面性的不同；第二是外來文化或者商業運作的區隔、啟發與催化作用。在這兩個要素之下，表面上看起來的代溝現象，完全可以被放在文化變遷的角度下檢視，代溝甚至可能就是整體性文化變遷機制的一部分。

　　討論這些華人年輕人所引發的或者代表的文化變遷，無形中就是脫離西方案例的限制，改以西方案例做對照，以華人案例的資料來談華人藝術教育現象，探問一種華人論述的合理立足點，也探問此一立足點與過去純以西方（或非華人）案例為主，所發展的立足點，是否有顯著的不同。

　　學生變遷論（如果可以成立的話）的意義在於，華人學生在成長的過程中，受到的藝術薰陶，不管在概念上還是在審美操作上，官方與非官方不但不同，而且互斥、平行且缺乏交叉，這種現象的意義已經可以在我經驗過的兩個不相干的田野中，被重複觀察到，在另一個不相干的田野及一個隨機觀察裡，也可對照出某種獨特性，同時，在有關文化變遷的文獻上，也可以發現許多相通的線索。那麼，學生不僅是受教者，而且也是變遷者的這個想法，會使一直以來許多被華人藝術教育者接受為人類普遍性的西方理論或觀點，面臨被修正或重新思考的必要，而華人藝術教育的特徵，變得具有發展的空間。不僅如

此，華人藝術教育特殊現象的考慮，不會是二元論的落伍思考，反而是超越東西、中外、華夷、古今、全球與地方二元論的契機，也是積極提供不同的藝術教育參考座標與觀點的機會。了解到這一點，便可了解繼續檢驗學生變遷論的價值與意義。

當然，台灣的少數案例，要推及廣大的華人文化，還有很大的距離。目前，學生變遷論還是一個很初級、很粗糙的假說。以藝術教育來說，探究這個假說的解釋力，可以當作一個大型且長程工作的開始，可以當作是一個藝術教育田野研究者，由民族誌向民族學發展的預備思考；或一個藝術教育研究者，由研究單一文化族群朝跨族群研究的前置工作；也可以是一個受西方影響的華人藝術教育者，直接而深入地探索華人藝術教育特徵的開端。我認為，學生變遷論如果能獲得持續的重視，不但有助於了解華人藝術教育的特徵，也有助於了解華人教育以及華人文化變遷的特徵，進而促進檢視華人或非華人文化中學生群體的社會意義，或者華人相對於非華人的核心特質，而相關的華人教育課題，例如教育政策的拿捏、教育價值的認定、教育過程的設計等等，都可以連帶加以重新檢視。

目前，學生變遷論「後浪推前浪」的文化變遷假說，是建立在兩個很小的華人文化樣本，以及一個非華人文化之間的比較，還參照了一個不深入的隨意觀察。而這個假設的一些未明之處，也還待釐清。例如圖 3-3 華人成人藝術文化與藝術文化間之斷裂處，究竟是延遲銜接還是持續斷裂？什麼樣的週邊條件，會伴隨或促進學生作為文化藝術變遷能量的角色？哪些則無關或會抑制學生的文化藝術變遷動力？眾多的問題，都需要一點一滴地透過研究來回答。同時，也有必要檢視各種文化以及華人文化中，已知的文化變遷動力與模式，做進一步

的整理與比較，看看是否在其他的華人或非華人田野案例裡，找得到讓這個假設成為一個合法議題的可能性，獲得增益、推翻或修訂假設性論述的跡證，以及建構為華人文化、藝術、教育與藝術教育特色論述的根據。此外，也有必要了解學生做為變遷動力之假設，與其他顯著的華人或非華人文化變遷現象的關聯性，以便了解這一項假設與其他假設之間的關係，以及其所可能引發的理論建構方向。

參考文獻

袁汝儀（1995a，11 月 11-15 日）。非官方說法——台北縣國小學生次文化中審美價值取向研究。發表於「一九九五國際藝術教育學會：亞洲地區學術研討會」。彰化：國立彰化師範大學。

袁汝儀（1995b）。荷蘭視覺藝術教育與師資訓練——一個西方案例的教育民族誌研究。台北：五南。

袁汝儀（2008）。**1930-2002——戰後台灣視覺藝術教育學術研究與論述文獻資料之整理與初探**。行政院國家科學委員會人文學研究中心整合型計畫子計畫結案報告。台北：國立台北教育大學。

馬林諾斯基（1991）。**南海舡人 I——美拉尼西亞新幾內亞土著之事業及冒險活動報告**（于嘉雲譯）。台北：吳氏基金會。（原著出版於 1922）

Becker, H. S. (1982). *Art worlds.* Berkeley, CA: University of California Press.

Benedict, R. (2005). *Patterns of culture.* Boston, MA: Houghton, Mifflin Company. (originally published in 1934)

Inglehart, R., & Welzel, C. (2005). *Modernization, cultural change, and democracy: The human development sequence.* Cambridge, OK: Cambridge University Press.

Kuo, J. C. (1994). Painters of the postwar generation in Taiwan. In S. Harrell & C.-C. Huang (Eds.), *Cultural change in postwar Taiwan* (pp. 246-274). Taipei: SMC Publishing.

Marcus, G. E. (1998). *Ethnography through thick and thin.* Princeton, NJ: Princeton University Press.

Marcus, G. E., & Fischer, M. M. J. (1986). *Anthropology as cultural critique: An experimental moment in the human sciences.* Chicago: The University of Chicago Press.

Nash, R. J. (1974). The convergence of anthropology and education. In G. D. Spindler (Ed.), *Education and cultural process: Toward an anthropology of education* (pp. 5-25). NY: Holt, Rinehart and Winston, Inc.

Pelto, P. J., & Pelto, G. H. (1978). *Anthropological research: The structure of inquiry* (2nd ed.). Cambridge, UK: Cambridge University Press.

Powdermaker, H. (1966). *Stranger and friend: The way of an anthropologist.* NY: W. W. Norton.

Shaw, T. A. (1996). Taiwanese schools against themselves: School culture versus the subjectivity of youth. In B. A. Levinson, D. E. Foley & D. C. Holland (Eds.), *The cultural production of the educated person: Critical ethnographies of schooling and local practices* (pp. 187-207). NY: State University of New York Press.

Yuan, J. I. (1986). *A preliminary study on the emic aesthetic valuing of a group of Taiwanese temple participants concerning the temple art.* Unpublished doctoral dissertation, University of Oregon, Eugene, OR.

作者簡介

袁汝儀

　　由於我父母工作的關係，小學、初中與高中時代曾是職業轉學生，走過全台各種校園文化，長大之後自然而然地，對於以觀察人們、了解人們為業的民族誌研究，產生高度興趣。大學時代一度想從事藝術創作，赴美攻得藝術碩士後，反而被極為重要但未受重視的藝術教育所吸引，在深受六〇年代文化影響的美國奧勒崗大學校園裡，重新出發，改頭腦轉行。第一個藝術教育民族誌的田野，是博士論文研究的艋舺龍山寺，之後的每個田野，包括台北縣的一所小學、荷蘭的師範學院以及美國東岸的哈佛大學，都給我個人深刻的衝擊與成長機會，令我樂此不疲。目前我在國立台北教育大學藝術與造形設計學系任教，參與藝術教育學程以及碩士班的教學，公餘經營一個關懷、推廣與促進全球華人藝術教育交流之公益性網站，名為「全球藝術教育網」（http://gnae.ntue.edu.tw）、主持一個每月一次的開放性藝術教育公共論壇「藝鼠論壇」（http://gnae.ntue.edu.tw/art/art.jsp），並協助支持一個收錄於 TSSCI 以及 THCI 之學術期刊：《藝術教育研究》半年刊（http://gnae.ntue.edu.tw/subject2/subject.jsp）。

4. 古道照顏色──
教師專業與師道本色

呂金燮 教授
台北教育大學特殊教育學系

　　三位拉比（猶太人的智者）被派去檢查巴勒斯坦的教育狀況。他們來到一個沒有教師的地方，對居民說：「把保衛這城市的人帶來。」居民便把軍隊衛兵帶來。拉比們大聲說：「這些人不是城市的保衛者，而是城市的破壞者！」「那麼誰是城市的保護者呢？」拉比回答：「是教師。」[1]

　　曾經，不論面對多麼動盪的時代，「師道」一直是華人保衛文化道統的最終堡壘；然而曾幾何時，「師道」本身已成為社會現代化途中的殘磚破瓦。在每一個驟變的時代，「師道」便面臨嚴厲的挑戰。身處 2008 年的我們，分享著 1,200 年前生活在轉型時代中的韓愈所感嘆的「師道之不傳也久矣，欲人之無惑也難矣！」[2] 現今談「師道」，常有不可承受之重，用道統定義過於抽象，似乎與我們的生命經驗脫節，但是「師道」卻又是不可迴避之輕，因為與每位教師的生

---

1 參見賽尼亞（編譯）（2000）。
2 參見韓愈〈師說〉。

命經驗息息相關。

　　每年都有各類優良教師的遴選，從全國性的師鐸獎到各縣市、各校的優良教師獎，乃至優秀實習教師，「品行操守端正」、「貫徹教育理念」、「教育愛」、「發揮專業精神」、「教學認真負責」、「教學績效優良」等是所有評選標準的共同語彙，而且大都會以「足堪表率」為重要標準。每次受邀擔任類似的評選工作時，都可以聽到所有的評選委員同聲嘆息：「實在很頭痛，如果能夠直接看到這位老師的教學，問題就簡單多了！」評選的困難是如何從一個個的檔案中，讀到每位教師的教育理念、專業精神，甚至是品行端正、教育愛。更何況是檔案本身的精美度與呈現的方式迥異，要繞過這些可以看得到的表面細節，逕自把眼光放在核心的精神，恐怕就不是讀這些資料就可以做的判斷了，更難的是，每個評選委員、每位教師都會同意的一個重點是，再多的專業標準或指標也無法抓住任何一位優秀教師的本色，但是我們每年都很努力在做同一件根本上做不到的事情。

師道褪色　專業至上

　　2008 年，台灣的書店裡有兩本暢銷書，一本是《第 56 號教室的奇蹟》，另一本是《自由寫手的故事》，兩本都是美國優秀教師的著作，前者英文書名是「Teach Like Your Hair's On Fire」[3]，後者則是

3　Esquith, R. (2008). 第 56 號教室的奇蹟（卞娜娜、陳怡君、凱恩譯）。台北：高實國際。（原著出版於 2007）

「Teach with Your Heart」[4]，許多我身邊的教師，不論任教國小、國中還是大學，沒有讀過，也都聽過，甚至有教師放在教室的辦公桌上，心情低落的時候就拿出來讀。「付出關心，帶來改變」、「只要用心，頑石也點頭」、「信念與信心」、「改變孩子生命的老師」、「找回老師的使命與熱忱」、「真實勝過傾軋」是台灣學術與文化界學者對《自由寫手的故事》的推薦序標題；而「把奇蹟帶給你的孩子吧」、「沒有不可教的孩子，只有不用心的老師」、「洋溢在第 56 號教室裡的創意和熱情」、「讓每一個學習歷程都成為可以傳講的美好故事」「要搶救教育，先看第 56 號教室的奇蹟」、「火燒頭髮的熱情」、「唯有真愛，才能創造奇蹟」、「期待台灣出現好多好多的雷夫老師」、「在潛移默化中，達成卓越的學習成就」等是台灣學術與文化界學者《第 56 號教室的奇蹟》的推薦序標題。相對於美國自身文化界對這兩本書的評述，這些推薦的序言，多了許多我們社會文化中的詮釋與期待。

反覆翻閱這些推薦者的序言及兩位美國教師的故事，我內心五味雜陳。這些曾經是我們華人教師引以為傲的敬業精神，現在卻從西方教師的光芒來彰顯？

從事師資培育十幾年，與每位教師聊到他們所欽佩的同事時，愛心、熱忱與使命感曾經是他們的共同語彙；現在這些語彙仍在，但是少了義正言辭的熱情，多了許多「我自己可以理解，校長、家長眼睛盯著我們，社會用放大鏡看我們，但是許多年輕的老師，其實招架不

---

4 Gruwell, E. (2008). 自由寫手的故事（林雨蒨譯）。台北：天下文化。（原著出版於 2007）

住！」「在研究所，教授不斷提醒我們教師專業才能自主，但是現在多得不得了的專業評鑑，卻把我們自主的空間不斷壓縮？」一位在職進修研究所的教師含著淚跟我說：「我想放棄寫論文，與其花這麼多時間學這種硬梆梆的論文寫法，我還是把時間留給我的學生。」我心裡想著，當學術研究高舉「教師專業」的旗幟時，這些優秀教師的生命力怎麼在流失中？

也許隨著全球化的影響，各地在政治與經濟等各方面都經歷了跨世紀的轉變，教育也同時受到衝擊與挑戰，教師的地位岌岌可危，尤其是代表華人文化的兩個重要窗口——大陸與台灣，師生間的關係從「道德的共同體」轉變為「權利義務的契約關係」（黃俊傑，2002）。所謂：「吾師道也，夫庸知其年之先後生於吾乎？是故，無貴無賤，無長無少，道之所存，師之所存也。」[5] 這所謂的「師道」時過境遷，到底是已不復存，還是變色？

在文化變遷與全球化的趨勢下，凡事講求「專業」，各行各業抬出「專業」鞏固各自的城池之外，還得說明各自的專業標準以說服外行人。在我們的文化傳統裡，沒有「專業」這個語彙與概念，我們清楚知道各行各業都有不成文的規定，所謂行規，只能意會不能言傳，好壞端看個人的本事與修養，而且公道自在人心，社會自有公斷。在凡事講求速食的現在，等一個人蹲十年馬步才悟得真工夫，等公道來判斷，是跟不上時代的。現在，講「師道」過於含糊籠統，不夠專業；於是，我們借用了西方文化（尤其是美國）所謂的專業與專業標準，以至專業評鑑，教師具備專業知能才夠專業。

---

5 參見韓愈〈師說〉。

　　近二十年來，國內大部分的教育改革與研究中，在強調「把每位學生帶起來」的呼聲裡，似乎總是免不了要檢討教師教學或班級經營的方式；在強調提升學生學習的同時，大量的教師由於多年的教育改革，身心俱疲，紛紛選擇提前退休。在致力改進學生學習成就的同時，教師似乎都是被定位為必須立即重新學習的對象，這背後似乎假設教師是隨時可以被調整或重新設定的一個群組，教師比任何人都具彈性，可以隨時視教育改革或研究結果的建議而被重組；而這當然也意味著，教師一直沒有做好教學這件事。在不斷的教育改革歷程中，我們到底期待在教師身上看到什麼樣的「專業」？

　　具體而言，「教師專業」為何物？我們只要再詳細審視前述大部分優良教師的評選標準，不難發現，我們對優良教師的期待，品行特徵尤其明顯，當然也會相對地重視教師的專業知能，但似乎專業知能是左手，教師的品德、教育愛跟人際關係是右手。要同時看到左右手，常常傷透評選委員的專業判斷，但是要看到左手似乎遠比右手簡單多了。我們可以看到各類教師專業標準，大致都是五個向度，分別為教師專業基本素養、敬業精神與態度、課程設計與教學、班級經營與輔導、研究發展與進修，每個向度之下，又可細分為三至五個細項，每個細項之下，又可以再細分二至五個小細項，加總起來有上百條。先不用看所有的小細項加總起來，是否就可以評量教師的優劣，或者把所有的小細項加總起來，是否可以找到一位優良教師，就拿其中「視教育為一種志業，以較一般行業為高的標準自律」的這一小小細項，我很懷疑，教師專業評鑑的委員如何評量這個項目，對我來說，這簡直比登天還難。於是乎，我們繞過所有無法輕易評量的項目，只看可以被評量的項目。教師專業真正的本質是什麼？實際上，

我們既說不清楚，更看不清楚，難怪乎，在華人的文化中，我們稱之
為「師道」。

在《柏拉圖對話錄‧大希庇阿斯》篇中，蘇格拉底和智者希庇阿
斯談「美」，雖然蘇格拉底嘲笑希庇阿斯只能說美女、美的杯子、美
服、美景等具體的事物，蘇格拉底最後也只能說：「美是難的」，可
以把一個非凡勇敢的行為叫做「美」的行為，也可以把一個漂亮的小
姐叫做美的，在這兩種情況下我們用同一個詞——「美」，暗指這兩
種情況有某種共同的形式或者特徵。那麼「美」、「美本身」、「恰
恰美好」是什麼呢？當我們使用「美」這個詞時，確切而嚴格地被命
名的東西是什麼呢？同樣的，我們也很難直接定義「師道」，因為師
道是在具有「師道」的教師身上。

2008 年，無獨有偶，華人社會中連續兩位教師因為「重大事
件」，分別被取消教師資格或被學校不續聘，一位是在大陸四川汶川
大地震中，「丟下學生獨自逃生」的都江堰光亞學校教師范美忠；[6]
另一位是以「行為不檢，有違師道」而遭不續聘的政治大學教授莊國
榮。[7] 這兩位教師的事件，不論在大陸還是台灣，都在新聞媒體網路
上，引起激烈的論辯；無獨有偶，在二千多年前，人類歷史上尚未有
教師出現之前，東西文化中各有一位教育家——孔子與蘇格拉底，開
創先河暨立教師典範，他們的為師之道，都在學生的紀錄中，一代又
一代的被傳誦著。我們對這四位教師言行的評價，有著非常極端而且
多元的對比。當然，這四位教師身處的時代文化皆不同，社會價值的

6 2008 年 5 月 12 日，中時電子報「『先跑教師』：犧牲是選擇，不是美德」。
7 2008 年 6 月 18 日，中廣新聞網「發言風波——政大『不續聘』莊國榮」。

認同也迥異。范美忠與莊國榮兩位教師並非現今社會上一般華人教師的代表典型，而孔子更非古道上常見的典範，「師道」又是無法言傳的，因此，本文主要藉著范、莊兩位教師的事件，呈現社會對教師專業的期待，並以孔子和蘇格拉底的言行對照這樣的期待，這也是一個很初步的討論，藉以形成一種暫棲的假設，以做為我們思考「師道」在不同時代背景下的可能本色，提供思考未來我們文化中培育師資的多種可能性。

Jullien（2004/2004）在《聖人無意：哲學的他者》一書中，闡述為何他要由希臘繞道中國的迂迴邏輯，迂迴的出發點選擇是以差距為考量，創造出一個後退的距離，藉此使得思想可以重新被置入透視的視野。這四位古今的極端例子，重在彼此映照，而不在比較，意在創造一種迂迴異質空間，希望在差距中重新建構我們關懷的主體，更良好的閱讀貼著自己的現象，使對「師道」的觀點保持在演變狀態。這四位教師讓我們直接面對現今的社會脈絡，讓自己可以沉浸於現象中，也有夠遠的空間與時間距離，給自己足夠的後撤距離做哲學性的思考。就如 Geertz 所言：

> 歸根究柢，我們需要的不只是在地知識（local knowledge），我們更需要一種方式，可藉以讓各式各樣的在地知識彼此相互評注，由一種在地知識照亮另一種在地知識所隱翳的部分。[8]

---

8 參見 Geertz（1983, p. 233）。

專業的今路

橫看成嶺側成峰，遠近高低各不同

不識盧山眞面目，只緣身在此山中。

〜宋　蘇軾　題於西林寺壁

　　雖然很多人不願意承認，但是不可否認的，在現今社會中教師是一個職業，在這個職業中，我們想在教師身上看到什麼和其他職業不同之處？兩個深具衝突性的教師言行事件，或許能夠提供我們深入思考的平台。我們無法從新聞事件的報導中，理解范美忠與莊國榮兩位教師的爲師之道，而他們的言行是否有違師道或者所謂教師的專業，也非本文可以論斷的。這裡的討論，主要想藉著兩位教師的事件所引起的討論中，其背後所呈現現今社會對教師專業的多元期待，而非在兩位教師言行上的評價。

大陸「先跑教師」的地震

　　大陸在 2008 年 5 月發生舉世震驚的四川地震，都江堰光亞學校教師范美忠在大地震中丟下學生獨自逃生，被大陸網民譏爲「范跑跑」、「先跑教師」。大陸教育部後來做出決定，取消范美忠教師資格。范美忠大表不滿，聲稱將對教育部提出訴訟。

北大畢業的范美忠在天涯論壇〈那一刻地動山搖〉網路文章上表白：「在這種生死抉擇的瞬間，只有爲了我的女兒我才可能考慮犧牲自我，其他的人，哪怕是我的母親，在這種情況下我也不會管的。」「我從來不是一個勇於獻身的人，只關心自己的生命！」他在這篇表白上不斷強調自己是一個追求自由和公正的人，不是先人後己勇於犧牲的人，他的「先跑」是一種本能。不過，他也說：「瞬間的本能抉擇卻可能反映了內在的自我與他人生命孰爲重的權衡！」

范美忠後又在〈我爲什麼寫「那一刻地動山搖」〉一文回應網友的問題：「先人後己和犧牲是一種選擇，但不是美德。」他在文中告訴學生：

> 你自己的生命也很重要！你有救助別人的義務，但你沒有冒著極大生命危險救助的義務，如果別人這麼做了，是他的自願選擇，無所謂高尚！如果你沒有這麼做，也是你的自由，你沒有錯！先人後己和犧牲是一種選擇，但不是美德！

這番地震後的「表白」在大陸掀起軒然大波，不少網友質疑范美忠丟下學生先跑，不但沒有盡到教師的職責，而且還「沒有絲毫的道德負疚感」，實在過分。當然不少網友認爲，地震了老師先跑是一種本能，無可厚非，畢竟老師也是普通人。這裡選擇幾個不同觀點呈現：

網友「yiping1914」回應：「如果范先生面對的是未成年的學生，無論如何有必要喊一聲：快跑！《中華人民共和國未成年人保護法》第四章第四十條規定：『學校、幼稚園、托兒所和公共場所發生

突發事件時，應當優先救護未成年人。』這裡應當不是單指一個無形的法人，而是包括所有的工作人員。就責任來說，范先生失職了，不適合當老師。」

網友「杜01」寫道：「教師不一定有救助學生的義務，老師也是人，首先做到的應該是設法活下來照顧好自己的家庭。基本上大夥兒都是缺陷累累的人，誰也不會傻到捨己爲人當雷鋒，只不過略懂人情世故的，當時提醒學生一句就算給自己良心有個交代了。」

網友「狂風怪回來了」則認爲：「平心而論，樓主的行爲很可能是未經受過必要訓練的普通人大多數的臨機反應模式。試想，若易地而處，我們每一個人是否必定不會如他一般行動呢？他原本可以保持沉默，但他沒有，說明他能直面內心，難能可貴。」

范美忠在天涯論壇回應了網友的指責，他表示跑之前自己確實該喊一聲，「下次有經驗了。但不希望有下次！」他說：

　　他們（家長）如果罵我我絕不介意！我希望聽到學生家長的眞實想法。也許這樣對判斷我的行爲和眞正確立合理的教師職業道德規範，以及探討出最合理的應對策略都是有益的。

台灣「教師粗話」的風波[9]

　　前教育部主任秘書莊國榮（政治大學公共行政系助理教授）2007年在中正紀念堂事件中屢屢登上媒體版面，批評馬英九及其家人引發社會爭議。政治大學於 2008 年 6 月 18 日學校教評會依《教師法》第十四條第六款：「行為不檢，有損師道」之規定，決議不予續聘。政治大學主任秘書樓永堅對媒體表示，解聘理由是言行不檢、違背教師倫理以及兩性平等的精神。對於不續聘，政治大學公共行政系系主任孫本初表示「可惜」、「痛失英才」，但身為教育人員也該自愛，「雖然說要包容，但也不能縱容」（2008 年 6 月 19 日，中時電子報）。

　　莊國榮事後表達將靜坐絕食抗議，在政治大學接受TVBS記者訪問時表示：「原來我在 3 月 16 日講的話，它的嚴重性比殺人，比性侵害還嚴重，所以就永久不能擔任教師。所以這段時間我會深切的反省，到底我做錯了什麼事情，從 7 月 1 號開始，我會好好到總統府前絕食、反省、懺悔」（2008 年 6 月 21 日，TVBS 訪問）。

　　莊國榮政治大學的同事馮建三在《聯合報》以專文表示，莊國榮事件是他「進入指南山城三十年來，覺得羞辱的時候，萌生不如歸去念頭」。顧忠華則認為校教評會曲解院及系教評會意見，粗暴決定一個學者的去留，對學術造成莫大戕害（2008 年 6 月 23 日，自由時

---

　　9 2008 年 3 月 18 日，聯合晚報「莊國榮講髒話」。

報）。他認為政治大學教評會以十四比七不續聘莊國榮，這十四個人的考量理由是莊國榮的言行，而非莊國榮的專業：

> 我們非常反對莊前主秘幾個月前的發言，對於這種透露性別歧視、汙衊生者與亡者的髒話與粗話，感到不解與厭惡，遑論這樣的話語出諸教師行業的人。
>
> 但是，這種言論的「行為不檢」，「嚴重傷害」政治大學校譽了嗎？進而言之，果真嚴重傷害，又到了必須以等同死刑的方式，以無關專業的考量，剝奪教師在政治大學工作的權利嗎？

馮建三在《聯合報》的撰文，在網路上引發了更多的討論，其中一位署名的人士直指馮建三：「為當今教育界菁英，社會將來希望之所繫，道德文章要能拿得出水準」：

> 先生遊學各國，應該知道，除專業考量，教師行為亦為全世界教師資格考量之最基本要求，這是不辯之實。

政治大學以「言行不檢、有違師道」不續聘前教育部主任秘書莊國榮，澄社及學界人士發起連署，呼籲教育部依法把關，避免學術及言論自由倒退。在接受 TVBS [10] 的訪問中，也有學生表示莊國榮「教學方面還算不錯，學生還蠻喜歡他的」，他的「言行會抹煞他的專

---

10 2008 年 6 月 22 日。

業」，學校應該把學校立場和作業流程講清楚。

教師言行與教學專業，是否可以分開看

在台灣、大陸的華人社會中，教師在教學以外、課室以外的言行，何以招致如此大的爭議？多元價值觀的世代，如何判斷一位教師的行為和真正確立合理的教師職業道德規範？根據報導儘管自認贏得官司的可能性不大，但范美忠依然認為，提出告訴是有意義的：「作為一個公民，要有爭取權利的意識，打與不打（官司）不一樣，即使這種開除是根據法律程序做出的，這說明法律規定本身也是不完善的，我希望借此推動整個社會對教育問題的思考」（2008 年 6 月 17 日，中時電子報）。如果核定不續聘，當然在民主社會的莊國榮，他還可透過申訴、訴願或行政訴訟管道，尋求續任教職。後來，台灣的教育部以證據不足，駁回政治大學教評會的決議，但大陸的范美忠則沒有這樣的機會。

以人類「本能反應」或者「學術及言論自由」，教師的言行是否就與道德良心無關，用法律化、科學化的概念分析教師的行為，教師的言行與其教學的專業是否就可以清楚切割？如果從法律或科學的意義上討論，教師教學外或教室外言行上的不妥，是否就與教育的專業無關？

我們今天所碰到的好像是一個「什麼都可以」的時代。從一元價值的時代，進入一個價值多元的時代。但是，事實上，什麼都可以，很可能意謂著什麼都不可以……，解放不

一定意味著真正的自由，而是一種變相的綑綁。而價值多元
是不是代表因此不需要固守價值？我想當然不是的。我們所
面臨的絕對不是一個價值放棄的問題，而是一個「一切價值
必須重估」的巨大考驗。（龍應台，2000，頁 19-20）

當一切價值必須重估，我們也得重新審視教師與教學的關係，以
及整體教育實踐的本質。教師在課堂的教學與課堂外的行為，兩者之
間雖然沒有一種線性的決定關係，但是知識與道德也不是二擇一的選
擇題，而是滲透到生活的各個部分。我們無法得知范、莊兩位教師在
課堂內的教學情形、師生關係等與教學直接相關的訊息，這兩個事件
都屬教學外的言行，社會對兩位教師的言行大張撻伐，多少反映了這
個時代社會對教師的期待遠超出於教師在課室中教學的範疇。

強烈地震中依本能丟下學生先跑，面對媒體與激烈的情緒下，在
公眾口出穢言，對他人人身攻擊，可能是「未經受過必要訓練的普通
人大多數的臨機反應模式」，而身為教師，對這些情境的反應，是應
該顯示教師專業的本能反應？還是普通人的本能反應？受過必要專業
訓練的教師在這種特殊情境下的臨機反應又該如何？除了專業的知識
之外，不論是課堂內還是學校外，我們對教師的一言一行，多了許多
其他專業所沒有的「好人」期待，教師還僅只是一種職業嗎？

平常要解釋什麼是「愛心」、「熱忱」、「使命感」、「身教重
於言教」，是一件高難度的挑戰；這些只能意會不能言傳、不成文的
「師道」，在專業標準的評鑑中，像是空殼子，沒有清楚可以計算的
內容；像是行動研究、SSCI 著作的篇數，才能具體記分。但是一旦
這些不成文的「師道」素養被打破時，又明顯具體到成為眾矢之的。

昇平盛世的知識體制內，我們可以很清楚客觀的界定教師的專業標準，北大畢業的范美忠和具有博士學位的莊國榮，他們的教師資格不容置疑，但是具有教師專業資格的他們，在危急時刻或極端壓力下，打破了身爲教師的不成文規定，我們對教師的期待卻明顯的超出這些可以度量的專業標準，我們期待教師不僅是一種職業，更是生命的舵手；在此矛盾處境下，教師本身如何自處？

范美忠與莊國榮兩位教師的事件，爲何會引起社會如此多元的論辯？這些事件若果只是個人事件，甘卿底事？反之，不論對岸大陸還是台灣的華人都將他們的事件擴大討論與評價，只因爲他們的職業是教師，而不是其他的職業。我們對教師專業的標準在理論上與實踐上的落差是這麼的大，又如此的矛盾，恐怕是我們文化中的師資培育所需要正視的問題。

知名的社會學家 Daniel Yankelovich（1999）用「麥克納馬拉的謬誤」（McNamara fallacy），諷刺美國國防部部長麥克納馬拉用粗糙的數字計算越戰的損失，也許正指出我們在教師專業標準上的迷思：

> 首先，我們都會評量那些容易被評量的，目前爲止，這樣還可以；
>
> 其次，我們會忽視那些無法被評量，然後給它一個絕對的數值，這樣人工與誤導；
>
> 再者，我們會認爲那些無法被評量的，事實上並不重要，這是盲目；
>
> 最後，我們會認爲那些無法被評量的，並不存在，這無疑是自殺。

業餘的古道

哲人日已遠，典型在夙昔

～南宋　文天祥　正氣歌

　　在還沒有學校以前，蘇格拉底教導學生從不收取費用，孔子「自行束脩以上，無不誨焉」[11]。蘇格拉底據說是繼承父親的雕刻師職業，閒暇時間漫步於雅典街市廟口之前，與人論辯；而孔子多年周遊於列國，想在廟堂之上實踐他的治世之道，雖然一直無法如願，他對門生的教誨卻絲毫未減。巧合的是，孔子和蘇格拉底從不以教師為職業，但卻終生以教導學生追求智慧為理想。

　　相隔二千多年，對孔子和蘇格拉底的認識，只能透過兩位教育家門生的紀錄。孔子格言式的《論語》是孔門弟子整理而成的，蘇格拉底論辯式的《柏拉圖對話錄》則是柏拉圖、色諾芬等人記載下來的。孔子有弟子三千，七十二賢，四科十哲，在晚年著書《春秋》形容自己「吾十有五而至於學，三十而立，四十而不惑，五十而知天命，六十而耳順，七十而從心所欲，不踰矩。」[12]《柏拉圖對話錄》中的蘇格拉底，很少有上下嚴謹的師生關係，最常見的是如朋友間的辯論。蘇格拉底晚年在獄中形容自己到處追隨雅典人，喚醒他們愛智，有如

11 參見《論語‧述而》。
12 參見《論語‧為政》。

馬虻粘在馬身上，時刻刺激馬：「雅典人啊，我敬愛你們，可是我要服從神過於服從你們，我一息尚存而力所能及，總不會放棄愛智之學，總是勸告你們……」[13]最後這隻馬虻被控瀆神與蠱惑青年的心智，蘇格拉底堅守自己原則，坦然接受同胞的無情判決。

這兩位教育家晚年的境遇迥異，但是都是「七十而從心所欲，不踰矩」。按著自己心中的那把尺處世。他們一生不但啓發了學生的心智，捍衛自己堅守的眞理，更成爲中西文化道統的核心，他們的爲師之道何在？《論語》中的孔子或《柏拉圖對話錄》中的蘇格拉底，都是學生心中的老師，也許離眞實的孔子和蘇格拉底都還有一段距離，從學生眼中看到的老師，或許更能描述老師之所以爲老師的道理。

好惡分明的性情中人

《論語》與《柏拉圖對話錄》中，孔子和蘇格拉底都是好惡偏向非常清楚的性情中人，不隱藏自己的好惡，更不隱藏自己的無知與好學；孔子不斷跟門生強調，他不會比學生高明，他跟學生之間毫無隱瞞。[14]

孔子只要「學而時習之」心裡就無比快樂，而且「朝聞道，夕死可矣」，[15]子路誤會孔子會見南子的動機，孔子就大聲疾呼說，他如

---

13 參見《柏拉圖對話錄·申辯》。

14 參見《論語·述而》，子曰：「二三子以我爲隱乎？吾無隱乎爾。吾無行而不予二三子者，是丘也。」

15 參見《論語·里仁》。

果心懷不軌，上天會逞罰他，[16]就像我們說的天打雷劈。孔子毫不諱言自己對道的學習熱情，對違反禮的厭惡。除了坦白道出自己的好惡，孔子更是從來毫不猶豫強調自己非生而知之，全靠自己的好學，[17]所以當葉公問子路孔子是怎樣的人，子路沒有回答。孔子生氣的說：「你怎麼不告訴他，孔子這個人就是發憤忘食，樂以忘憂，不知老之將至。」[18]孔子更不掩飾對自己的自信，只要重用他，不出三年就可以有成。[19]

孔子常和門生閒談彼此的想法與志向，子路、冉有和公西華高談自己的政治理想，他卻和曾點有同感，只想在春暖花開的時候，和學生在沂水岸邊洗洗手、洗洗腳，在祭天求雨的地方吹吹風，一路唱著歌回家。[20]顏淵願無伐善、無施勞，子路願車馬輕裘與朋友共時，孔子則願：「老者安之，朋友信之，少者懷之。」[21]這位性情中人希望能在春天的沂水旁洗手、吹風、唱歌的平淡小樂趣，也有讓老少安之懷之的大境界。

這麼好惡分明的老師跟門生朝夕相處，這種「無隱乎」、「盍各言爾志」的師生關係，長於德行的顏回形容他愈仰頭觀看、愈深入鑽研，愈無法測知孔子的學問之深奧莫測；[22]長於文學的子夏則說遠遠

---

16 參見《論語・雍也》：「予所否者，天厭之！天厭之！」

17 參見《論語・述而》：「我非生而知之者，好古，敏以求之者也。」

18 參見《論語・述而》：「女奚不曰，其為人也，發憤忘食，樂以忘憂，不知老之將至云爾。」

19 參見《論語・子路》：「苟有用我者，期月而已可也，三年有成。」

20 參見《論語・先進》：「暮春者，春服既成，冠者五六人，童子六七人，浴乎沂，風乎舞雩，詠而歸。」

21 參見《論語・公冶長》。

22 參見《論語・子罕》：「仰之彌高，鑽之彌堅。瞻之在前，忽焉在後。」

看著孔子，覺得他容貌莊嚴可畏，接近他，又覺得他和藹可親，聽他
說話，又是義正辭嚴。[23]我們可以由此想像孔子是個怎樣的人。在
《柏拉圖對話錄》中，拉凱斯形容一位有智慧的人必然是言行和諧一
致，而拉凱斯認爲蘇格拉底就是這樣的一個人，在自己的生活中確實
保持著一種言語和行動的和諧。[24]

　　蘇格拉底如拉凱斯所言，是一位言行和諧一致的君子，但他也如
孔子一樣並非完人，蘇格拉底自己也清楚的表白自己把所有的時間都
花在試探與勸導雅典的同胞關注自己的靈魂，而忽略了自己的家庭，
至死仍關心誰來關心雅典人的心靈；他用一個自己聽起來可笑，但實
際意涵「非常眞實」的比喻：

> 　　神特意把我指派給這座城市，它就好像一匹良種馬，由
> 於身形巨大而動作遲緩，需要某些虻子的刺激來使牠活躍起
> 來。在我看來，神把我指派給這座城市，就是讓我發揮一隻
> 虻子的作用，我整天飛來飛去，到處叮人，喚醒、勸導、指
> 責你們中的每一個人。先生們，你們不容易找到另一個像我
> 這樣的人。[25]

　　的確，從歷史的角度來看，我們可能再也找不到第二位蘇格拉
底。按照雅典人的律法，蘇格拉底原本可以承認自己的罪，繳款了

---

23 參見《論語・子張》：「君子有三變：望之儼然，即之也溫，聽其言也厲。」
24 參見《柏拉圖對話錄》，卷一，頁172。
25 參見《柏拉圖對話錄・申辯》，頁18。

事，但他拒絕了；愛護他的朋友安排他逃亡，他也拒絕，他選擇用自己的生命實踐他自己不斷對雅典人闡述的真理，那就是關心自己的靈魂、關心雅典城邦，以及對雅典法律的尊重，而不是自己的財富、成功甚或生命。我們可以說蘇格拉底不知變通，也可以說他擇善固執，但蘇格拉底可能會說「求仁得仁，無怨乎！」

孔子和蘇格拉底有個共同的個性，就是不斷承認自己的無知，孔子常說「吾有知乎哉？無知也。」[26]蘇格拉底則常說：「我只知道自己一無所知。」蘇格拉底認為智慧即美德，自知無知才是智慧，他關心其他人是否理解到自身的無知，因為承認自己的無知，才是智慧的開端，「一個人要知道自己知道什麼，也要知道自己不知道什麼」，「知之為知之，不知為不知，是知也。」[27]他們畢生提醒自己也提醒學生的，是種關於有知和無知的洞察力與態度。

「愛智」、「好仁」至死不渝

惟仁者，能好人，能惡人。[28]

「仁」是《論語》中最高道德修養，「智」是《柏拉圖對話錄》中的最高精神境界，孔子終身指導門生「好仁」，蘇格拉底終身勸導

---

26 參見《論語‧子罕》。
27 參見《論語‧為政》。
28 參見《論語‧里仁》。

雅典人「愛智」，雖然這種境界，連孔子、[29]蘇格拉底都自嘆弗如，「我非常明白我是沒有智慧的，無論大小都沒有。」[30]仁或智這種精神上的最高境界，並非人天性可有，但是是人性可努力達到的本質，孔子和蘇格拉底都承認自己都尚須努力，但是前提是「我欲」：

仁遠乎哉？我欲仁，斯仁至矣。[31]

仁的境界不是一次簡單的教學或者活動就可以獲得，而是個人經由每日終生不斷改變自己，一種「不惰，見其進也，未見其止也」的考驗，隨時隨地適度的節制自身而得，轉換自己而逐漸逼近的理想，乃至可以如顏回「一簞食，一瓢飲，在陋巷，人不堪其憂，也不改其樂」的境地。

蘇格拉底在獄中，回答鼓勵他逃亡的朋友如是說：「真正重要的事情不是活著，而是活得好。」[32]若果用這種可恥的方式逃跑，以錯還錯，以惡報惡，踐踏自己與我們訂立的協定和合約，那麼傷害了最不應該傷害的，包括自己、朋友、國家[33]。蘇格拉底鏗鏘有力的說，稍有價值的人不會計較生命的安危，他唯一顧慮的只在於行為之是非、善惡。問題是怎樣的「我欲」可以「朝聞道，夕死可矣」，怎樣的好惡，能夠醞釀出「逃避死亡並不難，真正難的是逃避罪惡」[34]如

29 參見《論語‧述而》：「若聖與仁，則吾豈敢？」「聖人，吾不得而見之矣」。
30 參見《柏拉圖對話錄‧申辯》，頁7。
31 參見《論語‧述而》。
32 參見《柏拉圖對話錄‧克里托》，頁39。
33 參見《柏拉圖對話錄‧克里托》，頁47。
34 參見《柏拉圖對話錄‧克里托》，頁26。

此堅決的意志？

　　《論語》中孔子和門生的對話，在四百八十九章中，對「仁」的討論就有五十八章之多，其他雖沒有直接討論仁，但也都間接指涉仁的意涵與重要性。但是，每個人讀完《論語》都會清楚認知到孔子對「仁」，並沒有確定的定義，因爲「仁」在每個人的生活實踐中，是個永無止境的實踐歷程，從來不會達到最完美境界。在《柏拉圖對話錄》中，每一篇都是一次看似永無止境的辯論，而辯論的重點不是討論的問題本身，不是解決他們提出來的問題，也不在讓他們相信蘇格拉底所相信的，而是讓他們自身在解釋與討論的過程中，發現自己的盲點與無知，因爲蘇格拉底認爲智慧美德是不能教的，是要不斷探求的，他自己能教他們的就是激發他們思考，轉向自己的內心，對自己進行考察，學會關心自己的無知。孔子和蘇格拉底對「仁」、「智」的品味，用畢生的生命來實踐，《論語》和《柏拉圖對話錄》則可以說是他們實踐的軌跡與結晶。

己欲立而立人　己欲達而達人

　　　　子曰：「古之學者爲己，今之學者爲人。」[35]

　　孔子和蘇格拉底關心他們自身的修爲，也關心他人是否關心自身的修爲，而不是自身之外的身體、財物，而是自身能否成爲更好的

---

35 參見《論語・憲問》。

人，更好的靈魂。所有的關心返回自身的修為，這個關心遍布在他們的思想、生活和個性中，隨時關心自身、提醒自身，合乎「仁」、「智」的美德。孔子強調關心自己的修為是一切的開始，必須在自身找到立身之處，找到自身與自身的關心，才可能拓展自身與他人的關係，諸侯、君主與庶民一樣，通過關心自身的善，才能努力去關心他人的善，自己想通達的道理，才能讓他人也通達來，這才是仁者之方。[36]

孔子關心門生是否關心自身的修為，是否合乎「仁」、合乎「忠恕之道」，這可以說是整部《論語》的核心。就像他不斷要求門生應該以君子自居，生活裡應該要想的是：「士志於道，而恥惡焉」、「君子喻於義，小人喻於利！」[37]《論語》中的對話也在提醒所有的人面對自己的生活都應該自省之後，才能要求他人。每次的論辯結束，蘇格拉底總是讓人發現，所討論的東西，例如美德、品行都不是確定的東西，尤其是智慧，每個人都應該自己考察，未經考察的生活是沒有價值的，重點不是在定義所討論的問題或行為，而是自身對這個問題或行為的認識。

既然智慧是最高美德，應該是所有的人要努力學習的。在《拉凱斯》篇中，討論如何為呂斯瑪庫和美勒希亞的兒子尋找老師，以改善他們的心靈時，蘇格拉底對拉凱斯說：「智者是唯一能改善道德的教師。」而尼席亞斯則強調蘇格拉底就是這樣的智者，凡是接近蘇格拉底與他交談的人都會被他拉進辯論的漩渦，無論談什麼問題，他都會

---

36 參見《論語·雍也》：「夫仁者，己欲立而立人，己欲達而達人，能近取譬，可謂仁之方也。」

37 參見《論語·里仁》。

讓與他辯論的人不停的兜圈子，使辯論的人不得不把自己的過去和現在都告訴他。「一旦被蘇格拉底套牢，他就絕不會放你走，直到你和他一起經過了完全徹底的考察。」[38]

拉凱斯進而強調，只要蘇格拉底在場，討論的主題很快就會轉為他們自己而不是我們的兒子，或者其他人，蘇格拉底最後要所有在場的人都要考察自己，要為兒子、為別人找老師以前，先得幫自己找位老師，不論代價多大。一位真正的老師是一位能改善學生心靈的智者，這樣的智者還得為自己找位好老師，好讓自己變好，才可以讓學生變好。好老師是關心自己是否具有美德，也關心學生的美德。蘇格拉底在為自己申辯時，不斷強調他一生最重要的事情就是履行神託付給他的任務，勸導雅典人關心自身的美德，即使他被雅典同胞判處死刑，他仍擔心雅典人很難再找一個像他一樣，如此敦促雅典人關心自身以及美德的人。蘇格拉底自稱把自己所有的時間都花在試探和勸導雅典人上，如此苦心勸導雅典人，老是在「青年們進行高尚的學習或訓練的那些地方消磨時光」，因為他們和他的關係較為接近。而當他在法庭上時，也不是為自己辯護，而是為他所敬愛的雅典人，為他所愛的雅典城邦。[39]

即便如此關切，以致於至死不渝，蘇格拉底卻否認自己是導師，而是一位助產士，就如他的母親。蘇格拉底的母親是位助產士，他說自己要追隨母親的腳步，做一位精神上的助產士，幫助別人產生他們自己的思想。[40]因此，他強調想向他學知識，必須有像他一樣地求知欲望：

---

38 參見《柏拉圖對話錄‧拉凱斯》，頁188。

39 參見《柏拉圖對話錄‧申辯》，頁17。

40 參見《柏拉圖對話錄‧申辯》。

要想向我學知識，你必須先有強烈的求知欲望，就像你
有強烈的求生欲望一樣。思想應當誕生在學生的心裡，教師
僅僅應當像助產士那樣辦事。

這種「不憤，不啓；不悱，不發」的好學精神，使師生形成了智
慧學習的共同體。這樣的學習共同體，孔子落難在陳蔡時，陪在他身
邊的門生，都已不在他門下。他去世的時候，門生以父母之喪守之；
這樣的共同體，在蘇格拉底喝下毒芹時，朋友隨侍在旁，辯論的是逃
跑對朋友、國家，甚至對自己的傷害。

從心所欲　不逾矩

蘇格拉底愛「智」，熱愛雅典城邦，熱愛雅典人，熱愛青年，最
後以生命奉獻給他的這些摯愛；孔子好「仁」，關懷他的門生，關懷
所有人應該過的生活，這種關懷最後以著《春秋》，爲後世的教育開
路。對孔子和蘇格拉底來說，人的一生就是一個教育歷程，教導學生
是他們人生生命的共同外延，他們成就了學生，完成自己的生命，也
擴展了自己生命的外延。畢生貢獻給「我欲」的仁智之學，當求仁得
仁，愛智得智，自身和「所欲」合一，仁與智不再是身外之學，而是
身同之學，乃能從心所欲、不逾矩。

師道本色——「我欲仁」

教師不是角色的問題，而是人生本質的問題，不是成爲好老師而已，而是成爲更好的人[41]

Shulman（2004）指出，不論時代如何變遷，我們都不可能把教師從教育中去除，就如同我們無法將醫師從醫學中刪除，雖然隨著時代的變遷，教師與醫師在這兩個領域實踐中的角色會改變，培育這兩種專業的機構也將隨之改變，然而，即使許多專家（如 Illich、Bereiter）預測學校在未來將解體，但是教師不會隨著這艘船沉沒，教師終將以各種形式在新的學習型態或機構中再現。「我們的社會很快會無學校化（de-school），而非無教師化（de-teacher）」（Shulman, 2004, p. 122）。在世代變遷之下，古今教師之所以能夠保衛城市的智慧何在？迎戰未知不穩定的未來，在朝向我們的生活和行爲方式根本變革而前進的過程中，教育是決定性的一環，教育是「未來的力量」，它是實現變革最強有力的工具之一（May, 1969/2001a），我們要接受的最困難的挑戰，將是改變我們的思維方式，使我們能夠面對形成世界日益增長的複雜性、變化的迅速性和不可預見性，這個力量的產生在於教師自身。

---

41 2008 年 8 月 21 日，閻鴻中，讀書會。

　　孔子和蘇格拉底都不是完美的聖人，而是和我們一樣有好惡、有「我欲」的性情中人。人的慾望中並不僅限於無窮的消費，也表現在自我的節制與精神層次的追求，否則就不會有這麼多永垂千古的故事。我們也和這些垂名千史的性情中人，有同樣的「我欲」，也許也一樣「好仁」、「愛智」，不同的是他們對仁、智的「好」與「愛」，對教導他人「好仁」、「愛智」至死不渝。這種「我欲」在《論語》中都是與仁連著說，而且是非常強調的時候說，這種欲不是欲望，不是基於一種不滿足的需要，而是一種基本的、必須性的，就如「生，亦我所欲也；義，亦我所欲也。二者不可兼得，舍生而取義者也」[42]，是一種自我拿捏取捨的動作，是人寧願怎樣過日子的問題。當「我欲仁」則「仁」或「忠恕」就是拿捏如何過日子的基本判準。

　　生命的意義，取決於我們「所欲」的事物為何，「我欲、己欲、所欲」成為整個生命關懷的焦點，這種關懷不僅是理智層面的，更是一種積極的情感，May（1969/2001b）強調這種關懷情感建立起自己與自己的關係，建立起相互信任的人際關係，也建立起我們與目標的關係。這種情感使人承諾，把自己與所欲的對象緊緊相繫。這種情感的承諾，是生命價值的所在，也是使命感的本色。

　　也就是這種「我欲」的品質選擇，讓孔子和蘇格拉底追求以自身展示仁智的最高境界，乃至與仁智合一，自身成為道德智慧的典範；也吸引他們的門生，以個人最大的極限，追求與他們達至共同的境界。這裡最為關鍵的不是他們如何教學生，而是他們是怎樣的人。這兩位好惡分明、言行一致、又自稱「無知」的性情中人，一位好仁，

____
42 參見《孟子‧告子》。

一位愛智，留給我們的不是長城的廢墟，也不是羅馬的競技場。面對
生死關頭，他們都寧願選擇智慧，一種非常強烈的情感上、價值上的
選擇。

這種情感，用來建構、形塑他們的處世之道，也是他們用來感動
與影響他人和世界的關鍵方式，這種驅使身外之學轉化為身同之學，
才使得身教得以自然發生，潛移默化得以開展，影響力得以無遠弗
屆。這種創造啟發他人思考與意識的影響力，可以在朝夕相處的學生
身上，也可以在二千年之後的我們的思想中。這種影響創造他人意識
的方法，可以至善，教導他人「成才」，朝向仁與智的最高境界；當
然也可能至惡，操縱他人，追求名利不擇手段。慶幸的是，在這兩者
之間，人對自我會有更好更完美的要求，一種良知良能的要求。范美
忠自認他是喜歡教書，記者問他在事後是否有感不安，他回答：

> 確實會不安，但這種不安不是出於什麼職業道德的因
> 素，因為我認為自己的職業道德沒有問題，不安的原因是：
> 人對自我有更完美的要求，我跑出去，這可以理解，但本應
> 更鎮靜；另外我也反省自己對學生的愛是否不夠。

任何一個世代的成員在接受或傳遞傳統上都非一致的，任何的儀
式，每個價值觀，所有的詮釋或實踐，都不可能以任何實質的連續性
或完全的穩定性來傳承（Heelas, 1996）。「師道」的傳統當然也不
可能以穩定的、線性的方式傳承。全球化變遷中的現代社會，各種不
同傳統並存衝突，而社會又以尊重個人自由作為改善既有的社會制度
或推動新制度的基本準則時，意味著，如何締造一個具有豐富的「自

我文化」，以展現人的主體能動性的時代來臨（葉啓政，2004）。

自我文化意味著「去傳統化」，所謂「去傳統化」並不是全權否定傳統的存在，而是說傳統逐漸喪失了決定社會現象的「中心性」，具體的說，「傳統」變成只是社會中所浮現眾多文化因子中的一個而已（Heelas, 1996; Luke, 1996）。Heelas 闡述傳統從來不是預設的眞理，傳統往往對人類的力量開放，傳統的「神聖性」往往會受到某種程度的質疑與修正，每個人對傳統的解釋都有自己的一套，因爲生活是主動的建構而非被動的接受。當「師道」傳統不再是每位教師行爲的準則中心，並不意味具共識的不成文的「師道」社會形式不存在或不受重視，而是隨著個體化的發展，更彰顯在主體性「自我文化」的寧願選擇中。那也就是爲什麼在不斷強調專業的現代，仍然有許多像「Power教師」的優秀教師，在自我文化中彰顯師道的各種意涵，那是一種生命實踐，一種生命價值的選擇，無法直接定義，但是我們可以感受得到。

爲師之道的使命感來自對所教導的知識與受教者的強烈情感之承諾，情感愈深，就愈難改變，愈能堅持。而當我們努力用盡各種技巧教導情意或情感時，我們往往也沒弄清楚，情感不是光靠認眞努力就會平白產生，也不是光靠不斷練習就會出現；那是當我們投身在一個生命情境中，自然而然就會伴隨出現的副產物。所以May（1969/2001b）強調，眞正的問題應該是，我們要怎麼去運用這些生命情境。

這種寧願選擇的使命感，必須回到人自身。二千多年前，孔子用他的生命開啓了「師道」的序言，二千多年來，無數的華人教師用生命寫下「師道」的各種篇章。在文化變遷與全球化的趨勢下，只能意會不能言傳的「師道」使命感，教育研究不能分析，教育理論無法討

論；現代的教育研究致力「教師專業標準」的訂定，教師致力於用「專業」砌起教學的城牆。在不斷強調專業提升、專業標準、專業評鑑的同時，這也意味著，教師要做好教學這件事，必須努力追求專業標準。為了追求更好的教育品質，策略性或技術性的革新，專業標準的努力是必要的，但是追求技術策略改進的同時，如果也否定了教師身為人的本質，教師的個人情感性不斷在革新中流失，所有的教育改革與創新將付諸流水（Goodson, 2003）。每個在快速旋轉的電動轆轤（拉坯機）上拉坯的人都清楚，拉坯時雙手必須加水潤滑，同時兩手要將土塊擠壓，讓土塊的中心和轆轤的中心在同一位置。過程中，兩手內外必須同時扶持著，以免陶土喪失中心。將陶土往上帶時，兩手要非常的穩定，否則拉高後，容易失敗。坯內的手往外推，坯外的手就要往內壓，才可完成塑形。當一個人只有知識的左手，沒有情感的右手，是無法真正擁抱他人，更遑論形塑他人。

應聯合國教科文組織的要求，以複雜理論對未來教育的本質提出看法的Morin（2000/2004）引用佛洛伊德的話，提醒我們有三個從其本質性來說是不可能的職能：教育、管理和精神分析。因為它們都不只是職能或職業。教育的職能特點導致把教師歸結為公務員；教育的職業特點導致把教師歸為專家。但是「**教育不僅僅是一種職能、一種專業、一種職業，教育是一個濟世的任務：一項使命**」（Morin, 2000/2004, p. 188）。傳道、授業、解惑是一種使命，需要技能，但是還需要一種引發學習慾望、樂趣和熱愛的使命感。沒有使命感的地方，對於教育者而言，只有職業和賺錢的問題，對於受教者只有厭倦的問題。只有強烈的「**我欲仁，斯仁至矣**」，才能誨人不倦，教不厭。

身為教師，范美忠與莊國榮在所謂的教師專業上的確是無可挑

剔。范美忠北京大學畢業到中學教書,他的同事不解地問:「我們教書是因為讀到師範了沒有辦法,你讀了北大卻來教書,什麼意思?」可見一般人認為以他的專業教書已然綽綽有餘;而莊國榮的專業就更不用提了。但是他們在感情與行為上表現出的疏離,卻是社會大眾所不願見的。我們的社會對教師的期待一直是非常的不成文,不能在成文的標準中說清楚的,在非常時期,卻是非常關鍵的到底是什麼,這理當在日常的培育中,讓將要為人師的清楚體會到,並且積極培養。

師資培育遺落的一色:「我欲仁」的使命感

「人能弘道,非道弘人。」[43]

專業不是不能有標準,只是這個標準不在齊一生硬的條文中,這個標準在個人生命價值的寧願選擇的品味中,師道是我們文化中對教師專業的最高品味,「吾道一以貫之」,就是這種堅持品味的態度。在生死關頭或極大壓力之下,面臨的是生命本質的行動,是情感上的寧願而不是理智的選擇。這種行動是時時刻刻、日積月累所形成的生命態度,自己生命價值之所在。價值本身是無止境的,永遠奮鬥實踐的歷程。當生命與所欲的目標合一,生命所求的本質與教學一體,那已經不是犧牲的問題,而是實踐自己生命本質的問題。

師道不是文化必然的傳統,不是社會意識型態,而是隨著每年許

---

43 參見《論語‧衛靈公》。

多「Power 教師」、身邊受同事受學生敬仰的教師，一幕幕出現在我們眼前的生活圖像；也隨著一些職業教師打破這不成文的「師道」，讓我們更清楚意識到「師道」與我們同在；師道不是天生異稟，而是隨著教師生命個體的發展，進而成熟的必然智慧之道。教學與生命實踐互爲一體，教師與學生互爲一體，與雅典城邦和國家互爲一體，是一個更好的人，而不是一位更好的老師而已，智慧的老師給自己，才是身教的本色，這之間聯繫彼此的情感承諾，是不可或缺的一塊，而這一塊是不能用任何標準一寸一寸丈量的。

專業概念、專業標準，乃至專業評量，也許正如 Leo Lionni（1960/2006）筆下的「一吋蟲」，很有用，但是那是用來量具體可數的東西，可以量知更鳥的尾巴長度、火鶴的頸子、大嘴鳥的喙、蒼鷺的腳、雉雞的尾巴以及蜂鳥的全身，但是無法丈量夜鶯的歌聲。專業標準無法丈量雷夫老師火燒頭髮的熱情，更遑論師道的歌聲。也許有一天，專業標準會如一吋蟲如此的機智，在夜鶯的歌聲中，一吋又一吋的遠離，到那天我們會再看到師道的本色。

參考文獻

黃俊傑（2002）。論大學的知識社群特質。載於大學通識教育探索：
　　台灣經驗與啓示（頁54）。台中市：中華民國通識教育學會。

葉啓政（2004）。個體化社會的理論意涵：邁向修養社會學。社會理
　　論學報，**7**（1），89-140。

龍應台（2000）。百年思索。台北：時報。

賽尼亞（編譯）（2000）。塔木德。雲南：雲南人民出版社。

Geertz, C. (1983). *Local knowledge: Further essays in interpretive anthro-
pology.* NY: Basic Books.

Goodson, I. F. (2003). *Professional knowledge, professional lives: Studies
in education and change.* Philadelphia, PA: Open University Press.

Heelas, P. (1996). Introduction: Detraditionalization and Its Rivals. In P.
Heelas, S. Lash & P. Morris (Eds.), *Detraditionalization: Critical re-
flections on authority and identity* (pp. 8-9). Oxford: Blackwell.

Jullien, F. (2004). 聖人無意：哲學的他者（閻素傳譯）。北京：商務
印書館。（原著出版於 2004）

Lionni, L. (2006). 一吋蟲（楊茂秀譯）。台北：大穎。（原著出版於
1960）

Luke, T. W. (1996). Identity, meaning and globalization: Detraditionaliza-
tion in postmodern space-time compression. In P. Heelas, S. Lash &
P. Morris (Eds.), *Detraditionalization: Critical reflections on author-
ity and identity* (pp. 109-133). Oxford: Blackwell.

May, R. (2001a). 創造的勇氣（傅佩榮譯）。台北：立緒。（原著出版
　　於 1969）

May, R. (2001b). 愛與意志（彭仁郁譯）。台北：立緒。（原著出版於
　　1969）

Morin, E. (2004). 複雜性理論與教育問題（陳一壯譯）。北京：北京
　　大學出版社。（原著出版於 2000）

Shulman, L. S. (2004). *The wisdom of practice*. San Francisco, CA: A Wil-
　　ey Imprint.

Yankelovich, D. (1999). *The magic of dialogue: Transforming conflict into
　　cooperation*. NY: Touchstone.

作者簡介

呂金燮

從小就非常排斥自我介紹，沒想到卻成為這次做文章的重點。唸小學的時候，每位老師第一次點名，通常不是把我留在最後，然後問：「誰沒有點到名？」要嘛就是把我的名字前面二個字拉長，讓我自己或同學接第三個字，很少有老師直接問我名字怎麼唸。小學三年級以前，我很少在考卷上把自己的名字寫完整，當然少不了挨一個板子或者被老師罰寫自己的名字。名字上的特殊（如果有的話），對小時候的我而言，簡直是一種處罰。因此，好幾次要求父親改名字，最好把最後一個字改成「一」，父親當然不予理會。

長大後，周邊的人對我名字的好奇不僅是如何讀，而是這個名字有什麼特別意義；當然我還是經常接到「呂金燮先生」的電話或郵件，我的學生還經常把最後一個字寫成「變」，但是這些問題不再困擾我，反倒成為我生活上的樂趣。直到面對國外友人時，我名字的特殊性頓然不見了，這個名字和其他中文名字對他們而言，都是聲音的一種，我才幡然醒悟，為什麼電話上我總是解釋不了，但是只要拿筆一寫，大多數的朋友馬上直呼：「哇！原來是這個字啊！」原來我的名字適合用寫的，不適合用唸的！很感激父親沒把我的名字改了。

5. 漫漫遙迢路——
從新手到專家的教師成長之路

徐式寬 副教授
台灣大學師資培育中心

　　我任教於一般大學的師資培育中心，統稱為師資培育機構，目的在於培養未來的中學老師。進來這所大學的學生，如果想要成為老師，除了他們自己本業學科的學分要修習外，還要來師資培育中心修大約二十六個學分的中等教育學程課程。因為要修這麼多的課，所以一般的學生就很難在大學四年畢業。而修完了這些課，他們還要去國中、高中或高職進行半年的全時教育實習。在這段時間內，他們要如徒弟一般地跟著中學的實習輔導老師，不論是上課下課都要在身邊觀察與學習。實習完成後，他們才具備考教師執照的資格。如果通過了教師資格檢定考，才能去考各個學校辦理的教師甄試，當一個正式老師。

　　我常在疑惑的一個問題是，到底培育一個教師要多久的時間？為什麼過去師範大學培育一個老師要五年，現在只要兩年半？為什麼五年前實習需要一年的時間，現在只要半年？我們常稱在實習這段期間是跟著師傅（實習學校的輔導老師）學習。那麼為什麼古代的師傅訓練徒弟要好幾年，甚至好幾十年，現在為什麼只要半年？做為老師到底要學些什麼？是要學教育部《教育實習手冊》中的行政、教學、導師方面的知識嗎？還是要學韓愈〈師說〉中的傳道、授業、解惑呢？

這是因為東西方的差異嗎？還是因為我們承襲了西方之學術傳統，喪失了對東方素養的反思，乃至於對師道之養成尚未明瞭其精髓？

學習成為老師的歷程是在考上正式老師的那一剎那就完結了呢？還是說，考上教師執照後，想要成為一個好老師的這一段漫漫遙迢路，才正要開始？

新手的挫折與掙扎

我在我的工作上，曾帶過六年的高職實習課程，擔任實習指導教授，也曾擔任兩屆共四年的師資培育中心之實習輔導組長。這些年間，我經常看到實習老師們的掙扎。實習老師每個月要回來大學參加返校座談。他們義憤填膺或憂傷無助的表情，讓我印象深刻又充滿無限同情。學者們對於實習老師在這樣一段實習期間的掙扎與苦痛這樣一個現象是有注意到的，他們稱之為「真實震撼」（reality shock），認為這是一直是學生身分的新手，初進入職場真實情境後的一個現象（Veenman, 1984）。研究發現，實習老師在實習這段期間，承受身體與心理上巨大的壓力，有些甚至決定放棄教書這一條路。

事實上，即使幸運地度過了實習這一關，幸運地當上了老師，也並不代表這些新手們就立刻能夠順利地進行教學。我有一位學生最近剛考上一所國中當正式老師。開學三週後，就發生了被家長控告不適任的事件。原因是我的學生在課堂上多採用了一些對話的方式，並非完全用傳統的講述法來上課，所以師生互動比較多。但有幾個班上的同學就覺得不習慣，上課時不但冷言冷語，回去後還告訴他們的家長

說老師上課時班上太吵。所以他們學校的教務主任就來我學生的班上，進行明的暗的教學觀察。我的學生覺得很惶恐，怕丟掉教職，來向我討教。我就跟他說了一個我以前自己教書的故事。

約十年前我第一次教書時，是在美國南部的一所州立大學。班上的學生有黑人也有白人。大約也是在開學後三週或四週的時候，我發現有一小群學生常常在吱吱喳喳地講話。我一開始以為他們對課堂上的教學內容有問題，所以就靠過去看看他們是否需要幫忙。其中一位為首的白人女孩若無其事的說：「沒有問題啊。」後來有個同學好心跑來跟我說，他們正在討論要聯合簽署一份申請書，叫系主任把我換掉，說我不會教書。後來申請書也真的送到系主任手上了。還好系上其他教授幫我說話，所以事件也就沒有擴大。我告訴我的學生說，這個事件教導了我一件事：班上學生中的意見領袖不可忽視。這些意見領袖可能會挑剔老師，愛發表意見，而且會煽動其他同學作為跟隨者。意見領袖的抱怨及情緒如果不處理，他們會到處告狀。而且一個「不太會教書的新手老師把課搞砸」是一件大家都覺得很有可能發生的事。所以學生跟家長告狀、家長跟學校告狀、學校就會把這位新手老師放在放大鏡下觀察，搞得不好就有可能把事件鬧大。

我自己從上述事件發生後，就看到了教學現場的複雜性。即使是一個看起來很平常的班級，班上個別成員也有非常多樣的結構。而且個別的反應會放大成集體的反應。所以我之後就特別會注意個別學生在課堂上的表現。慢慢地，我能夠看到學生些微的異常現象。如果有學生上課睡著、不專心聽講，或常常遲到，那表示他們有可能有更深層的問題，例如熬夜、缺錢或是生病等。我於是會在下課後悄悄地叫來個別談話。所以常常能夠及時抓住問題所在，提出解決方案。或許

在他人眼中，只會覺得這個老師好像沒做什麼，班上氣氛就很好，但其實這是經過了長期的觀察與經驗累積才能得到的一點成果。所以我感覺到以前我只能看到一整班學生；後來經過不斷地觀察與學習，慢慢地才能看到個別學生，甚至了解個別學生背後更複雜的學習背景方法與問題。而處理的方法與策略也能夠愈來愈細膩、愈來愈快速有效。

有趣的是，我的學生和我一個面對的是東方社會下封閉的教育系統下嚴密受到保護的中學生班級，而我的經驗是發生在隔了兩千多公里外的西方大學課堂。但我們分析起上課的經驗時卻很有共通之處。重點就在於，我們談的都是同一件事，就是「教學」，而我們經驗到的都是「教師成長的歷程」。

我們對於「實習老師」或「新手老師」這一段學習過程，在理論上及實務上其實都尚未發展成熟，都還處在一個懵懂的階段。台灣大約在 1995 年師資培育開放之前，整體師資養成設計中，並沒有實習這一段。當時的實習老師一開始就需要直接站上講台，如正式老師一般地上課帶學生，並且領全職薪水。雖然在師資培育機構中，也有指導教授的安排，但是指導教授沒什麼實質影響。當時的假設是，一個經過師資培育訓練課程的準老師，學業結束時，便可以開始全職教學。或許也有人發現實習老師或初任老師在開始的過程中會遭遇到挫折，但是一般可能會認為新手經歷一些挫折是自然的。只要撐下去，慢慢地累積經驗就會上手。這有點像是假設在人有心理準備，預先在岸上做過暖身並練習過泳技後，跳進水裡他就自然會游泳。這種「船到橋頭自然直」的「本能論」說法，在教育界中相當普遍。有些人深信會教書這件事是從經驗中琢磨出來的，正式課程所能夠扮演的角色

有限。一定要在真實情境中經過某種磨練、透過經驗的累積，才能夠成就一個老師。

但是，在這學習的過程中，到底會發生什麼事？到底教師的知識成長與經驗之間是什麼關係？我們以下便希望從新手老師所遭遇到的問題來探索。

教師知識的內涵與複雜度

過去學者們追溯新手老師所遭遇到的問題來源之一，認為可能是教師所需具備的知識之複雜度。實習老師或新手老師突然之間要面對大量複雜的知識範疇，會讓他們手忙腳亂並倍感壓力。學者嘗試將教師所需具備的知識加以歸納，發現教師在教學上所需具備的知識包括了七大面向：(1)學科知識；(2)一般教學知識；(3)有關教學科目及學習者的課程知識；(4)學科教學知識；(5)學生特質及文化背景；(6)學生的學習環境，包括小組、班級、學校以及社區，還有(7)教學的目的與目標（Shulman, 1987）。

近二、三十年來，有關教師的知識與內涵，在學術研究上起了很大的轉變。過去六〇、七〇年代時，教師是學校政策、國家課程的執行者。例如：在 Jackson（1968）的研究中，教師是一群缺乏專業技術性沒有專業知識的團體。而近年來，許多學者致力於教師個人理論的發展探討，強調教學者的經驗與知識的相互關聯，以及教師實踐知識的重要性（Clark & Peterson, 1986; Connelly & Ben-Peretz, 1997; Connelly & Clandinin, 1986）。因為這些學者的努力，教師的「實踐

知識」才受到重視（Elbaz, 1981），其重要性才得以彰顯。亦即教師是教學知識的主體，且知識與個人經歷、價值、經驗相聯結，並不是沒有證據的、道聽途說的、模糊而缺乏結構的「低窪沼澤」類的知識（swampy lowlands）（Schön, 1983）。教師自己有一個所信仰的潛在教育觀（Denscombe, 1982），這教育觀設定了教師的教學目標與方法，是教師賴以操作的一組假設。這組假設並非來自學校等組織或正式的教學法，而是來自於教室經驗。

學者發現，教師的實踐知識，不但與個人的背景經驗相關，而且和行動（action）以及思考（reflection）聯結在一起（Eraut, 1994）。教師的實踐知識常常是在得到時以錯誤的方式用出來，然後在行動中，透過反省而修正。因此有學者認為，在架構知識的過程中，教師是以本身的專業經驗為主要的材料，經過不斷地累積、過濾、反省與轉換，產生新的實踐知識（陳美玉，1999）。因為教師的實踐知識，具有這樣轉換、糾結的特性，所以我在此不嘗試對教師實踐知識做分類，而是從教師知識的應用層面來探討其特點。

教師知識的運用與不固定性

也有學者看到，教學的現場其實瞬息萬變，而教師的知識，也非常個人化。教師不但需要經常面對各種教室內問題的挑戰，而且「需要如學者專家般界定問題、想像解決的方法，並且還比一般學者專家多一件事，就是與他自己所做的決定共存一段相當長的時間」（Lampert, 1985, p. 180）。每一個採取的行動都會有其後果。而教師通常都

是要待在一個班級好一陣子，不但會看到後果，還會跟這些後果演變後的後果相處到至少學期結束。

在 Borko 與 Livingston（1989）的研究中，描述了一位老師 Ellen 在一堂數學課中所做的事。Ellen 是數學先修班的老師，她在課堂上要求學生在課本中指出三個有關橢圓的問題。她一邊解釋這三個問題，並且用這三個問題點出所有學生關於這個主題該知道的概念及公式，並一邊回答學生的問題。這位老師具有豐富的學科知識以及對學生深度的了解。不管學生選了三個問題之中的哪個，她都可以隨時隨地與重要的概念聯結，並且利用這個問題解釋所用的公式。

這樣的不固定性，使得希望能夠整理出一份教師均要知道的各項準則與標準的事情窒礙難行，幾乎不可能完成。尤其還要面對千變萬化的學生、學生的千變萬化學習過程、每天不同的反應，還有每個都不一樣的特殊習性與習慣。這樣繁雜及瞬息萬變的工作內容，應該如何去理解？又該如何去處理？這樣的知識，有可能靠教科書以及師資培育的教室中學習得來嗎？我想用以下兩個特質來描述教師知識的真實性。

教學知識為複雜的弱知識結構（Ill-structured knowledge domain）

對於實用知識的這種不固定特性，過去學者有幾種假設及處理的方法。在一九九〇年初期，美國伊利諾大學的 Spiro 教授曾經參與一項研究，為醫學院的學生設計學習的材料。他當時發現，醫學的知識有很大的成分也是實用、複雜且充滿不確定，因而他相信不是將學科

知識從頭到尾教給學生，他就會成為一個優秀的醫師。他們所需要處理的疾病判別，需要用到大量的知識，但是這些知識又無法一一地在事先都學習到。即使是在學科理論上的學習，也還有實際應用上的考量。例如一個譬喻可將血管比喻為水管，但這譬喻也只能暫時用用，因為到某個階段，這個譬喻就會開始產生錯誤概念。他稱這樣的知識領域為「弱結構性的知識領域」（ill-structured knowledge domain）（Spiro, Coulson, & Feltovich, 1988）。

他建議用軟體中的超聯結（hypertext）的方式來訓練學生，將各種概念形成各種連接，這樣學生對於知識概念的掌握就可以交錯地聯結。在他的實驗當中，的確發現經過這樣軟體設計的教材與教法訓練之學生，在錯綜複雜的案例測驗中得到較高的分數。當時的網路還不是很盛行，但他的思考走在先端，用軟體來設計網路聯結。後來網路變得普遍後，用超聯結來學習複雜的概念也就變得容易了。

教學知識為行動中的知識與技能（Knowledge in action）

僅僅了解教學知識的繁複聯結可能還有些不足。雖然在複雜概念的案例中可以學到複雜知識的形貌，但是教學這件事情似乎不是只有知識層面的問題而已，還有實踐的行動在其中。

我嘗試著用另一個角度來看待教學知識的內涵及應用。假設不要把教師所需具備及掌握的情況當作「固定的知識」，而是把教學當作是一項技術、一項行動、一項需要經常地、快速地調節的東西的話，或許比較容易推理出它究竟是什麼。

我們可以假設，教師的知識，是拿來應用的，而不是拿來背誦或記憶的。純粹僅是背誦或記憶的知識，對於行動沒有幫助。教師的知識是拿來使用的，因此應具有強烈的行動性。Eraut（1994）提到教師知識的使用有四種方式：

1. 重複（replication）：重複應用過去所學的知識。
2. 應用（application）：將所學的知識應用到新的情境中。
3. 解釋（interpretation）：將過去所學的知識做更進一步的解釋及擴充。
4. 聯結（association）：將不同的知識之間做聯結。

Eraut（1994）將教師知識分為定義性的（propositional）和過程式的（processing）。前者著重在知識的概念、定義與結構，後者則著重在知識的實踐過程。在後者這個過程式的知識上，Eraut（1994）用了 Ryle（1949）的「知道什麼」（knowing that）和「知道如何」（knowing how）兩種來進行解釋。

這個「知道如何」的內涵，比較接近實踐當中的技巧與行動的內涵，或許可以借用來與認知層面的知識比較看看。在對於知識的學習上，關於「知道如何」的方面，是比較少被討論到的。其中一個可能的原因是在研究知識的內涵時，大多用學生的學習來做研究對象，但是學生其實要到很久以後才會用到他們當初學得的知識。而教師是不同的，教師的知識學習主要的目的是要能應用到實際的情境中。新手老師或實習老師更是如此，他們要在剛學到知識的同時就要用出來，甚至還沒有學好就得用出來。

如何從新手發展到專家

如果教師的知識是一種「行動知識」，或者說是一種「具有認知性質的行動」，或者是「奠基於行動的知識」，那麼或許用「行動」或「技能」來理解教學會更好一些。

首先，教學的目的在於「行動」，也就是說要做得出來，要教得出來，才是教學。僅僅有想法不是教學，僅僅用口說也不是教學，必須要有行動才是教學。

再者，如果把教學看做是一種行為或行動，那麼我們就要去了解行動產生的源頭。或許我們對於行動的源頭並不十分清楚，但是至少個人的行動與個人的特質（personalized）應有緊密的關聯。個人的行動可能與個人生理特質、價值與信念、過去的經驗、個人的習慣等是有關的。這或許可以說明為什麼有許多人認為教學是一件具有「個人化」特質的事情。教學與教師自己過去的經驗與信念等是緊密聯結的。

還有，行動不是靜止的，而是瞬息萬變的。需要應付的環境因素非常複雜，而且無法精密地事先規劃好，必須要看當時的情境、當時的對象、當時的事件而定。這就是為什麼很多人認為教學是情境式的活動（contextualized），深受其環境、課程、學校文化等的影響；這也是有些人認為教條式的方式無法協助老師進行教學。教師可能更需要利用案例的方式，讓事件保留其複雜的環境因素與時間流序才能夠更真實地呈現教學的現場與內容。

然而，要能精熟技能或行動，必須要經過長期的練習。一開始面對眾多的內容，可能無法一次練熟。但如果能夠逐漸將需要進行的內

容熟練，並產生自動化（automization），那麼，也許就能夠逐漸地將認知空間讓出來，進行更多的技能精進。而這些模式化、制式化的過程，可能是行動者逐漸地建立自身基模的必經過程。

如果說，教師知識不是陳述性的、記憶性的，而是行動性的，甚至是內隱性的。內隱性的意思是，不一定能夠條列出來、用語言說明，但是卻是可以以行動表現出來的，例如：腳踏車的學習、游泳的學習等技藝性的學習，多是屬於這一方面知識的成長。如果教師的知識是屬於內隱的知識（implicit knowledge），那麼教師知識的發展有可能是什麼樣的路程呢？Dreyfus 與 Dreyfus（1986）曾經將新手到專家的過程分為幾個階段（原文請參見本章附錄）：

1. 第一階段──生手：生手對於周遭情境所知不多，因此多半依賴過去被教導的規則來做行動的規劃，並且對於所遭遇的問題缺乏判斷能力。

2. 第二階段──進階的新手：新手在有了一些經驗之後，對於各個事物的面向能夠產生一些一般性的原則。但是對於周遭情境的認知仍然有限。對於許多事物的特質及面向仍獨立看待，並且認為有相同的重要性。

3. 第三階段──有能力者：在累積了較多的經驗之後，有意識地做目的性的規劃，而且至少在一部分的行動上能夠看到較長期的目標。處於此階段者，能夠處理看似擁擠的局面，並且產生標準化及固定化的步驟。

4. 第四階段──專業性的：再進一步，經過經驗的累積與萃取，處事者逐漸能有整體的感覺而非分開的面向。不但能夠看到在情境中最重要的事情，並且能夠看到異常的現象。此

時做決定會變得較為輕鬆。還有，處於此階段者能利用「大致」（maxims）來做判斷，且其決定會因情況不同而不同。

5. 第五階段——專家：再進一步，會對於情境產生深度的了解。此時行動不再倚賴規則、原則和大致判斷，而是直覺性的掌握。到此專家層次者，只有在新情況或問題產生時才會運用分析能力，並且能看到未來的可能性。

如果我們認為教師的專業發展，也是一個新手到專家的發展過程，那麼我們對於教師的知識認定，就不僅限於成型的或模式化的知識，而是應包含不斷變動的，需要新決定的知識。所以我們所體認到的教師的實踐知識，就不僅僅牽涉到認知性的、知識性的，也包含有技術性的，以及行動性的內涵。而且這個知識是由經驗者與情境不斷地琢磨、因應、調和、理解、體悟的過程中產生而出，並且經過時間的累積與沉澱之後所淬礪出來的結果。

東方很早就對於認知到行動提出了先進的解釋。我們可以從中國的古典典籍中找到一些論證。例如：在《莊子·內篇》的「庖丁解牛」[1]的故事中，我們可以看到專家的技能達到游刃有餘是一個什麼樣的境界。

> 庖丁為文惠君解牛，手之所觸，肩之所倚，足之所履，膝之所踦，砉然響然，奏刀騞然，莫不中音，合於桑林之舞，乃中經首之會。
>
> 文惠君曰：「嘻，善哉！技蓋至此乎？」
>
> 庖丁釋刀，對曰：「臣之所好者道也，進乎技矣。始臣

---

1 庖丁解牛的原文出自《莊子·內篇》卷二上，養生主第三。譯文如下：

之解牛之時,所見無非全牛者;三年之后,未嘗見全牛也;
方今之時,臣以神遇而不以目視,官知止而神欲行。依乎天
理,批大卻,導大窾,因其固然。技經肯綮之未嘗微礙,而
況大軱乎!良庖歲更刀,割也;族庖月更刀,折也;今臣之
刀十九年矣,所解數千牛矣,而刀刃若新發於硎。彼節者有
閒,而刀刃者無厚,以無厚入有閒,恢恢乎其於游刃必有餘
地矣。是以十九年而刀刃若新發於硎。雖然,每至於族,吾
見其難為,怵然為戒,視為止,行為遲,動刀甚微,謋然已
解,牛不知其死也,如土委地。提刀而立,為之而四顧,為
之躊躇滿志,善刀而藏之。」

　　文惠君曰:「善哉!吾聞庖丁之言,得養生焉。」

莊子廚師給文惠君宰殺牛,分解牛體時手接觸的地方、肩靠著的地方、腳踩踏
的地方、膝抵住的地方,都發出砉砉的聲響,快速進刀的刷刷聲,無不像美妙
的音樂旋律,符合桑林舞曲的節奏,又合於經首樂曲的樂律。
文惠君說:「妙呀!技術怎能達到如此高超的地步呢?」廚師放下刀回答說:
「我所喜好的是研究比一般的技巧又更上一層的規律與道理。我開始分解牛的
時候,看見的是一整頭牛。三年之後,就不曾再看到整體的牛了。現在,我只
用心神去接觸而不必用眼睛去觀察,眼睛的官能似乎停止,但精神意識卻正在
運行。依照牛體自然的生理結構,劈擊肌肉骨骼間大的縫隙,把刀導向那些骨
卻間大的空處,順著牛體的天然結構去解剖,從不曾碰撞過經絡結聚的部位和
骨肉緊密連接的地方,更何況那些大骨頭呢!優秀的廚師一年更換一把刀,因
為他們是在用刀割肉,普通的廚師一個月就更換一把刀,因為他們是在用刀砍
骨頭。如今我使用的這把刀已經十九年了,所宰殺的牛牲上千頭了,而刀刃鋒
利得就像剛從磨刀石上磨過一般。牛的骨節乃至各個組合部位之間是有空隙的,
而刀刃幾乎沒有什麼厚度,用薄薄的刀刃插入有空隙的骨節和組合部位間,對
於刀刃的運轉和回旋來說那是多麼寬綽而有餘地呀。所以我的刀使用了十九年,
刀鋒仍像剛從磨刀石上磨過一樣。雖然這樣,每當遇上筋腱、骨節結聚交錯的
地方,我看到難於下刀,為此而格外謹慎不敢大意,目光專注,動作遲緩,動
刀十分輕微。牛體霍霍地全部分解開來,就像是一堆泥土堆放在地上,我於是
提著刀站在那兒,為此而環顧四周,為此而躊躇滿志,這才擦拭好刀收藏起來。」
文惠君說:「妙啊,我聽了廚師這番話,從中得到養生的道理了。」

庖丁解牛的故事雖然是個寓言，但其中所展現的專家境界非常地傳神。專家有可能對於所處理的事物產生完整、深入而細膩地了解，並且已經脫離規範或原則，幾乎是憑著直覺在行事了。這跟 Dreyfus 與 Dreyfus（1986）所提到的專家境界有相近相通之處。經驗與知識的累積，不是一個單純制式的堆疊過程，而是一個我們至今還難以描述的，或許包含自動化的過程。而且這個過程並非一蹴可幾，而需要長期的累積。在庖丁解牛的故事中，庖丁神乎其技的解牛技術，「彼節者有閒，而刀刃者無厚，以無厚入有閒，恢恢乎其於游刃必有餘地矣」並非突然達成，而是經過至少十九載的磨練，長期的經驗累積得來的。

教師知識的學習歷程

庖丁解牛的學習過程告訴我們經驗累積對於學習行動技能的重要性及必然性。我們可以用 Dreyfus 與 Dreyfus（1986）的新手到專家的行動與技能學習階段，去嘗試解釋為什麼老師的學習歷程會是一個漫長的過程。

首先，實習老師或新手老師在進入學校時，會保持著他們原來帶進來的過去成長背景，以及在師資培育機構中所學到關於教育的各種知識。但是這些知識可能與所在的環境有所不容，產生衝突，例如最常見的情況就是對於學生的管理及處罰。許多實習老師，對學生比較有民主式的看法與人道的關懷，因此不能接受學校內的一些管教文化。但是過了一陣子，甚至是很短的時間之後，便開始對於學生的教

室秩序、學習狀況的失控感到恐慌。於是又會轉身緊抓著該校既有的處罰文化，或是甚至用更嚴厲的方式來處理學生的秩序與學習問題。其實這兩種方式，都是顯示出實習老師或新手老師對於情境缺乏深入的體會與了解，因此會很緊密地就近抓取他們所能夠倚賴的規則。

對完全生手或有些經驗的新手老師來說，無法看到各面向之間的關聯也是一個常見的現象。例如：許多實習老師會認為班級經營就是管理學生的常規與秩序，但是他們可能比較無法看到教室內的管理，其實是跟一位教師的教學專業有很緊密的相關。如果老師在教學上無法以深入淺出的方式來引導學生，那麼學生可能會很快地失去學習的興趣。而同時，教室內的學習又跟平常學習習慣的養成有很大的關係。有經驗的老師會注意到班級經營的目標之一是要給予學生一個良好的學習環境、培養學生良好的學習習慣，而這些又跟團體成員之間的關係與互動有密切的關係。如果班上只有少數人用功讀書，那麼很快的，這些人也可能會因為其他同學的影響而讀不下去，或是失去動力。但是如果班上有一股努力向上的風氣，那麼班級的每一個成員都會受到好的影響。學生就可以在生活常規乃至於學業上同時表現優良。換言之，傳道、授業、解惑這三者原本就是會歸結到同一件事，就是稱為學生的學習與成長。教師要的不僅是個別了解這三件事，而是要學習將其中複雜的運作融會貫通。

所以經過一段時間，大約是教書到了四、五年左右，就漸漸地對於整個教學的內涵與方法、學生的反應與學習有所掌握，也可能找出一些自己可以用的方法。這時就比較能夠做有目的規劃，以及進行一些標準化及固定化的步驟。所以這時會覺得教學逐漸不那麼吃力了。

漸漸地，如果這位老師繼續關心與努力，老師的層次就會再升一

級。這時他不但對於教學乃至於學校內的各種環節面向都有一個全面性的理解，也看得到學校內的委員會、行政程序、學校風氣與目標對於他的班級與學生的影響。也能夠在一個班級內，了解一般在這個學習年齡層的學生特性，也知道需要達成的學習階段目標為何。他可以在班上同時很快地找出不同性質的學生，也能夠在上課中依照學生的情緒與個別差異調整教學的內容與步調。對於學生在學習上的表現也不僅僅只注重段考與期考這樣短期的成績，而是可以看到學生在整個學習階段（例如：小學六年或國、高中各三年）所需長期建立發展的特質。

　　一般而言，開學及上課前教師會有充分的準備與規劃，因此在上課時感覺一切都很順暢。但是如果有異常的現象發生，老師可以在很短的時間內發現其「早期徵兆」，捕捉這個異常現象，而且有可能是憑直覺去捕捉到這個現象的。例如：看到兩份考卷的某些地方，就會直覺地感覺到這兩個學生之間有互相抄襲的嫌疑。如果能在很小的地方就發現問題，便可以在事情擴大之前就加以處理，而能避免掉更大問題的產生。這就表示教師不僅僅是看到事情的表象，而是透過一個小的事件，就能夠對於事情的來龍去脈有所掌握。這時，一個事件不是單純的一個事件，而是處在一個綿密的網絡下的一個窗口。因此，教師不但能夠知道過去，也能夠預測未來。而要建立起這樣一個綿密的網絡，一位教師至少需要投注十年的努力。

　　我們對於直覺的憑藉及培養還在一個比較初期的階段，但是創造力的研究成果告訴我們，創造力的發生，需要在專業知識上有長期的累積過程。根據 Csikszentmihalyi（1988）對於創造力的研究，發現創造力的產生似乎包含四個過程：有個長期的問題與目標、有個長期

累積過程、有個輕鬆的時刻使一個嶄新的想法產生，而且需要經歷與人溝通以擴展想法及修正過程。對於老師而言，目標應該是如何把學生教好。而要能夠解決這樣複雜的問題，事實上要對這個問題有長期的思考，而且要以豐富的經驗為基礎，其中往往還會碰到路障、遭遇困頓。這並不是一條好走的路啊！

結　語

本文並不是要對東方與西方不同的教師成長歷程提出分辨，事實上，恰恰相反的是，我們要提出這其中的共通點。不論從庖丁解牛或是 Dreyfus 兄弟的新手到專家發展歷程中，我們看到教師的知識形塑是一個非常個人化的歷程。不論是要擷取環境中的知識、要組織出對於環境的理解與面向之間的關聯，以及要形成個人的行為原則和模式等，都需要個人的觀察、理解、且不斷地聯結與重組。因此教師個人的目標與努力就扮演著相當重要的角色。唯有教師自己不斷地努力，不斷地嘗試，這層知識的網才能夠累積而厚實，而之後的創新也才能夠產生。如果教師在達到某一個階段後就停止，不再努力，那麼在最後的專家階段中需要倚賴大量的知識經驗而產生的直覺，就不容易出現了。

我們現在應該能夠逐漸體會到，新手老師與資深老師的差別非常大。他們在成為教師所需具備的知識與技巧的掌握上，仍然需要很大的增進與拓展。雖然我們現在還無法區分出教學的訓練應該經過哪些步驟，但是可預期，新手老師的學習過程可能需要更細膩的輔導與協

助。實習老師與新手老師應該都要經歷過一個「學徒」的過程，在這個過程中，學徒應該要跟在師傅旁邊，觀察一切過程，雖然也有幫忙實務操作的歷程，但是都是在師傅的嚴密指導下進行的。以前的師徒關係是相當長久的過程，多達數年或數十年。但是我們現在的實習制度僅有六個月，光是了解環境就可能要花上大部分的時間，其實非常不夠。而且即使是當上了正式老師，也仍需要在制度面上提供積極的協助與輔導。對於新手老師，我們更要愛護，而不是把最重的工作、最難帶的班級，交給新手老師。

在目前少子化的影響下，許多學校被迫減班，因此降低對教師的需求，這對於有心投入成為老師的人是個不利的情況。而且目前政策的方向大抵上是縮減教師的供給、培育、雇用以及福利，希望打擊新手加入成為老師的意願。近幾年來，政策上不但降低師資培育的學生名額，也企圖在法規上增加師資培育的困難度。在學校聘用師資方面，也透過行政命令，令學校凍結正式員額，僅用代理代課的方法聘雇新老師。更加雪上加霜的是，政府還取消代理代課的年資資歷，使得剛畢業的新手老師考上了代理代課老師之後，薪水與福利偏低且極度沒有保障。這對於最弱勢、最需要扶持的新手老師來說，其實非常地不利。我認為這樣短視與現實的考量，將會對未來師資的品質與來源產生負面的影響。

但是如果用更長遠的眼光來看，少子化的時期，其實提供了一個重新檢視師資培育的形式與方法的大好機會。新時代的學生，不但靈活而且多樣化，他們需要教師與學校更多的個別化照顧。過去十年來的課程改革與變動頻繁，增加了對教師的要求與壓力，對於教師的專業性與教學能力有更強烈的要求。而且家長意識抬頭，對於教師的教

學參與及意見均大幅提升，與家長的配合和溝通成為教師的重要工作。而在全球的競爭激烈化情況下，我們的教師教學成果不但在本地要有競爭力，還要面對全球的劇烈競爭。在這樣的環境下，其實我們更需要優質而有能力的教師來擔負起教育下一代的責任。

要從新手老師成為一個優良教師是一個漫長的過程。良好的培育過程不但需要良好的師資培育機構，更需要一個良好的教育大環境來支持其成長。良好的大環境應該包括了向上的信念與態度、豐富的研習與成長機會、良好的支持與評鑑系統。政府可以趁此機會降低師生比，並且對師資結構與訓練做全面的評估與提升，以因應未來優秀師資的更大需求。果真能以這樣的眼光來進行改革，那麼師資培育的未來，或許能看到光明與希望。

參考文獻

陳美玉（1999）。教師專業發展途徑之探討——以教師專業經驗合作反省爲例。**教育研究資訊，7**（2），80-99.

Borko, H., & Livingston, C. (1989). Cognition and improvisation: Differences in mathematics instruction by expert and novice teachers. *American Educational Research Journal, 26*, 473-498.

Clark, C. M., & Peterson, P. L. (1986). Teacher's thought processes. In M. C. Wittrock (Ed.), *Handbook of research on teaching* (3rd ed.) (pp. 255-296). New York: Macmillan.

Connelly, F. M., & Ben-Pertez (1997). Teachers, research, and curriculum development. In F. J. Flinders & S. J. Thornton (Eds.), *The curriculum studies readers* (pp. 178-187). New York: Routledge.

Connelly, F. M., & Clandinin, D. J. (1986). On narrative method, personal philosophy, and narrative unities in the story of teaching. *Journal of Research in Science Teaching, 23*, 283-310.

Csikszentmihalyi, M. (1988). The process of creativity. In R. J. Sternberg (Ed.), *The nature of creativity: Contemporary psychological perspectives*. Cambridge, UK: Cambridge University Press.

Denscombe, M. (1982). The "hidden pedagogy" and its implications for teacher training. *British Journal of Sociology of Education, 3*(3), 249-265.

Dreyfus, H. L., & Dreyfus, S. E. (1986). *Mind over machine: The power of human intuition and expertise in the era of the computer.* Oxford, Basil: Blackwell.

Elbaz, F. (1981). The teacher's "practical knowledge": Report of a case study. *Curriculum Inquiry, 11*(1), 43-71.

Eraut, M. (1994). *Developing professional knowledge and competence.* London: Falmer Press.

Jackson, P. W. (1968). *Life in classroom.* New York: Rinehart & Winston.

Lampert, M. (1985). How do teachers manage to teach? Perspectives on problems in practice. *Harvard Educational Review, 55*(2), 178-194.

Ryle, G. (1949). *The concept of mind.* New York: Hutchinson's University Library.

Schön, D. A. (1983). *The reflective practitioner: How professionals think in action.* New York: Basic Books.

Shulman, L. S. (1987). Knowledge and teaching: Foundations of the new reform. *Harvard Educational Review, 19*(2), 4-14.

Spiro, R. J., Coulson, R. L., & Feltovich, P. J. (1988). Cognitive flexibility theory: Advanced knowledge acquisition in ill-structured domains. In *Tenth Annual Conference of the Cognitive Science Society* (pp. 975-383). Hillsdale, NJ: Lawrence Erlbaum Associates.

Veenman, S. (1984). Perceived problems of beginning teachers. *Review of Educational Research, 54*(2), 143-178.

附　錄

Level 1 Novice

- Rigid adherence to taught rules or plans.

- Little situational perception.

- No discretionary judgment.

Level 2 Advanced beginners

- Guidelines for action based on attributes or aspects (aspects are global characteristics of situations recognizable only after some prior experience).

- Situational perception still limited.

- All attributes and aspects are treated separately and given equal importance.

Level 3 Competent

- Coping with crowdedness.

- Now sees actions at least partially in terms of longer-term goals.

- Conscious deliberate planning.

- Standardized and routinized procedures.

Level 4 Proficient

- See situations holistically rather than in terms of aspects.

- See what is most important in a situation.

- Perceives deviations from the normal pattern.

- Decision-making less laboured.

- Uses maxims for guidance, whose meaning varies according to the situation.

Level 5 Expert

- No longer relies on rules, guidelines or maxims.

- Intuitive grasp of situations based on deep tacit understanding.

- Analytic approaches used only in novel situation or when problems occur.

- Vision of what is possible.

資料來源：

Table 7.1: Summary of Dreyfus Model of Skills Acquisition, from Eraut, M. (1994). *Developing professional knowledge and competence* (p. 124). London: Falmer Press.

作者簡介

徐式寬

　　似乎常常覺得自己不斷在領域之間穿梭。在台灣大學「農業推廣學系」求學（現在改名為生物產業傳播與發展學系）時，覺得媒體與教學方面的科目蠻有趣的，在博士班就選了「教育科技」這樣的領域，於是從此就在人文與科技之間嘗試編織聯結。常問的問題包括：人是怎麼受到科技影響的？科技如何幫助學習？不過後來在台灣大學師資培育中心開始教書以後，在一個偶然的機會中，發現幫助學生學習最大的關鍵人是老師。所以就開始問：到底老師對於學生的影響力在哪裡？我們中國祖先所談的師道，跟我們現在的教育心理學，到底有些什麼關聯？然後一群有同樣問題的人就逐漸地發現，這並不是一個單純的人文問題，有可能要從歷史、心理、社會、資訊、神經科學等去拜訪，且從古到今、從中到西地去探詢。（感謝國科會對本文相關之研究計畫的支持，計畫編號為：NSC-96-2413-H-002-022-MY3）

6. 峰迴路轉又一村——
教師的創造性轉化

林偉文 副教授
台北教育大學國民教育學系

松鼠與教育

「……小時候，我們小朋友拿玩具出來玩，老師就會直接沒收。當我讀教育學程的時候老師會說，那有侵占的問題，所以你只能暫時保管還是要還給他。來到這裡的時候，小朋友拿的玩具是一隻松鼠，到底要不要幫他保管都有困難！開始會想說，遇到經驗裡面根本沒有的東西，要怎麼處理，所以我就把牠拿來當教材，『就問這隻松鼠牠是吃什麼的？』、『牠的爸爸媽媽怎麼生活的？』……如果小朋友對牠的興趣比對老師講的東西的興趣還要高的話，那其實我們是不是可以把它變成教學的一個素材，所以就（討論）餵牠吃什麼啊？多久要餵一次啊？就從這一部分開始，對我來說是一個重要的經驗，就是從前的經驗不適用的時候，我一定要找出一個適合這裡、適合學生，然後也適合我的一個方法，大概就從那時候開始，我就覺得那我就做一些改變吧……」（林偉文，2008）

　　從 2006 到 2008 年，在國科會的經費支持下，我走訪了全台灣十數個受到全國創意教學獎項肯定，並且有持續創意教學實踐的教師；在一個偏遠的山區，我遇到了這樣一位創意的教師，她的創意教學不僅受到全國創意教師獎的肯定，更啟發了許多在教育現場蟄伏的心靈，在上述例子中，她巧妙地將不該在課堂上出現的松鼠轉化為教材；將觸犯規範所帶來的戰慄，轉化為興味盎然的參與。

　　杜威（Dewey, 1938）在《經驗與教育》（*Experience and Education*）一書中，強調教育實踐本身必得是能解決問題的理智活動。甄曉蘭在〈教師課程意識與教學實踐知能的提升〉文中提到，「教師的知識是需要經得起教學現場的實務考驗，教師必須要能夠將其知識轉化成為回應教學情境的行動實踐，才稱得上『知道』這些知識，擁有知識所賦予的行動『權能感』」（甄曉蘭，2004，頁211）。

　　然而，在教育實踐的歷程中，教師如何「將其知識轉化成為回應教學情境的行動實踐」呢？「轉化他的所知回應教學場域，並與整體結構相容相生」呢？

　　任何一個專業最後都要超越技術，成為一種專業的藝術（professional art）；倘若教育實踐是一門「藝術」而非「技術」，就教師而言，他們是轉化「技術理性」到「設計理性」的「反思實踐家」（Shulman, 1986）。教學不再是知識的傳遞，而是洞察情境、發現文化涵義中，享受其創造性文化實踐歷程，也是構築個別關係與群體關係的溝通過程；師生學習經驗的創造與教育內容的創造是同一的實踐，教育實踐是教育的生命力，是極具創造力的經驗展現（呂金燮，2008）。

　　從知識到實踐，從技術到藝術，過去經驗到當下行動，都需要教

師創造性地轉化他的所知，成為教育實踐的行動，進而發生教育的效應；子思子在《中庸》中記載道：「博學之、審問之、慎思之、明辨之、篤行之。」正可以描繪此一創造性的轉化歷程。

創造性轉化

　　根據《韋氏字典》（*Webster Dictionary*）的解釋，「轉化」（transformation）一詞，指的是「一種質的改變」或是「某種功能上的變化改變了一個協調系統的位置或方向」；教育部《國語辭典》則將「轉化」解釋為「轉變、改變」；詹志禹（2003）認為，「轉化」強調「結構、形態、功能」的變化。因此，就學習與教育實踐而言，轉化可能有幾種意涵：

1. 教師將其過去的受教經驗、知識，在師資培育課程中的課程知識與經驗轉變為自己的知識或信念系統，價值、信念與知識由外在而內化，故稱之為轉化。
2. 教師將其價值或知識，轉變為教育的實踐，是一種轉化，因為教師將價值和知識由形式轉變為實際的行動，故稱之為轉化。
3. 教師透過反思教育實踐中所產生的行動與行為結果，回饋到自己的信念與知識系統，產生信念與知識系統的轉變，亦是一種轉化。
4. 教師將課程標準或教材內容轉變成自己的教學實踐，融入教師的價值、信念、知識、特定的情境與受教對象後，成為其教學實踐，這也是一種轉化。

5. 教師在教學實踐中所遭遇的種種困境，可能會形成教師教學的阻礙，使得其價值或知識所轉化的教學行動無法在情境中實踐，因此，教師必須改變其對困境的知覺，以免阻礙自己繼續投入行動的動機，或是透過目標、行動的改變，以完成教育的實踐，或達到教育的目標，這也是一種轉化。

「轉化」是一個中性的語言，不代表一定會產生正向的發展，因此，如果要使轉化能夠突破性地實踐教育的價值，達成教育的目的，則需要「創造力」，形成「創造性轉化」。所謂「創造」，指的是個體能夠產生新奇且有價值想法或產品的能力，在教育實踐的轉化歷程中，經常需要突破性地整合、協調教師自己、教學情境與受教對象間的各種因素，並將之轉換為教學實踐，以致能達成教育的目標，故稱之為「創造性轉化」。

Garcia（1991）從演化及量子物理學的觀點出發，將創造性轉化（creative transformation）視為倫理（ethics）和智能（intelligence）的函數，也就是如何運用智能進行合乎倫理的創造行動。

楊智先（2007）將創造性轉化定義為教師在教學工作上，將教師個人的教育信念、先前經驗與理論知識，以符合新穎性與價值性兩大標準，藉由教學實踐轉化成課程計畫、教學設計及教學相關活動的行為，甚而將實踐後的回饋做為個人理論之建構基礎。她並將這兩個過程分成兩個階段、兩大層面，其中，第一個階段涉及教師個人的創造性轉化；第二個階段涉及教師協助學習者之創造性轉化。兩大層面分別為：(1)從理論學習至實務應用；(2)從實務經驗至個人作品的產出。同時，教學的創造性轉化行為，必須符合三大要件：(1)此行為發生於教學脈絡裡；(2)此行為對於教師個人學習與教學工作而言，兼具新穎

性與價值性；(3)此行為實踐在教學脈絡裡，必須有「教學相長」的價值。

詹志禹（2003）也從演化的觀點，提出「教師自我創化的模式」來詮釋教育實踐中的創造性轉化歷程，所謂的自我創化，不只指教師發展與成長的歷程，同時更強調其演化的、建構的、循環回饋與自我組織的創造歷程，在這個歷程中，教師不斷地重新建構自己的生命。

「微 c」與創造性轉化

Mayer（1999）在評述五十年來創造力的研究成果與未來方向時，以 Sternberg（1999）所編之《創造力手冊》（*Handbook of Creativity*）中各學者對創造力的定義為例，認為每一個學者所用以描述的語言或許不同，但對於創造力的定義，大多不離「獨創性」（originality）與「有用性」（usefulness）這兩個標準。

當以創造產品的「新奇／獨創」（novelty/originality）和「適當／有用」（appropriateness/usefulness）兩個判準來判斷一個產品是否具有創意，或是創造此一產品的作者是否具有創造力，則可將創造產品分為「大 C」（big-creativity）——改變人類歷史文明的創造，和「小 c」（little-creativity）——日常生活的創造之不同。大 C 如同畢卡索的畫作、愛因斯坦的相對論，而小 c 則如我們平常創作出一盤新菜、自己隨口即興創作的曲調等等日常生活的創造；然而，有學者開始反思以產品為導向的創造力研究取向，是否可能導致某種的偏執，因為創造並不僅發生於產品產生時，創意產品產生前的內在歷程，亦值得學者進一步探究，以更釐清創造力的本質，並完整創造力的研究

層次。因此，Beghetto 與 Kaufman（2007）提出「微 c」（mini-c）的概念以有別於「大 C」與「小 c」，所謂的「微 c」指的是發生於個人內在的創造歷程，指個人對於所遭遇經驗、行動和事件所產生的新奇（novel）且有意義（meaningful）的詮釋，相對於大 C 與小 c 之發生在個體以外的事件，「微 c」則是發生於個體的內在歷程（intra-personal），大 C 與小 c 均是已經產生的作品或產品，只是就其影響層面與新奇的程度做大 C 與小 c 的區別，但無論大 C 與小 c 都發生在個體如何詮釋所遭遇的事件與經驗，如果個體能夠對於所遭遇的事件與經驗產生新奇且有意義的理解，才能夠導致後來大 C 與小 c 的發生，因此 Beghetto 與 Kaufman 呼籲創造力研究者，除了以產品導向研究創造力外，也必須著眼發生於個體內在的「微 c」，亦即研究個體如何新奇地與有意義地詮釋其所學習的知識與所遭遇的經驗。

在「微 c」、「小 c」、「大 C」所形成的創造力層次裡，Beghetto 與 Kaufman（2007）認為，「微 c」是「小 c」和「大 C」的基礎，當「微 c」衍生出創造產品時，便成為「小 c」，但此一產品若經過「學門或行業守門人」（gatekeeper）的認可後，便可能成為影響領域甚至人類歷史文明的大 C。

從「微 c」的觀點來看，教師的創造性轉化包含了「微 c」的創造歷程，教師身處於其文化傳統中，自小接受教育的經驗，後來進入師資培育接觸各種教育知識，都不是被動的接受，相反的，是主動的建構、詮釋與賦予意義，這是教師對於教育的價值與知識所發生的第一層次創造性轉化，教師透過「微 c」賦予其所接受的知識、價值與經驗新奇且有意義的詮釋，這樣的詮釋形成了教師教育的價值、信念與知識系統。

創造性轉化的發生

第一層次的創造性轉化：內化經驗與知識

　　教師的「創造性轉化」發生在幾個運作的歷程中，首先，教師的第一次創造性轉化，發生於教師信念系統形成的歷程中，教師發揮「微 c」，將所接受的價值、知識與經驗，新奇且有意義地加以詮釋，使之成為自己的信念系統。

　　南京行知小學楊瑞清校長聽到周弘先生運用「賞識教育」，成功教育其雙耳全聾的女兒時，深受感動，便發展出「賞識管理」的概念，認為對所有的老師都要「尊重、信任、理解，要熱情激勵、耐心包容、友情提醒」（楊旺杰，2004）。這就是一種「微 c」的歷程，楊校長透過其「微創力」（mini creativity）新奇且有意義的詮釋了周弘先生的賞識教育，後來楊校長將他的賞識管理與行知教育的理念結合，便形成了管理上的創造產品。

　　在我訪問的創意教師中，也發現了這樣的歷程，創意教師在其發展經驗中，將其生命中重要他人的楷模經驗，內化到自己的生命中，轉化為自己後來在教學上的風格與傾向：

　　　　「……我也不知道為什麼（遇到問題就會想辦法解決）
　　　　……這可能跟我阿嬤給我的教育有關，我阿嬤是屬於那種很

能幹，也沒有唸書……可是她也很會變把戲，在鄉下地方她手腳很快，凡是，譬如說颱風天了，就我阿嬤起來釘什麼門窗，我阿公多在那邊躺著睡覺……我從小就很會弄洋娃娃，而且，我都很會解決問題，找到破銅爛鐵來弄那些……以前自然課養雞……我就跟我阿嬤講說我要樓上樓下的雞籠……以前沒有電梯都是爬樓梯的……我阿嬤真的，用那個給我釘了有樓上的雞籠……很厲害，（阿嬤）手很巧的。我想颱風天都是我阿嬤在釘門窗……家裡哪裡吹掉也是我阿嬤在修補……就是蠻強的人，我可能也有這樣的個性，然後我記得我阿嬤也會做粿什麼，然後我就很會在她旁邊幫忙……我自己就會獨創什麼。弄完了，還有鄉下小鎮的人就很熱情，誰家煮什麼大家都會吃的到……我們鄉下地方就這樣，譬如說，我阿嬤做什麼，然後都會叫我每一家每一家去分，然後做一層粿，我就會切一小塊一小塊，每一家都會分，就是很熱情。我想這熱情也是這樣出來……如果熱情的分享，對我來講是很重要……所以到現在來講我對於分享這件事情，是覺得是很正常的……我不會害怕說，怕人家覺得愛現什麼，我覺得這個是很自然的……」（林偉文，2008）

一位受訪的創意教師，也提到他自己童年的叛逆經驗，因為受到老師的啟蒙因而轉化為要成為一位有力量改變別人的老師之生命承諾，這位老師在童年因為在小學階段感受到被輕視、排擠、差別待遇，自卑衍生出的叛逆，在他的輕狂歲月中不斷的換學校，讓父母擔心流淚，卻在遇到一位老師的啟蒙與關愛後，讓他將生命的方向轉化

成為下一個啓蒙他人的教師：

> 「……我進入師院之後，發現還好我走出那一段，我發
> 現如果我沒有自己走出那一段的話，我不就是社會上犯罪的
> 一個，所以當下我進師院就是告訴我自己：無論如何我就是
> 以當老師爲我畢生的一個志願，我無論如何就是要堅持在一
> 個崗位上……我會發現一個老師他可以改變學生的一生，他
> 可以改變學生整個歷程，我會覺得說我國二跟國三的時候，
> W校那位老師眞的改變我很多，他不放棄我，甚至於說容忍
> 我這個放縱的脾氣，其實我後來回頭來看，那是一種自卑
> 的，你愈限制我我會愈叛逆給你看，類似這樣的情形……其
> 實從中我發現當老師我可以改變很多人……」（林偉文，
> 2008）

第二層次的創造性轉化：將知識與信念轉化為實踐

　　教師的第二層次創造性轉化則發生於「將其知識轉化成爲回應教
學情境的行動實踐」，教師在面對教學情境時，需要將其價值與知識
「創造性轉化」於其教育實踐中，從價值到行動，或從知識到實踐，
是兩種不同的狀態，如細論之，價值與知識均以符號或情感形態存在
於心智中，如何將之轉化爲行爲形態，需要教師的創造性轉化。
　　如楊瑞清校長在「行知之路」中所提到的〈八棵柿子樹故事〉，
即是楊校長將其道德價值轉化於教學實踐的極佳例證：

我們校園裡有八棵柿子樹，每年從春天掛果，到秋天成熟，在長達半年的時間裡，累累果實把樹枝壓得很低，我們的孩子天天在柿子樹下活動，一年級最矮的孩子伸手都能摸到、聞到，但是沒有人摘柿子。

每年到柿子紅透了的時候，我們會舉辦一個柿子節。柿子節裡，學生代表興高采烈地把柿子摘下來，用盆子裝好，然後排放在一起，一種豐收的景象就出來了。接著，我們學生集會，探討關於柿子的話題。

我說這不是一般的果實，它有很多美好的涵義：

第一它是勞動之果：勞動是最偉大、最有價值的，沒有勞動就沒有這豐碩的果實。

第二它是道德之果：沒有大家愛護它，柿子早沒了。

第三它是智慧之果：學生不大懂，問為什麼叫智慧之果。我說大家圍繞著柿子樹寫日記、做數學題、觀察、思考，不是更加聰明了嗎？然後我還很神祕地跟他們講，這個柿子吃下去會變得更聰明。

第四它是藝術之果：特別是到了秋天，綠油油的葉子，紅豔豔的果實妝點著校園，那一行柿子樹是校園裡最亮麗的風景線！普通的果實被賦予了真善美的涵義。那麼，這麼好的柿子怎麼辦呢？我說我們不會拿到市場上去賣掉，而是要分給大家吃的。

但是分柿子是有講究的。要先分給女同學，這是咱們中華民族一個好傳統，是不是？柿子有大有小，大家都要大的就麻煩了，把大柿子分給小同學怎麼樣？就這樣我們把柿子

分下去了。學生捧著柿子高興得不得了，有調皮的男同學恨不得馬上就啃上一口。

我說吃柿子就更有講究了：請同學們把柿子帶回家去，跟爸爸、媽媽、爺爺、奶奶繪聲繪色認認真真地講一講「八個柿子樹」的故事，考一考爸爸媽媽能不能記住四大涵義，然後全家人一起分享這個精神文明之果。就這樣，柿子樹的故事在五里村廣為流傳。（楊瑞清，2005）

楊校長將其想教導學生「勞動」、「道德」、「審美」、「平等」、「尊重」等等德育的價值，創造性地轉化成為栽種柿子樹、守護柿子樹、分柿子、講柿子樹故事等教育實踐，體現出來，這即是將教育價值創造性地轉化於教學實踐的良好案例。

紀淑萍（2002）為了培養學生的「感恩」、「角色取替」、「利社會行為」等特質，運用福智文教基金會推行的「觀功念恩」活動，引導學生每天撰寫觀功念恩日記，進行觀功念恩活動，去發現他人對自己的好，感謝別人的恩情，這也是一個將其「感恩」的教育價值，創造性轉化於教育實踐的案例。

我訪問的一位創意幼教教師，也談到她在「教寫字」上的創造性轉化，因為在發展理論中，強調不要在幼兒太小的時候，教他們寫字；可是許多家長害怕孩子輸在起跑點上，因此如果老師不教寫字，就會面臨家長的質疑，甚至因而轉學，造成招生上的困難，當面臨「理念」、「現實」與「家長」的相對立場，這位幼教教師創造地轉化了這個難處：

「……有些家長在我剛來第一年的時候就說：『老師！你們都沒有在教寫字』怎麼樣的，我就說不行啊，我們的專業成長告訴我們說不可以教，後來我就不教，後來好像才半年吧，就轉走了五、六個，就是不讀了，我就發現這樣下去也不行，區域性的特色是不一樣的，我就跟自己說那我可不可以用一種比較創新的方法，讓孩子可以很快的學會，然後可是不會造成他們心靈的一種傷害這樣子，然後又可以讓家長得到滿足，然後我本身的專業又不會受到影響這樣子，然後我就開始想說我如果要教，我要怎麼教？……」（林偉文，2008）

數學，也是很多孩子害怕的科目，在我訪問的一位國中數學創意教師就提到，當她用傳統的方式教數學時，一些學生始終是教室的「客人」，上課時他們不搗蛋，趴在桌子上睡，已經是對老師最大的幫忙；可是她看到這樣的現象覺得很難過，覺得應該要做一些努力，讓這些孩子也對數學感到興趣與勝任，於是他發揮創意，將教學與生活結合，成功地轉化了枯燥的數學教學：

座標圖教學：「……那時候發生九二一大地震？用我們L市為主角，然後用九二一為主軸，然後就有一個故事，有一個轉學生小紅她家住在L王朝那邊倒了，她轉來關山國中讀書……部編版數學教科書的直角座標教學都一樣，就是學生座位圖，這個人是第幾行、第幾列；然後我也是類似這樣，我會把全班學生的名字放在座位圖上，然後問：『小紅

她轉學到一年九班，因為她很需要照顧，轉學生的座位應該得到很多幫忙才行，你們覺得她應該坐在誰旁邊？』……第一題我就會問學生說：他坐在哪個位置？學生他就會自己去定位置，每一組都不一樣，因為我是開放性的問題，所以每一組都不一樣，所以有的人說坐在班長旁邊、有的人說坐在開心果旁邊，然後就類似這樣，只是說部編本的比較抽象，它直接就點出來，那我們可能就是讓學生用自己的例子……」

線性方程式教學：「傳統是直接教線性方程式，我則不是，我會請學生去量自己的腳長、自己的身高，然後量同學的腳長、同學的身高，然後討論出這一組身高的線性方程式是什麼？我覺得最大的不同就是在這裡，部編本就是給你既有的的資料，然後告訴你這樣算，那我們就是用學生自己的資料，讓他自己去推，那我們去引導他說怎麼去推出來，比較不是我們去告訴他說你要怎麼解，而是讓學生自己去推敲出來……」（林偉文，2008）

受訪的一位創意教師，將「學生」轉化為「老師」，用他自己的生命故事，來教導其他同學永不放棄的生命韌性：

「……有一個小朋友是今年總統教育獎的得主，他全身上下都不能動，他是個肌萎症的孩子，可是你看他永不放棄！他到一年級去講故事，他全身上下不能動，他怎麼去講故事？他只剩這隻腳可以動，就用它來操縱那個滑鼠，很偉

大，其實真的不容易耶！後來我們就一個生命教育的課程！
我們讓其他小朋友真的去操縱看看那個機器，根本沒有辦
法，沒有辦法控制；這位小朋友全身都萎縮了，只剩這支腳
趾頭可以動，可是他不放棄，用生命寫故事，真的是這樣
子。甚至於說他後來得總統教育獎五萬塊，有五萬塊的獎學
金，他兩萬塊捐給一個輔具公司，因為他從小就用輔具，那
三萬塊就在學校成立一個獎學金，準備給畢業生……」（林
偉文，2008）

另一位小學創意教師，則是將美術課，轉化為生活美感的培養，
從自己的服裝搭配，如何做一些變化使其更有美感，將枯燥的技法練
習或美術原理，轉化為生活中隨處可見、現學現賣的生活實物。而從
其談話中，也可以發現，這位教師將鑑賞美學的教學理念，轉化為透
過生活事物的美化與美感教學。

「……我上課大部分屬於較生活化的，我就說，你的書
包可以怎麼弄，你怎麼去畫一畫，加個鈕釦、加個什麼的
……那你的褲子可以怎麼樣去改變，然後你的 T-shirt 怎麼
弄、帽子怎麼弄……這樣的話，生活化，因為你這樣讓學生
覺得，藝術其實不會很遠，鑑賞美學你就是放在生活上。然
後你自己就是品牌，為什麼，因為你站出去，你給人就是代
表你的品牌……看到品牌的美感是要從小扎根的……你上學
的時候，你有沒有想說要怎樣搭配衣服？……不一定要找名
牌，而是你要懂得怎麼搭配；這部分我覺得，你會知道原來

藝術的力量、美學的力量多棒。而且，你在身上有創意的東西，人家對你就印象深刻了……我覺得我大概就是會有這些東西，讓學生就是覺得說藝術美學就是用在生活上面，而且是非常重要的……我的課程裡面有很多就是，你在家裡布置家裡，講一些色彩學。然後，你要跟爸爸、媽媽改變衣服……我都教他們要從家裡去做，因為，你這樣就會很實踐……你家裡做了什麼改變，改變前拍一張照片，改變後再拍一張照片，回來就跟大家分享。」（林偉文，2008）

第三層次的創造性轉化：逆境的轉化

　　教師第三層次的創造性轉化，則發生在其所規劃的教育實踐遭遇困境或阻礙，無法持續其教育實踐，或無法達成教育目標時。教學情境充滿了困境與挑戰，教師需要了解問題情境，運用新奇且有意義的方式詮釋所遭遇到的困境，也就是在創造力研究中，經常提及的重新定義問題，透過對問題新奇且有意義的詮釋，將可以導引出創造性的問題解決策略；即使無法立即解決問題，亦能透過對教學困境的創造性轉化，降低對自身內在動機的傷害。

　　楊瑞清校長在 1990 年代初期，面對教師出走、流動率高、得力助手的調走、體弱多病的低潮階段，使其為鄉村孩子謀求最佳教育機會的價值，受到嚴峻的挑戰，苦思不得農村小學的出路，透過深入實踐與深刻反思，從陶行知教育思想中，創造性地轉化出「聯合」的概

念，要走聯合、開放的辦學之路，透過跟其他學校、社區機構與功能的聯合，開始鄉村教育實踐（楊旺杰，2004）。

2005 年度由全國教師會及《講義雜誌》主辦的 Power 教師獎得主，彰化縣光正國中數學教師陳美伶老師回憶：

> 「那年暑假在彰師大進修回到學校後，我希望在數學的教學方法有所改變，因此我開始使用討論、由學生主動探索等比較創新的教學方法；沒想到，家長強烈反彈，甚至打電話給教務主任，希望他的孩子能夠轉班；教務主任也要求我改回原來傳統的教學方式；我懇求教務主任給我機會，並且承諾如果在第一次段考後，如果學生成績不好，我就改回原來傳統的教學方式；沒想到，我們班的數學成績在那次段考中是全校最高的。」（公共電視，2005）

一位國中體育老師，為了進行體育的資訊融入教學，可是遭遇了設備不足與使用不便的困境，於是他發揮創意，轉化了這樣的困境，反而產生了創意的產品：

> 「我每次帶單槍跟電視在那邊組合是很麻煩的，又沒有架子……自己去克服，我自己就釘一個推車，移動式，推車來講怎樣有造型一點，因為我喜歡工藝，我就把他做有造型一點，然後變成一個『組合金剛』[1]，折起來變成一個推車，

---

1 坊間流行的玩具，可以將各種形式的的工具（如：汽車）變形為機器人。

我就可以推到各個地方去上課了，那只是克服我當時教學的一個困境而已，並不是困境，或我認為說是改建，因為不同的方式就不同的，不同的設備嘛，慢慢的支慢慢的支，那經費一直支持嘛，那你缺什麼，那時候我要訂做一個推車，學校沒辦法讓你買，但是，那我說我自己做……」（林偉文，2008）

在我訪問的一位小學美術老師，希望能夠教導同學學習影片的製作與剪輯，但由於他傑出的創意教學表現，造成其他教師的側目，而聯手占去電腦教室，使其無法使用，但這位老師創意地轉化了因為同儕的排擠所造成的困境，仍然實現其教學的目的與理想：

「有時候有的老師就會通通都去簽掉（電腦教室使用）……他們也會有一些集團會起來，譬如說，他們那幾位老師就會集團，然後去把那個占掉……雖然他們不一定需要……可是也因為這樣你就會解決問題，你就用其他的方式……那有很多的方式解決……你很認真你很用心，因為我上課時間不夠，那我都會用中午睡午覺時間，我就用睡午覺時間，禮拜二、禮拜四、禮拜五，你們都到英語教室，不是電腦教室，我怕電腦教室給他們占到，我就把六台電腦放在英語教室。那個教室是沒有人用的……」（林偉文，2008）

由上述幾個案例可以發現，楊校長和幾位創意教師，均創造性地轉化了他們所遭遇的困境，進而實現其教育價值；楊校長創造性地運

用了聯合的概念，開啓了鄉村教育的新頁，而陳老師則是創造性地運用創新的教學方法，並且透過承諾，取得教務主任的信任，達成了其教育價值；另兩位創意教師則創意地透過困境，而激發出新的創意。

山不轉路轉

從上述實例，我們可以發現在教育信念、知識與教育實踐之間，需要透過「創造性轉化」以轉化信念與知識，並且透過創造性轉化，將教師的知識信念融入於教育實踐之中，並且在教育實踐過程中遭遇困境時，能夠創造性轉化困境以實踐其教育價值。

在華人傳統俗諺或經典中常有：「吃苦當作吃補」、「山不轉路轉」、「路是死的、人是活的」、「盡信書，不如無書」等等，都顯現了華人在環境中的轉化特質，教師為了實踐自己的教育價值與信念，透過「創造性轉化」的歷程，整合環境、學生與現場各種狀況，將其信念轉化成為教育實踐的行動，進而實現其價值。一如在峰迴路轉山路中前行，無論路如何崎嶇蜿蜒，常常在不斷努力尋找路徑往目的地邁進的過程中，轉眼條見教育價值的家鄉。

參考文獻

公共電視（2005，11月22日）。這些人，那些人——模範教師（第93集）。台北：作者。

呂金燮（2008）。近讀與遠觀——教育實踐的若水智慧。國科會專題計畫。

林偉文（2008）。教師創造力之系統觀點——學校、社群、個人與創意教學。台北：心理。

紀淑萍（2002）。在國小實施觀功念恩教學之行動研究。國立屏東師範學院國民教育研究所碩士論文，未出版，屏東。

楊旺杰（2004）。校長的道德領導——基於浦口區行知小學的個案研究。南京師範大學經濟與教育管理研究所碩士論文，未出版，南京。

楊智先（2007）。教師社群互動、工作希望感受與創造性轉化之關係——量化模式建構與典範案例分析。國立政治大學教育研究所博士論文，未出版，台北。

楊瑞清（2005）。八棵柿子樹的故事。2007年12月31日，取自 http://www.tzsy.cn/dy/detail_6404.html

詹志禹（2003）。課程創新與教師的自我創化——系統演化的觀點。教育資料集刊，**28**，145-173。

甄曉蘭（2004）。課程理論與實務——解構與重建。台北：高等教育。

Beghetto, R. A., & Kaufman, J. C. (2007). The genesis of creative greatness: Mini-c and the expert-performance approach. *High Ability Studies, 18*, 59-61.

Garcia, J. D. (1991). *Creative transformation: A practical guide for maximizing creativity*. Ardmore, PA: Whitmore.

Dewey, J. (1938). *Experience and education*. NY: Collier Books.

Mayer, R. E. (1999). Fifty years of creativity research. In R. J. Sternberg (1999), *Handbook of creativity* (pp. 449-460). NY: Cambridge University Press.

Shulman, L. S. (1986). Those who understand: Knowledge growth in teaching. *Educational Researcher, 15*(1), 4-14.

作者簡介

林偉文

　　大學和碩士班階段，一心想要成為一個幫助他人成長的人，念的是教育系，卻一腳跨入臨床心理學的世界；直到博士班，回首教育，希望透過教育的歷程培育出健康、且不斷成長的人，並投入教師創造力研究，探究教師如何發揮智慧與創造力，實踐教育的理想。

7. 與孩子同行——
特殊需求幼兒家長的親職實踐

柯秋雪 助理教授
台北教育大學特殊教育學系

前 言

這一章主要的目的不僅在了解特殊需求幼兒家長親職教養的心路歷程，我也將從家長賦權（parent empowerment）的角度看我們家長的轉變、他們所需要的支持系統及與歐美特殊需求幼兒家長的差異。

隨著歐美對於特殊教育的推行，特殊需求幼兒家長參與（parent involvement）、家長訓練（parent training）日益受到重視，他們的心路歷程與教養的故事躍然紙上，栩栩如生的呈現在讀者面前。有的家長不再只是扮演令人同情的角色，他們宛若專家敘說自己本身的經驗，並提供自己教導特殊孩子的策略給有類似需要的家長做為參考，真實呈現了家長賦權的一面。

國內坊間也愈來愈多的特殊需求兒童家長的心路歷程與教養故事，他們不再只是呈現悲情的一面，而是勇敢面對孩子是有障礙的事實，積極創造人生。晃成婷（1997）在《我的女兒予力——一個唐氏症家庭的生活紀實》一書中，從一位唐寶寶的母親之心路歷程，記載

著由最初的悚驚不安，期盼孩子沒有問題的心裡吶喊：「如果予力是個正常的孩子多好」（頁10），到拒絕相信，封閉自己整整四十天，繼而勇敢的走出心靈的黑暗期，坦然面對承認「予力和別的孩子不太一樣，她是唐氏症兒」的動人記實故事。我們看到了一位滿懷感激充滿母愛的呼喊：「擁有予力我很滿足，我很肯定我要予力，她是我的所愛。」從自己的親身經歷，晁成婷看到了台灣社會政策對待弱勢團體的不公，她鼓勵殘障兒的父母，「在拒絕的環境下，鼓勵自己快樂起來」（頁112），從她記錄教養予力的自我賦權歷程，也鼓勵其他唐氏症家長賦權，走出黑暗。

而林美瑗（2006）的《慢飛天使——我和舒安的20年早療歲月》一書中，一開始的敘說就震撼人心，尤其當醫生診斷出舒安患有「先天性胼肢體發育不全症候群」，並指出「這孩子會拖累你們一輩子的！如果你們堅持要救她，也許會傾家蕩產……而且還不見得會好起來！……算了吧？反正你們還年輕，再生就有了」（頁43）。這個診斷的結果對林美瑗和她的家庭宛若晴天霹靂。雖然林美瑗的命運自舒安出生後就改變了，一開始無法置信她的二女兒是重度身心障礙者，但是她愈挫愈勇，她說：「舒安是上天賜給我學習生死功課的寶貝。」抱著堅毅不拔的毅力與勇氣，林美瑗對著舒安說：「舒安，從現在起我們一起努力，媽媽發誓一定讓妳坐起來，要讓妳『平視』這個世界，我不會讓你一輩子『仰視』這個苦難人間」（頁50）。為了替舒安尋求療育的資源，為了能一面工作，一面照顧舒安，林美瑗進入了心愛兒童發展中心當保育員；為了協助在黑暗中摸索的家庭，1996年和郭煌宗醫生成立了「中華民國發展遲緩兒童早期療育協會」（以下簡稱「早療協會」），這一路走來，她不僅達到自我賦權，也

進一步協助其他慢飛天使的家長提升賦權的能力。

　　晁成婷與林美瑗展現了國內特殊需求兒童家長的家長賦權，但是大多數的家長在親職教養的實踐歷程中還是不能展現賦權，他們仍然需要專業人員的協助。以下我將首先說明親職實踐的內涵，然後探討特殊需求幼兒家長的壓力與調適、需求與支援系統，最後再從賦權的觀點談特殊需求幼兒家長的親職實踐及其和歐美不同之處。

親職實踐的內涵

　　在生命的歷程中，父母是個人接觸最早、最頻繁、最密切，也是最重要的人物之一。親職實踐就《大辭典》逐字的解釋：「親」主要的是指父母；「職」指的是職守、本分，也就是家長的責任；「實踐」乃是實行，實地去做與執行（三民書局，1985）；親職實踐的意義就是父母責任實地的執行。身心特殊需求幼兒家長的親職教養事實上和一般幼兒的家長沒有兩樣，但是特殊幼兒本身獨特的特質與其衍生的狀況，常讓父母束手無策，可能造成心理、生理與經濟壓力，影響孩子的健康與發展、親子的互動，甚至影響夫妻與家庭的生活。目前不論學前特殊教育或早期療育的相關專業人員已認知家庭的重要性，皆強調以家庭為中心的服務（柯秋雪，2006；Dunst, 2004; Feldman, 2004），除了顧及家庭的需求，家長親職的功能也受到重視。從我在德國早期療育到宅服務或是在國內相關的研究和實務經驗中發現，特殊需求幼兒的服務模式，無論個別療育、小組教學、家長諮詢都強調家長的參與，親職教育的提供更是幫助家長賦權不可或缺的要

素。而且更重要的是，親職教育要落實到生活中的實踐，才能回饋到孩子與家長的身上。

親職的角色

　　親職的角色指的就是母職與父職的角色。在依附關係上，像Bowlby 與 Spitz 都強調兒童早年母親關愛的重要性（Bölling-Bechinger, 1998; Klein, 2002）。Freud 與 Erikson 也認為，母子的依附關係影響子女人格的發展。不論社會建構理論或生物決定論，都提及生育、養育、情感的支持是母職的內涵（何華國，2004）。不過，母子關係現在已擴展到親子之間；具體來說，子女的教養責任由母親擴及主要照顧者。

　　許多學者提出了不同理論基礎解釋親職的角色。Bandura 認為，父母提供良好示範與正確的行為模式，可提供子女觀察與模仿；Vygotsky 主張「鷹架」（scaffolding），父母在此建構一種支持孩子的系統，依孩子目前的能力，合宜的提供孩子精熟活動所需的協助，並在他們能力逐漸增加時，要他們負起更多的責任；生活週期理論則強調親子的互動關係和家庭生活息息相關，個人發展與家庭發展需彼此適當的調適（蔡春美、翁麗芳、洪福財，2005）。Bronfenbrenner（1979）在他的生態系統觀點中強調，人類發展受多重環境的影響，對個人來說，家庭是一個與個人關係最密切的微系統（microsystem）。依據家庭系統理論的觀點，家庭是一個全面性的系統，家庭每一個成員是互相聯結與互相依賴的，家庭任一成員的狀況都會影響

其他成員；在這中間的親子關係是最緊密的。

另外，學者 Hacking（1999）指出，母職與父職是社會、文化與意識形態的產物。十七世紀的美國，家庭中的教養，甚至婚姻的決定，都受到新英格蘭傳統父權的影響；十八世紀西歐、英格蘭和美國則逐漸形成孩子養育和道德發展應該是母親責任的信念（Mintz, 2007）。1970 年代有了改變，強調共同親職（co-parent）的概念，母親與父親的角色在許多地方是平等，可以互相取代的，雙方應該共同教養孩子，而且要以同樣的態度對待子女（Pleck & Pleck, 1997）。在歐洲，尤其是中歐，社會期待下母親的圖像（image/das Bild）強調的是無我、自我犧牲與奉獻的母愛（Badinter, 1992）。今天的美國媒體受到女性主義、婦女運動的影響，對於父親的圖像從養育的父親到男性也能扮演「母親」的角色，必須和母親一樣做家事、照顧孩子；母職與父職對於孩子的責任如同柏拉圖的理想一樣，是歷久不變的真理（Mintz, 2007）。隨著時代的變遷，「親職」這個名詞漸漸取代父親與母親的分野，教養孩子不再只是母親的責任，父親對孩子的重要性也是不能被取代的。

傳統的中國社會，俗語說「男主外，女主內」，教養孩子的責任多在母親的身上。近年來，雖然勞動市場結構、家庭經濟與傳統性別角色的變遷，女性的經濟地位顯著提高，個人擁有的資源對於在家庭的地位有決定性的影響，男性也逐漸參與家務；但已婚的兩性在傳統的家務分配仍然不平等，而且女性工作受到家庭的限制仍然相當大（許靖敏，2002）。不過，整體來說，台灣到了 1990 年代，父職與母職已經開始有共同和重疊的地方，父母都有生活照顧、子女管教（行為輔導、課業指導等）、情感支持與經濟支助等多元的角色（林

杏芬，2006）。

特殊需求幼兒家長的親職角色和一般家長沒有兩樣，但是特殊需求幼兒獨特的特質，帶給家長更多的照顧時間、管教的困難、經濟的壓力、心理的不安和抗拒。在台灣家庭結構、權力和家庭兩性角色下，母親還是主要負擔家事與照顧心智障礙子女的人（周月清，1998）。

親職實踐的內涵

親職實踐通常是家長本身持有的親職信念（belief）。信念的系統包含：世界觀（world views）、價值（values）和優先權（priorities）（King, Zwaigenbaum, King, Baxter, Rosenbaum, & Bates, 2005），而親職信念是家長對於有關孩子責任、為人父母的認知觀點。親職信念的內涵包含父母對學習的信念、父母對養育的責任、父母所持的價值觀。家長所具有的親職信念將落實在他們行為的實踐中。

陳雅玲（2006）指出，家長親職實踐的層面包含：經濟支持、生活照顧、教育指導、健康維護、安全保護、資源提供、關懷和諧、休閒陪伴、問題解決與穩定環境。家長親職實踐不僅包含父母的責任，如養育、安全保護、生活照顧、經濟提供、維護身心健康、促進發展、必要範圍內管教、懲戒其子女；法律也規範了不適任父母的避免，必要時並停止部分或全部親權（《兒童及少年福利法》第48條；《兒童及少年性交易防制條例》第20條）。針對發展遲緩兒童，法律也明定了父母的責任（《兒童及少年福利法》第23條）。

　　親職實踐深受個人生活習慣和文化經驗的影響；因此，每位一般幼兒家長的親職實踐經驗不同。每位特殊需求幼兒家長也有不同的親職實踐經驗，而且自身所遭遇到的衝擊絕對比一般的家長來得大。

特殊需求幼兒家長親職實踐的壓力與調適

　　特殊需求幼兒家長在親職實踐的歷程中，因孩子的障礙或其他特殊需求，可能造成家長長期的壓力和負擔。Marsch（1992）曾說，這種壓力會造成家人主觀和客觀的負擔，主觀的負擔是指家有殘障兒所引發的情緒效應（emotional consequences），如否認、驚嚇、憤怒、悲傷、罪惡感、不安、沮喪、矛盾、恐懼等情感；客觀的負擔是指因殘障而對家庭所造成的實質要求（reality demands），如對家庭功能與活動的限制、照顧的需要、財力的負擔、對父母身心健康不利的影響、婚姻的衝突、帶給同胞手足的困難，問題並隨著殘障的程度愈高而愈嚴重（引自何華國，2004）。

　　如同林美瑗（2006）一開始知道她的女兒舒安患有「先天性胼肢體發育不全症候群」時悲痛的心情：「這晴天霹靂的消息，粉碎了我的夢想！讓我從雲端上掉下來，狼狽不堪」（頁 43）。而當醫生告訴林美瑗他們夫妻孩子的問題之後，「我們震驚過度，一時反應不過來。不久，我開始哭，一直哭泣……」（頁 43）。

　　在實務的工作中，常見發展遲緩兒童的家長，因為孩子的障礙不明顯，甚至孩子時好時壞，家長常處於不安、恐慌、矛盾的糾葛情結之中。此外，特殊需求兒童的家長，尤其是重度、罕見疾病兒童的家

長常面臨為了照顧孩子，被迫選擇單薪或更換工作；甚至因長期醫藥的負擔過高，家庭經濟不堪負荷（陳怡如，2002）。因為特殊需求兒童自身獨特的特質所衍生的身心障礙問題或發展上的問題，需要家長一天中大多的時間去照顧他們（Bruder, 2001），常帶給家長教育與教養的壓力（李美銀，2002）。特殊需求兒童的家長認為，照顧孩子是一輩子的責任，擔憂萬一自己過世，孩子的未來如何安置；有些孩子即使已安排就業、就醫，家長仍不放心（陳怡如，2002；Nachshen, Woodford, & Minnes, 2003）。

晁成婷在聽到醫生宣布自己的孩子是唐寶寶，終日以淚洗面，不知道為何蒼天給她這樣的孩子，要不要這個孩子呢？想到她孩子的未來更是憂心忡忡，甚至希望若是予力不是她的孩子，滿月以前就死掉；但是這樣的念頭卻又讓她自責不已。

> 　一生智障、友伴嘲弄、社會排斥，尤其父母死後她將如何自己生活？……種種無解的難題，我該怎麼辦？當時我真是痛苦極了！想愛她卻不敢愛她、想要她卻不敢要她，懷裡實實在在抱著她，內心裡，一切卻是那麼的不確定，究竟該留下她還是送走她？更加上，她當時因不明原因體溫不穩而住進加護病房的保溫箱，小小的身軀、頭、手、腳都插滿了針管，微弱、急促地呼吸……見她安靜的躺在那兒，生命於她似風中燭火。記得，每到餵乳時間，眼見婦產科病房的母親們，個個抱著自己的孩子，親膩的逗弄餵乳，只有我，遊魂似的背著雙手在醫院長廊裡四處晃盪……。我充滿愧疚、度日如年，甚至幾度想自殺。有一天，我終於想到一個解決

的辦法了。我抱起女兒，對她說：「來，我們互相約定吧！如果妳不是我的孩子，請妳滿月以前就趕快死掉；如果妳注定是我的孩子，請妳一定要努力讓自己強壯、長大！好嗎？」女兒並不回答我，只是安靜地眨眨純真無邪的眼，望著我～啊！心如刀割！人說虎毒不食子，我似乎比虎更毒！天底下竟有像我這樣的母親？竟然詛咒自己的初生孩子早死！我只能一次又一次的抱著孩子痛哭。（晁成婷，1997，頁4-5）

而中國人非常重視他人對自己的反應或社會的期待、愛面子（周月清，1998）、怕家醜外揚（蔣明珊、沈慶盈，2000），無形中承受更多的壓力。

國內外研究常將家長面對特殊需求的孩子—尤其是身心障礙的孩子—的心理反應以心理歷程的階段呈現出，幾乎是從震驚、懷疑、否認、憤怒、妥協、許願、失望至最後的接納（何華國，2004；劉毓芬，2003；Jonas, 1996; Schuchardt, 2002; Turnbull, Turnbull, Shank, & Smith, 2004）。雖然家長對這些心理調適的歷程所費的時間不一，但是歷程卻是大同小異。不過，在家長的心路歷程中，即使已接納自己的孩子是身心障礙者，其情感也不免陷於糾葛之中，也免不了捫心自問：「爲什麼是我？」其悲傷的情緒有時仍難以排遣與化解。

我以爲我重新找到勇氣和力量來承擔這件事情。但是，不知爲何，我經常一邊微笑看著予力，一邊淌著憂黯的淚水。一種不斷的、憂憂的悲傷，猶如煙嵐般時濃時淡的籠罩

心頭，會散不開，令我難以排遣。我傷心嗎？我爲何還繼續
傷心？我不是已經完全接受予力是個唐氏症兒的打擊了嗎？
（晁成婷，1997，頁 10）

　　針對特殊需求兒童家長的壓力調適，相關專業人員除傾聽家長的
心聲、給予心理支持外，並提供家長成長團體方案、心理諮商等協
助。不過，最重要的是特殊需求兒童家長如何調適自己的壓力。不論
是提升自我的效能（劉毓芬，2003；蔡孟芬，2006）、穩固婚姻關
係、尋求資源與教養策略或處理人際的問題（游淑媛，2006），特殊
需求兒童家長的調適能力，除了和本身的人格有關外，深受家庭信念
（family belief）是否具韌力（resilience）的影響（King et al., 2005）。

特殊需求幼兒家庭的需求與支援系統

　　即使近年來服務強調家長賦權，大部分的家長都有他們的特殊需
求，並且需要外界的支援與協助。針對需求評估的內容並無一致的定
論。整體而言，特殊需求兒童之家庭的需求包含醫療、教育與社政等
方面，多元的需求內容涵蓋經濟、專業、資訊、諮詢、精神、無障礙環
境等多方面的支持（王天苗，1993；周月清，2000；林惠芳，1993）。
　　除了了解家長的需求之外，建構特殊需求幼兒家庭的支援系統是
非常重要的。《特殊教育法》第 24 條明定：「就讀特殊學校（班）
及一般學校普通班之身心障礙者，學校應依據其學習及生活需要，提
供……家庭支援、家長諮詢等必要之教育輔助器材及相關支持服務；

其實施辦法,由各級主管教育行政機關定之。」2007 年 7 月 11 日通過的《身心障礙者權益保障法》,第 51 條第 1 項指出:「直轄市、縣(市)主管機關應依需求評估結果辦理臨時及短期照顧、照顧者支持、家庭托顧、照顧者訓練及研習,及其他有助於提升家庭照顧者能力及其生活品質之服務,以提高家庭照顧身心障礙者之能力。」

不過對林美瑗一家人而言,當時國內尚無早期療育的相關服務,更遑論家庭的相關支援系統,她提及一開始求助無門的歲月:

> 舒安發病那一年,我們沒有任何與病情相關的資訊,也沒有醫務社工人員來做經濟關懷,身邊更沒有早期療育或特殊教育知識的朋友。到底該如何做?接下來要如何走下去?我們的擔心,無處可問!我們的困難,無人協助!我們的恐懼,得不到具體的安撫!也不知道決定救活女兒到底是對或錯?總之,就是求助無門!至今回想起來,我仍困惑這是因為我的知識不足?還是台灣在當時的背景之下,本就缺乏這類資訊支持系統?或是即使它存在,可是卻很少人知道如何使用?(林美瑗,2006,頁 47-48)

林美瑗(2006)全家在那段艱困的時期,也想盡任何方法,包括求神問卜,因為有親戚認為舒安的狀況是「祖先發怒的警訊之一」;不過,所幸她們全家仍保持和平,無口出惡言,她提及:「婆婆自始自終沒有責怪一言半句,只是默默流淚」(頁 48);而她的先生在她女兒服用類固醇治療的期間,甚至「跪在佛前為女兒『燃臂供佛』祈禱」(頁 48-49)。

　　特殊需求幼兒家庭的支持系統亦有分工具性（金錢、物質）、資訊性與情緒性的支持（蔡孟芬，2006）。若以家長本身而言，則可分為內在與外在的支持系統。自我內在支持的建立是視個人的人格與信念而定，積極樂觀者通常較能正向面對困境與挑戰；相反的，消極悲觀者則較無法面對失敗與挫折（王天苗，1994；蔡孟芬，2006）。林美瑗（2006）的積極樂觀面對生命的態度，如同她的朋友所言：「……如果不是樂觀的特質，妳想，和妳一樣處境的人，有誰能像妳們一樣過得如此快樂又有品質」（頁173）。林美瑗亦曾對她患有小兒麻痺症的朋友說：「即使遭遇不好或身體殘缺了，也要死皮賴臉活得很好」（頁180-181），這句話令我感動不已，我看到了一位勇敢母親的韌力，為了她的孩子堅定不移，為生命而奮鬥。

　　具體而言，積極樂觀的家長通常會主動尋求資源（如：閱讀特教、醫療、福利等相關書籍、家人與朋友的協助、宗教信仰等），或運用外在所提供的資源（如：參加親職教育講座、研習、成長團體、家長團體、協會等），促進自我的成長，達到家長的自我效能（self-efficacy）。而外在系統的支持則包含：家庭成員、鄰里朋友、學校、醫療組織、身心障礙機構、身心障礙社團、家長團體、宗教團體、社會福利系統等。

　　Thurmair與Naggl（2003）指出，對於特殊兒童家庭的支持可分為正式的系統與非正式的系統。所謂正式的支持系統指的是專業的支持系統，如醫療、教育、社政相關的專業人員、機構與主責單位；非正式的支持系統包含鄰里朋友、家長聚會、宗教團體等。

　　特殊需求幼兒帶給家長與其他家庭成員的衝擊與負擔是毋庸置疑的；不過，家長在調適的歷程中，也有自我效能的積極面。相關專業人

員目前在需求評估與提供支持時,也逐漸用家長正向的賦權能力看待。

　　林美瑗與晁成婷皆積極正向,主動尋求正式與非正式的資源,達到自我的效能。林美瑗認識了一些特殊兒童家長,與他們之間互相打氣、分憂問題與困難,因緣際會踏入了特教界,與早療的工作結了不解之緣,也成立了「早療協會」,為早療的工作努力,協助更多特殊需求兒童的家庭。而晁成婷與她的先生、予力之間的家庭凝聚力與綿密的關係,如同她的先生所言,晁成婷(1997)的這本書《我的女兒予力——一個唐氏症家庭的生活紀實》是「我們一起成就了你的詩和文」(見序,頁14)。她也為了予力尋求療育的資源,擔任唐氏症關愛者協會常務理事與中華民國智障者家長總會監事,鼓勵唐氏症兒童的家庭渡越生命的幽谷,並幫助社會大眾對身心障礙者及其家人多一份的了解。

特殊需求幼兒家長的賦權能力

賦權的意涵

　　Empowerment一詞在國內有諸多的翻譯,如增權賦能、賦能、充權、賦權(本文採此翻譯名稱)。這個概念發展於1960年末與1970年初,為巴西Paul Freire在開發中國家所提出的教育理念,目的是藉由識字營活動,觀察中低階層民眾在社會環境中的角色與地位,帶領他們以對話性的教育(dialogue pedagogy)與問題提問的方式(problem-posing），透過互動與深思來增進他們對於自身所出情境的洞悉，以提升其問題解決能力，增進對生活的控制，進而去除壓迫自身的障礙（張麗春、李怡娟，2004；張麗春、黃淑貞，2003）。Freire（1970）強調，賦權是讓群眾「批判意識覺醒」，乃是「傾聽－對話－反思－行動」的連續過程，在此歷程中雙方的權力是對等的，並非奪取權力控制他人，而是在權力中與他人合作，彼此共享資源（resources）與決策（decision making），以有效的改變（張麗春、李怡娟，2004）。目前賦權的理念已在歐美蓬勃發展，運用在心理學、社會工作、護理與教育的領域。

根據宋麗玉（2006）指出，許多國外學者對於賦權的概念，在個人方面著重在心理層面對自我效能、自尊與勝任感的評價；人際關係層面指個人具有溝通的知識與技巧，與他人能形成夥伴關係，得到他人的尊重，也能考量別人的需求與責任；政治社會方面則強調集體的行動力。所謂自我效能，在社會學習理論中是被用來預測與解釋行為，是指個人對其完成特定行為所需各項能力的評估，外在環境、表現行為及個人內在認知、情感、生物等因素相互作用下互相影響（張麗春、黃淑貞，2003；Bandura, 1997）。

而在我們華人文化中，Yin（2004）指出，儒家、道家和佛家亦有其賦權的概念與內涵（引自宋麗玉，2006）。儒家強調五倫，個人應謹守角色分際，在所界定的角色、社會結構與自身職責下被增強權能；講仁、恕、義，「仁」為「四海之內皆兄弟」的民胞物與的情懷，「恕」是「己所不欲，勿施於人」及經由愛、仁慈與寬恕，「義」則是努力倡導正確的事，達到具道德與公益的社會。道家著重正反力量之間的互補和平衡，如善惡、長短、存在與不存在，也強調

「無為」,在賦權的理念上強調與周遭環境的和諧,兼顧自己與整體生態的關係。佛家以「人本出發」,講禪、業障、當下和慈悲心,在修禪的歷程中,在當下將阻礙個人賦權的業障,如負面的情緒、不必要的欲求與自我懷疑,以慈悲之心幫助自己和他人開始改變和成長。雖然儒家、道家和佛家賦權的概念與內涵各有所指,但是皆強調除了修身之外,也需要考慮周遭的人與環境。

賦權是一種發展的過程,特殊需求兒童家長可以運用內外資源掙脫生活中所受到的束縛,追求自己所要的,達到自我賦權;然而賦權成功與否和生活環境、個人特質、時間等有關,重要的是專業人員與家長建立信賴聯盟,形成集體的賦權(collective empowerment)(Turnbull et al., 2004)。就特殊需求兒童的家長而言,賦權的意涵不僅在個別的層面如自我效能、自尊與勝任感;在政治社會互動的層面集體的行動能力,如組成家長團體,除提供個人各方面支持(教養、心理、資訊等)外,亦推動政策的修正或改革;而在人際關係層面,在內和家人,對外則和專業人員形成夥伴關係,互相尊重與合作。

林美瑗全家為了舒安的復健,開始了「新生活」的遷徙之旅,從台南到台北再到花蓮尋找醫療資源和療育環境。為了一面工作一面能兼照顧舒安,林美瑗進入心愛兒童發展中心當保育員,結交了特教的好夥伴,也接觸到許多其他的慢飛天使和家長。為了圓她的求知路,在四十歲那一年,她終於進入慈濟大學社工系就讀。而值得一提的是,她跟郭煌宗醫師於 1996 年成立「早療協會」,到德國、瑞士參訪,開展了對早期療育的深耕之旅。她走遍蘭嶼、金門、馬祖、台東、南投等偏遠地區,為的是推動「健康列車」兒童發展義診;也曾三度遠赴中國大陸,跟當地慢飛天使的家長們分享寶貴的經驗。今天

她在早療界非常活躍，除了「早療協會」已經在台灣深耕之外，幫助早療的慢飛天使，也成立「慢菲媽媽手工坊」，幫助特殊需求幼兒母親賦權。值得一提的是，她也積極促成「早療協會」辦理「早期療育棕櫚獎」，鼓勵全國推展發展遲緩兒童優秀從業人員，也定期舉辦全國早期療育論文大會，出版早療會訊、早療資源手冊與早療專書，提升國內早療人員的專業人力及其服務的品質，進一步愛屋及烏，協助更多的慢飛天使及其家庭。

而晁成婷對女兒予力的記錄長達七年多，其中記載予力上課的點點滴滴的詳實狀況，真實的呈現家長賦權的一面，感動了大學生立志就讀特教系，更是「幫助其他的唐氏症家庭渡越生命幽谷，也使社會大眾對於殘障者及其家人多一份了解」（晁成婷，1997，頁 191）。在予力百般遇挫的成長過程中，晁成婷認為台灣社會對殘障者而言，「大致上仍是一個拒絕的環境——不論生活環境、社會環境或是人際交往的環境」（頁 116），殘障兒的父母遇挫不懈的精神「好比希臘神話中滾石上山的薛西佛斯，殘障孩子就是那顆巨石，是他一生沉重的負擔，他明知難可也要傾力為之，再三再四的把巨石推向山頂——這個社會」（頁 116），她鼓勵殘障兒的父母快樂起來，積極向上，「殘障家庭與其沉溺在孩子的傷痛中，不如積極振作，鼓勵自己調整心帆——為了孩子，一定要努力改善台灣各種拒絕殘障者的環境」（頁 117）。

家長賦權角色的注入

早期優生學的運動（1880-1930）指出，父母一方面是障礙兒童

的資源，但是另一方面卻也是造成障礙兒童的原因，包括智能障礙、自閉症、氣喘、學習障礙及情緒障礙，尤其是自閉症常被歸因是父母引起的障礙（Turnbull et al., 2004）。上述的論點，現在已被嚴重批評是責難父母。近年來，專業人員對特殊需求家長逐漸以正向賦權的角度來看，家長的角色也逐漸轉變。家長是障礙兒童的資源、是互助團體組織成員的一份子、是促使孩子接受服務的啓動者，不是專業人員決策下的接受者，而是教導者、政策倡導者和教育決定者（Turnbull & Turnbull, 2000/2002）。而家長主動賦權的角色和國家立法與政策的推行有密切的關聯。

在美國，家長賦權的觀點從立法保障家長參與教育的機會紮根，在推動實務工作中落實。1975 年的「94-142 公法」賦予家長參與子女教育決策的權利，1990 年、1997 年修正的《障礙者教育法案》（Individuals with Disabilities Education Act, IDEA）、2004 年修訂爲《身心障礙個人教育促進法案》（Individuals with Disabilities Education Improvement Act, IDEIA），更進一步將家長的角色從服務與諮詢的被動接收者（passive recipients）成爲主動的參與者（active participants）與教育決策的制定者（educational decision makers）（Turnbull et al., 2004）。

在德國，1980 年代末期的生態理論，強調和家長的合作關係，賦權的概念漸受到重視（Speck, 2003; Theunissen & Plaute, 2002; Thurmair & Naggl, 2003; Weiβ,1999; Weiβ, Neuhäuser, & Sohns 2004）。《社會法典》第九冊（SGBIX）訂定父母參與個別化療育計畫，也訂定父母對教育安置有共同決定權。

而國內在 1997 年《特殊教育法》修法，家長的權利與義務才納

入法源之中。2004 年修訂的《特殊教育法》，已勾勒對家長賦權較清晰的藍圖，明訂賦予家長代表參與特殊教育學生鑑定及就學輔導委員會，規定特殊教育學生家長至少一人為該校家長會委員、家長應參與擬定個別化教育計畫、家長代表受聘為諮詢委員，參加各級教育行政機關為促進特殊教育發展及處理各項權益申訴事宜的會議（徐享良，2006）。

結　語

　　不論是歐美或者我國的特殊需求幼兒家長，他們對自己孩子是障礙的情感交戰，自我調適的心路歷程，為了尋求孩子的教養、相關的治療及福利的資源與支援，這一路披荊斬棘，走得心力交瘁。不過，特殊需求幼兒家長也在其中開始凝聚他們的力量，發展自己的賦權。家長賦權是一種發展的歷程，特殊需求兒童家長運用內外資源、正式與非正式的支持系統，掙脫生活中所受到的束縛，追求自己所要的，達到自我賦權；但是並不是每個人都可以和晁成婷與林美瑗一樣。如同 Turnbull 等人（2004）所言，賦權成功與否和生活環境、個人特質等有關，重要的是專業人員與家長建立信賴聯盟，形成集體的賦權（collective empowerment）。歐美的特殊教育發展較早，對於特殊教育的提供早已有較具體的政策與立法的保障，特殊需求幼兒家長教養孩子的親職實踐中，專業人員協助家長獲得賦權的方式，一方面應尊重與挖掘特殊需求幼兒家長的潛能；另一方面了解家長的壓力、需求，從早期療育中提供調適的策略與支持系統，並提供家長賦予能力

的練習（enabling practice）機會（Dempsey & Dunst, 2004），增加其親職教養歷程中的賦權能力。如何將上述的理念具體落實是我們未來要努力的目標。

不過，在美國倡導身心障礙公民權（citizenship）的概念之下，特殊需求幼兒的家長了解自己在法令中的權利，並且捍衛自己應得的權利。相對的，我國和歐美不同，在傳統華人的儒家、道家和佛家的影響之下，我們強調盡自己的本分，扮演份內的角色，強調修身及與周遭環境和諧共處。這也就是為什麼美國許多《特殊教育法》的改革是因為家長訴訟案，抗議學校與體制的不公平，形成法院的判例（case law），作為《特殊教育法》的改革依據；而我國特殊需求兒童家長與相關單位有爭議的時候，訴訟法院的情況並不多，更遑論因為特殊需求兒童案件而修改《特殊教育法》。當然，在國際間親師合作強調家長賦權、家長是有能力的夥伴之下，加上上述中國人非常重視他人對自己的反應或社會的期待、愛面子，我們現在也有一些家長希望受到額外的尊重、據理力爭他們孩子的權益，甚至不合理的要求，如鑑定安置的決定在特教班，而家長要求安置在普通班，或期待一位中度智障的孩子轉銜入小學前，要求幼教教師重點放在教孩子認知的練習等。究其原因，家長仍是不能接受孩子是障礙的事實，如果認知孩子有障礙，也期待孩子是這些經由練習而去除問題。

我在此提出了一個針對協助我國特殊幼兒家長賦權的假說，先從特殊需求幼兒家長自己本身做起，協助他們自我認知孩子是障礙的事實，如同晁成婷與林美瑗一樣，了解自身的問題，才能正視問題、解決問題。家長的心理調適，真實認知孩子的特殊需求是建立家長賦權的基礎，在這歷程中，相關專業人員依據家庭的需求提供相關的支

援，家長才能有效運用相關資源（沒有能力的家長協助提升賦權能力運用資源，有賦權能力的家長真實認知孩子的需求而合理運用資源，不過度使用資源），方能和家庭合作形塑集體賦權，發揮聯盟的力量，推動特殊教育相關政策的改革及發展。這個假說仍然需要後續研究的論證。

參考文獻

三民書局（1985）。大辭典。台北：三民。

王天苗（1993）。心智發展障礙兒童家庭需要之研究。**特殊教育研究學刊，9**，73-90。

王天苗（1994）。心智發展障礙幼兒家庭狀況之研究。**特殊教育研究學刊，10**，119-141。

李美銀（2002）。妥瑞症患童父母親職壓力、因應方式及其相關因素之探討。國立台灣大學護理學研究所碩士論文，未出版，台北。

何華國（2004）。**特殊兒童親職教育**。台北：五南。

宋麗玉（2006）。增強權能量表之發展與驗證。社會政策與社會工作學刊，**10**（2），87-116。

周月清（1998）。**身心障礙者福利與家庭社會工作──理論、實務與研究**。台北市：五南。

周月清（2000）。**障礙福利與社會工作**。台北：五南。

林杏芬（2006）。在台越籍女性配偶親職角色認知與實踐之研究。國立台北護理學院嬰幼兒保育研究所碩士論文，未出版，台北。

林美媛（2006）。**慢飛天使──我和舒安的 20 年早療歲月**。台北：心靈工坊。

林惠芳（1993）。**智障兒童家庭福利服務供需性研究──以台北市為例**。私立中國文化大學兒童福利研究所碩士論文，未出版，台北。

柯秋雪（2006）。談德國以家庭為中心的早期療育服務──以烏茲堡

早期療育中心為例。載於中華民國特殊教育學會九十五年度年刊
（頁 103-109）。台北：中華民國特殊教育學會。

晁成婷（1997）。我的女兒予力——一個唐氏症家庭的生活紀實。台
北：張老師文化。

徐享良（2006）。家有特殊兒童與親職教育。載於許天威、徐享良、
張勝成（主編），新特殊教育通論（頁 417-442）。台北：五南。

陳怡如（2002）。鐵達尼歷險記——小胖威利家庭之生命敘說研究。
國立陽明大學臨床護理研究所碩士論文，未出版，台北。

陳雅玲（2006）。建構「發展遲緩兒童父母親職實踐評估量表」。私
立東海大學社會工作學系碩士論文，未出版，台中。

許靖敏（2002）。發展遲緩兒母職經驗與體制之探討——以女性主義
觀點分析。國立台灣大學社會學研究所碩士論文，未出版，台
北。

游淑媛（2006）。一個尼曼匹克症兒童家庭的家庭動力及其因應策略
之探討。國立屏東教育大學特殊教育學系碩士論文，未出版，屏
東。

張麗春、李怡娟（2004）。賦權概念分析。護理雜誌，51（2），
84-90。

張麗春、黃淑貞（2003）。巨觀與微觀——充能與自我效能之概念分
析。醫護科技學刊，5（3），194-207。

劉毓芬（2003）。破繭而出的意義——一位自閉症兒童的母親之心理
歷程。特殊教育研究學刊，29，225-250。

蔡孟芬（2006）。生命中的一個意外——罕見疾病緩者之家庭壓力與
因應策略。國立屏東科技大學幼兒保育系碩士論文，未出版，屏

東。

蔡春美、翁麗芳、洪福財（2005）。**親職關係與親職教育**。台北：心理。

蔣明珊、沈慶盈（2000）。早期介入。載於林寶貴（主編），**特殊教育理論與實務**（頁651-711）。台北：心理。

Badinter, E. (1992). *Die mutterliebe. Geschichte eines gefühls vom 17. Jahrhundert bis heute*. München: Piper

Bandura, A. (1997). *Self-efficacy: The exercise of control*. New York: W. H. Freeman and Company.

Bölling-Bechinger, H. (1998). *Frühförderung und autonomieentwicklung: Diagnostik und interventionen auf personzentrierter und bindungstheoretischer grundlage*. Heidelberg: Winter, Programm Ed. Schindele.

Bronfenbrenner, U. (1979). *Ecology of human development*. Cambridge, MA: Harvard University Press.

Bruder, M. B. (2001). Infants and toddlers: Outcomes and ecology. In M. J. Guralnick (Ed.), *Early childhood inclusion: Focus on change* (pp. 203-228). Baltimore: Paul H. Brookes.

Dempsey, I., & Dunst, C. J. (2004). Help giving styles and empowerment in families with a young child with a disability. *Journal of Intellectual & Development, 20*(1), 40-51.

Dunst, C. J. (2004). Revisiting, rethinking early intervention. In M. A. Feldman (Ed.), *Early intervention: The essential readings* (pp. 262-283). Malden: Blackwell.

Feldman, M. A. (2004). Future directions. In M. A. Feldman (Ed.), *Early* intervention: The essential readings (pp. 339-346). Malden: Blackwell.

Freire, P. (1970). Pedagogy of the oppressed. New York: The Seabury Press.

Hacking, I. (1999). The social construction of what? Cambridge, MA: Harvard University Press.

Jonas, M. (1996). Trauer und autonomie bei müttern schwerstbehinderter kinder: Ein feministischer beitrag (5th ed.). Mainz: Matthias-Grünewald-Verlag.

King, G. A., Zwaigenbaum, L., King, S., Baxter, D., Rosenbaum, P., & Bates, A. (2005). A qualitative investigation of changes in the belief system of families of children with autism or Down Syndrome. Child: Care, Health & Development, 32(3), 353-369.

Klein, G. (2002). Frühförderung für kinder mit psychosozialen risiken. Stuttgart: Kohlhammer.

Mintz, S. (2007). Back to the history of private life. Mothers and fathers in America: Looking backward, looking forward. Retrieved November 30, 2007, from http://www.digitalhistory.uh.edu/historyonline/mothersfathers.cfm

Nachshen, J. S., Woodford, L., & Minnes, P. (2003). The family stress and coping interview for families of individuals with developmental disabilities: A life span perspective on family adjustment. Journal of Intellectual Disability Research, 47(4/5), 285-290.

Pleck, E. H., & Pleck, J. H. (1997). Fatherhood ideals in the United States:

Historical dimensions. In M. E. Lamb (Ed.), *The role of the father in child development* (pp. 33-48). New York: John Wiley & Sons.

Schuchardt, E. (2002). *Warum gerade ich ......?: Leben lernen in krisen: Leiden und glaube; Fazit aus lebensgeschichten eines jahrhunderts.* Göttingen: Vandenhoeck & Ruprecht.

Speck, O. (2003). *System Heilpädagogik: eine ökologische reflexive Grundle-gung* (5th ed.). München/Basel: E. Reinhardt.

Theunissen, G., & Plaute, W. (2002). *Handbuch empowerment und heilp-ädagogik.* Freiburg im Breisgau: Lambertus.

Thurmair, M., & Naggl, M. (2003). *Praxis der frühförderung. Einführung in ein interdisziplinäres arbeitsfeld* (2nd ed.). München/Basel: E. Re-inhardt.

Turnbull, A. P., & Turnbull, H. R. (2002). 身心障礙家庭：建構專業與家庭的信賴聯盟（萬育維譯）。台北：洪葉文化。（原著出版於 2000）

Turnbull, R., Turnbull, A., Shank, M., & Smith, S. J. (2004). *Exceptional lives: Special education in today's schools* (4th ed.). Englewood Cliff, NJ: Prentice-Hall.

Weiβ, H. (1999). Frühförderung als protektive Maβnahme: Resilienz im Kleinkindalter. In G. Opp, M. Finger & A. Freytag (Eds), *Was kinder stärkt: Erziehung zwischen risiko und resilienz* (pp. 121-141). München/Basel: E. Reinhardt.

Weiβ, H., Neuhäuser, G., & Sohns, A. (2004). *Soziale arbeit in der frühförderung und sozialpädiatrie.* München/Basel: E. Reinhardt.

作者簡介

柯秋雪

　　我出生在一個很平凡的家庭。我的父親在嘉義市的鐵路局工作，我們家就住在鐵路局內老舊的日式宿舍，放學後與假日我最喜歡的活動之一就是在鐵路局辦公室前面看火車。在德國攻讀碩士、博士的期間也和火車結了不解之緣，因為歐洲鐵路暢達，假日我和先生、女兒常搭火車遊玩鄰近的城市；寒暑假則搭火車到鄰近的歐洲其他國家旅遊，如奧地利、瑞士、法國、捷克、義大利。我喜歡觀看火車站川流不息的人群、車廂內的旅客與窗外不同地區的景色與風貌。回國在國立台北教育大學特教系任教兩年多的時間，我很少有搭火車的時間，不過我的心境宛若開火車，列車開往上課、校外教學或導生的輔導、指導研究生與研究等不同的停靠站，忙碌後回到家的休憩站，隔天再繼續我的行程。

8. 聯絡簿——
看見台灣小學教育的窗口

吳麗君 教授
台北教育大學國民教育學系／課程與教學研究所

> 不少議題等候在聯絡簿裡，打開它、面對它已經成為不可迴避的功課。

前言：一個被忽略的視角

　　不知從何時開始，抄寫聯絡簿已經成為台灣中小學現場的一個重要景觀，唯目前（2008 年 12 月）為止，相關文獻找不到聯絡簿的歷史溯源。屬於 1960 年代戰後嬰兒潮的我，就讀小學的時候沒有抄過聯絡簿的經驗。我轉而探問一些周遭的朋友：1972 年出生，在台北地區上小學的陳小姐，她在小學的時候已經有使用聯絡簿的經驗；王小姐 1969 年出生，也在台北地區上小學，她在小學的時候卻沒有使用聯絡簿的經驗。換言之，台北地區大約 1970 年代後期已經出現聯絡簿的身影。我再問 1985 至 1986 年間出生於台北地區的學生，他們都斬釘截鐵地回答：「每個人都會寫聯絡簿啊！」似乎我多此一問。但我詢問幾乎是同一年代出生於金門的學生，他的小學生活回憶裡卻

沒有聯絡簿。另一位 1975 至 1981 年在台中念小學的同事告訴我，他念小學時尚無聯絡簿這一個機制，但同學們會自備記事本抄下回家功課。而他在 1990 年進入中部的小學任教時則已經有了聯絡簿。同樣在台中大甲地區，出生於 1981 年的王老師，他在念小學時已經有使用聯絡簿的經驗。換言之，至少 1980 年代後期在中部地區的學校已經開始使用聯絡簿。有趣的是，一位就讀博士班的在職老師告訴我，數年前他在新竹山區原住民部落任教時，該校仍未使用聯絡簿。從這些很粗略的詢問，至少得到兩個暫時性的推測：第一，台灣各地區開始使用聯絡簿的時間並不一致；第二，1970 年後期至 1980 年代在台北地區的小學已經開始使用聯絡簿，但台北之外的其它地區使用聯絡簿的年代則稍晚。

如果上面的這個推測不會太離譜，那麼聯絡簿存在於台灣的小學現場至少已經有三十年左右的歷史。目前台灣的許多小學生早上進入教室的第一件事情就是「抄寫聯絡簿」，而許多老師在空堂時第一件事就是改聯絡簿，這麼一件在時間上具有高優先性的工作，同時又擁有近三十年歷史的教育現象卻不見系統的研究，因此本探究以這一個有趣的台灣教育現象－聯絡簿－做為探究的起點。借用 Vygotsky（Harry, 2005）的視野，我把家庭聯絡簿視為一種中介（mediation）、一種文化工具（cultural tool），透過這種文化工具的仲介，學生的學習以及親師互動、師生互動都受到不可忽略的影響。此外，聯絡簿也是觀看小學教育的重要窗口，透過這一扇窗牖，我再次瀏覽許多熟悉的景緻，但也看見新的風光。

本文以日常通用的語彙「聯絡簿」行文，惟觀諸各校所使用的簿本封面，卻有各種不同的名稱，如「家庭聯絡簿」、「親師聯絡

簿」、「家庭生活聯絡簿」、「小博士聯絡簿」等等。至於其內頁的形式設計在大同之外仍有小異。本研究以「聯絡簿」為媒介,換言之,看到的不僅是聯絡簿的內涵,透過這一個窗口,我希望看見的是台灣小學教育的圖像。從家庭聯絡簿可以窺見小學教學和學習生活的一部分,繼而可以勾勒出生活在台灣的這一代,我們對於學習或者教育相關議題的信念與價值。教師藉著聯絡簿所給予學生的各項任務,除了反映出教師自身的教育理念,也滲透、參雜著家長的期待、學校文化的形塑等等。人做為文化的動物有一個特點,怎麼相信就怎麼生活(李河,1998,頁79)。那麼從這些聯絡簿中,我看到這一代台灣人就教育而言,相信些什麼呢?換言之,藉著聯絡簿我看到什麼教育的價值或信念呢?在回答這個問題之前,我要先簡要說明我的探究方法。

研究方法:如何看

檢視小學生的聯絡簿是本探究所使用的主要方法,換言之,文件分析(document analysis)是本研究所倚重的。在文件分析之外,訪談協助我了解一些聯絡簿之文字背後的深層意涵,以及解讀文字所面臨的困惑。訪談的對象包括老師、家長及擁有本文所分析之聯絡簿的學生,惟並非每一本聯絡簿背後的這些關係人均能接受訪談。因此,碰到困惑時也會直接請教擁有豐富小學現場經驗的老師或校長們。簡言之,本研究乃以文件分析為主,以訪談為輔。

本文所檢視之聯絡簿盡量考慮其異質性,這些聯絡簿分別來自台灣本島的中部、北部、南部暨離島的金門和馬祖地區。除了公立學校

的聯絡簿，還包括私立小學的聯絡簿。這些聯絡簿的分布從一到六年級都有。另學生的學業成就表現也包含優異、中等及有待努力等三大類。此外，如新移民之子女的聯絡簿也刻意蒐集。這些文件固然無法像量化研究一樣的取其人口變項之代表性，但已努力提升所檢視之聯絡簿的差異性。目前所蒐集的聯絡簿計有四十三本，除了個人檢視閱讀其內容外，請研究助理進行簡單的項目統計，但全文的資料分析主要採用歸納分析的邏輯，以主題方式呈現。

從聯絡簿管窺台灣小學教育的圖像

從聯絡簿中我看到很多台灣小學教育的有趣景緻，囿於篇幅，本文僅先鋪陳其犖犖大者，並分別放置在「人的課程」（people curriculum）和「書面的課程」（paper curriculum）這兩個類目之下來進行描繪。在這些顯眼的圖像中，我清楚看到華人文化對小學現場的影響力道。

人的課程

小學老師的形象

在傳統私塾裡，學生入學必須拜師，老師坐在孔子的神位前，接受家長以及學生的三跪九叩大禮，在這種儀式裡，我看到「天地君親師」的展現，也看到家長以身作則來教導尊師重道。老師的定位在華人的文化裡不能框限在「專業」的架構中，不能用西方的「教師工作

契約」來界定其工作和身分。在這樣的歷史記憶和文化傳承之下，透過聯絡簿我看到這一代台灣小學教師的形象。

※小學老師不但教小孩也教成人

台北縣某小學甫開學不久，一位一年級老師將電腦打字的功課及聯絡事項小紙條貼在聯絡簿上，其中有一項如下：「發家長養生運動班招生通知」（北縣一年級顏，960902）。同一國小在期末（2007年12月5日），以電腦打字的紅紙貼在聯絡簿上，鼓勵家長參加名演說家的親職教育系列座談，講題是：「掌握成功，讓您贏得理所當然」。類似的做法在諸多小學屢見不鮮，從這一種類型的事例，我看到當前的國民小學在教導小學生之外，依然肩負起教化社會大眾的責任。

在過去一般社會大眾知識水準比較低的脈絡下，老師所扮演的角色不只是教導學生，也同時具有教導社區成人的角色，例如協助寫信、讀信，解決鄉里的爭議等等，早期的教育論述也常提到學校應該成為社區的中心。但隨著一般大眾學歷的提升，小學老師常自覺受到尊重的情形不如過往，更不太敢公然地宣稱要教育社會大眾。惟檢視聯絡簿之後，我發現：教育成人的期許及功能依然存在於小學，只是以比較間接、不明顯的方式來展現。例如：台中教育優先區的一位四年級老師在聯絡簿上以打字的方式貼了一張小條子，上面寫著：「明華（匿名）寶貝明天代表班級參加交通安全漫畫比賽，請家長多給予鼓勵和肯定，並叮嚀要帶著蠟筆、水彩用具和『自信心』，我們為她加加油。」我看到孩子的父親在當天的親師留言版寫了「寶貝加油，你是最棒的」（台中四年級王，951219）。我前後檢視明華的聯絡簿發現：他的家長與老師主動溝通時從不會主動使用「寶貝」這一個語

彙，此外，從親師的文字互動可以感受到這一位家長似乎對明華要求遠多於鼓勵。這些訊息雖然有限，但我已經隱約看到一位善於引導家長的好老師。這位老師不但在教孩子，也在聯絡簿中教導家長「親職的知能」。當然，更深層地挖掘下去，則必然涉及不同教育理念或不同教育價值的議題，惟這不是本文的篇幅所能承載的，因此暫時不做處理。

※「教」與「養」並重

「教」的部分無庸置疑是學校的重要任務，「養」：養育／保育的部分經常是被忽略的面向，但是從家庭聯絡簿的檢視，我看見小學教師肩負了相當重的養育／保育之責。以下只是少數的例子：

「免費含氟漱口水調查，明天交回條。」

（北縣一年級顏，960903）

「發下打針卡簽名繳回。」

（北縣一年級顏，960927）

同一位學生同年 10 月 1 日的家庭聯絡簿上寫道：

「明天打針。」

（北縣一年級顏，961001）

翌日，亦即 10 月 2 日，該生在家庭聯絡簿上寫道：

「今天我有打針多喝水。」

（北縣一年級顏，961002）

10 月 29 日顏生的家庭聯絡簿出現以下文字：

「明天一定要繳尿液試管（今天不要吃太甜）。」

（北縣一年級顏，961029）

10月30日顏生的家庭聯絡簿寫著：

「10/31 一大早做蟯蟲檢查，11/1 一大早再做乙次，星期四帶回。」

（北縣一年級顏，961030）

顏生10月31日的家庭聯絡簿寫著：

「繳蟯蟲小紙袋。」

（北縣一年級顏，961031）

除了上述這一些全班性和「養育／保育」有關的活動之外，以下是一些和個別學生養育／保育有關的例子，顏生的老師2007年12月18日在親師留言板上寫道：「您好：今日××體育課跌倒，多留意，洗澡時勿弄溼。」而顏生的家長也在旁邊寫道：「O.K.謝謝老師。」（北縣一年級顏，960128）。

短短的對話，可以看見該校的親師聯絡簿的確是一個溝通親師，繼而協力一起「照顧養育」孩子的有力機制。類似的案例在研究者所蒐集到的聯絡簿中屢見不鮮，下面是其它幾個相關事例。

在台北市甫入小學的一位小一學生的聯絡簿上，我看到課後班老師的留言如下：

「××媽媽，××上週可能還不習慣課後班的作息，有哭鬧的現象，不過今天就改善很多了，不但心情好，吃飯也很棒，她的哥哥也中途來看她，請媽媽要好好讚美她喲！課後班老師察×× 9/10。」

（北市一年級廖，970910）

　　此外，從聯絡簿的內頁設計，我清楚看到「育」在小學的重要性。中部一所屬於教育優先區的小學（以端小稱之），其聯絡簿的形式和內涵係由學校自行設計，而非從廠商提供的各種聯絡簿中進行選擇。因此，我猜測在設計時比較可能反映端小的需求或價值。端小的聯絡簿在「今天功課和明天應帶物品」這一個大的欄位之外，還有一欄「特別叮嚀」和「健康日記」，在「健康日記」這一欄位中含有四個項目，分別是：

1. 我的體溫，早上（　）度，晚上（　）度。
2. 望遠凝視，洗手（　）次，運動（　）分。
3. 餐後睡前潔牙。
4. 幫忙做家事。

　　雖然我拿到的幾本聯絡簿對於這一個欄位都未確實使用，有的班只對「幫忙做家事」這一項偶爾進行檢核，有的班級則每天檢視「3.餐後睡前潔牙」和「4.幫忙做家事」。但是從學校執事者的企圖可以看見：學業的學習之外，「養育」也是台灣小學中不可忽視的部分。此外，金門地區一位一年級新移民之子的聯絡簿上，老師在親師留言板上用紅筆注音符號寫著「剪指甲」（金門一年級翁，2008 年，月日不詳）。類似的諸多案例讓我看到：台灣地區的小學老師不折不扣地在進行著「教養」的點滴工程，而不僅僅是教書而已。我想起陳添球（1988）早在二十年前的研究，他進入小學以民族誌進行探究，結果發現小學老師從事極多非教學性的工作，個人發現：這些所謂「非教學性的工作」有許多和教養中的「養」有密切相關，例如：體能測

驗、指導兒童假期活動、個別談話、刷牙指導等等。如果用積極的視角來詮釋，小學教師不只「教書」也「教人」，而人是整全的，因此從二十年前陳添球進入小學所作的民族誌，到本探究以聯絡簿所做的管窺，都可以看到小學老師的確參與了許多教「養」的工作。

這個教師的圖像寓意值得討論，從教師的負擔來看，的確是沉重的，在華人文化裡扮演老師是全天候的角色，在聯絡簿上我看到導師留下手機號碼或家中的電話，有些老師會順道寫下方便的聯絡時間，如 7：30 至 9：30，但多數老師沒有特別說明。這就意謂著即使老師離開學校，並不代表已經下班。華人文化圈裡教師種種的實踐，讓我清楚看到西方教師合約的規定，無法適用於這一個「一日為師，終身為父」的文化。而「教養兼重」也是人師得以展現的沃土，如果老師從沉重的教「養」工作撤退，那麼「人師」將只能成為美好的歷史，華人豐碩的教育傳承亦將逐漸陷落。

親師之間

聯絡簿不僅是學生紀錄功課的備忘錄，它同時是親師溝通的重要橋樑之一。1960 年代英國的《在綜合中學教學》（*Teaching in Comprehensive Schools*）報告書提到：只做回家功課的紀錄（homework diary）是不夠的，除非家長和老師能進行定期的檢視（The Incorporated Association of Assistant Masters, 1967）。距離這一個報告的出版已近半世紀，在英國除了威爾斯少數學校發展出類似台灣的聯絡簿這一個機制，絕大多數學校仍停留在「回家功課紀錄」。台灣為何發展出聯絡簿？仍待進一步探究，但從實務面切入，我看到一個強有力的文化工具，把親師緊緊的繫在一起。

※老師期待家長要肩負起教導子女的責任

從北縣小學一年級顏生在寒假前聯絡簿上所貼的字條，我清楚看到學校對於家長的深切期待，以下是該寒假通知單上的文字：

> 「寒假作業後面有解答，請家長在孩子每做完一回時，即拿紅筆幫孩子批改，若有不會，可立即教導，以免過了一個寒假，孩子學過的部分，又忘光了。」

北縣五年級的陳生在聯絡簿上被老師蓋了一個長形的印，裡面的文字是：「考試成績不理想，請家長給予關心鼓勵，期能再進步」（北縣五年級陳，960104）。翌日，老師蓋了另外一個紫色的印章，文字是：「感謝家長配合！有了您的協助，孩子的進步將會更快」（北縣五年級陳，960105）。台北市二年級的廖同學，他的導師在2006年3月29日於聯絡簿上寫著「廖太太／先生：DD昨天沒交日記簿，他說不見了。今天沒交數學簿，請協助處理。」

此外，翻閱各縣市的聯絡簿之後，有一項共通的做法是：學生考卷要訂正後請家長簽名，很多老師簡稱為「考卷訂簽」。「考卷訂正」發揮學習的功能，請「家長簽名」除了告知其子弟的學習成果，也具備請父母共同督促的功能在內。在台灣小學現場密集的各種考試，密集的「考卷訂簽」讓家長很早就得面對自己子弟的學習情形，同時也建構了一個家長參與子女教育的中介。

提到考試，我想起金門某國小的老師，在考試前的聯絡簿上寫道：「請爸爸媽媽協助孩子訂定讀書計畫，複習功課，但願他們能盡

全力去準備，好好驗收這段時間自己的學習成果」（金門五年級陳，970411）。從不同的聯絡簿可以感受到老師對於家長該肩負起多少教導之責的期待是有些不同的，但相同的是老師都希望家長能一齊參與孩子的教育。看過四十三本聯絡簿後，個人覺得值得進一步探究思考的是：怎麼樣的期待是適切的？對於不同的年級、不同背景的家長是否應有不同的期待呢？

※聯絡簿是鷹架「教育村落」的文化工具

　　「教育是全村人的事」，但是要實踐這個理想需要適切的文化氛圍和結構。而聯絡簿對於建構「教育的村落」這一件事是一個有力的文化工具。翻閱蒐集來的聯絡簿，偶而會看到家長忘記簽名，老師用紅筆大剌剌地在家長簽名欄畫了一個問號的畫面。我自己的小孩念小學時，偶而會因為自己夜間上課，忙得忘記在孩子的聯絡簿上簽名。那個紅色的大問號總讓我心虛異常，它似乎提示著我不是一位盡責的好媽媽。聯絡簿讓老師對家長的教養期待有直接而頻繁的表達管道。

　　從一位甫入小學的學生聯絡簿上，我至少看到三種互動以及六種觀察。這三種互動分別是：級任老師和家長（可能多於一位）的互動、課後班老師和家長的互動、學生和級任老師的互動。六種觀察分別是：家長對級任老師所給予的各項功課或相關聯絡事項的觀察、級任老師對家長的觀察（是否簽名、是爸爸／媽媽／其他家屬簽名等等）、級任老師對課後班老師所簽註之相關聯絡事項的觀察，以及家長對課後班老師所寫的相關聯絡事項之觀察、課後班老師對家長的觀察和課後班老師對級任老師的觀察。到了中高年級之後，科任老師也加入了這一個互動及觀察的社群，複雜度也相對提升了。假如少了聯

絡簿這一個機制，上述所提到的許多互動和觀察可能還是會發生，但其接近性（accessibility）以及互動或相互觀察的頻率將大不相同。從這一個視角切入，我不得不讚許「聯絡簿」這一個看來不起眼，我們視為理所當然的小機制，在建構並溝通「教育村落」上卻貢獻卓著。

以下是出現在聯絡簿之互動的例子之一二：

> 「EE媽媽，EE這兩天都有咳嗽的現象，請媽媽再注意一下。課後班老師 WWW 9/19。」

（北市一年級廖，970919）

> 「注意拼音的三聲及四聲。課後班老師 WWW 9/18。」

（北市一年級廖，970918）

這兩則是課後班老師的留言，如果少了「聯絡簿」這一個機制，課後班老師可以打電話或 E-mail 給家長，但是這會是阻力比較大的路徑，而且孩子的級任老師也可能因此被排除在對話之外。此外，9/18 的留言，對家長及級任老師都是有意義的訊息。

2008 年 9 月 16 日 EE 媽媽在聯絡事項上寫道：「週三中午將由阿公來接回，請讓EE到傳達室等。謝謝。EE媽媽。」級任老師在旁邊寫道：「敬悉！DD 老師 9/17。」這是家長和班級導師的對話、互動。同樣的，如果少了「聯絡簿」這一個機制，家長可以打電話或E-mail 給老師，但是打電話未必及時找到老師，而 E-mail 也不確定老師是否收到郵件，這也是阻力比較大的路徑。藉著老師及家長每日必讀的聯絡簿這一個機制，親師生的溝通網絡暢通，同時也在書面上建構了「教育的村落」。

書面的課程

道德文章齊備

孔老夫子在《論語》中告訴我們:「弟子入則孝,出則弟,謹而信,汎愛眾,而親仁,行有餘力則以學文。」道德先於文章是儒家給我們的傳承,就當前小學生的學習而言,道德未必先於文章,但可喜的是,從聯絡簿我看見品德和生活教育並未被忽略。

※品德和生活教育並未被忽略

品德的重要性絕對不亞於學業成就,這是儒家留給我們的遺訓。回到當下即便西方也強調品德的重要,以《第56號教室的奇蹟》乙書的主角雷夫老師所說,一生中最重要的問題永遠不會出現在標準化測驗上,稍微提高分數並不難,但是教導誠信和道德的任務卻很難(Esquith, 2007/2008, p. 18)。從聯絡簿這一個窗口,我很開心地看到台灣許多小學老師在有限的時間以及擁擠的課程結構下,運用了多元的方式在培養學生的品德和生活教育。

在台北市一所公立小學二年級廖同學的聯絡簿中,我看到品德教育被看重的一些蛛絲馬跡,如下:4月28日導師在聯絡事項中用紅筆寫著:「本週遲到3次」(北市二年級廖,950428),在這些紅字的旁邊,我看到廖同學的媽媽寫著「會盡量提早」。在這個文字的互動中,除了生活常規的管理之外,我看到導師以間接的方式在教導「守時」的概念,而且教育家長的成分多於教導孩子。因為當時二年

級的廖同學不住在學區內，所以家長的接送是影響遲到與否的關鍵。此外，該班的導師善用各種可愛的圖章來獎勵孩子，在廖同學的聯絡簿上常常出現印有「好幫手」字樣的可愛圖章，導師透過獎勵來增強「助人」的好行為是顯而易見的。而守時、助人都是重要的品德內涵，透過聯絡簿我看到小學老師在正式課程之外為品德教育而耕耘的畫面。

此外，在台中一位小學一年級學生的聯絡簿上我看到老師用比較直接的方式來進行品德和生活教育的教學。該位教師請學生每週檢視自己一週來的各項表現，並請家長簽名配合督促。檢視的項目有十項，分別是：

1. 上學不遲到（7：40 前到校）。
2. 按時交作業，完成訂正簽名工作。
3. 帶齊學用品。
4. 努力背「弟子規」。
5. 安靜早自修（星期二安靜午休）。
6. 教室走廊不奔跑。
7. 遵守上課規矩。
8. 戴帽子安靜排隊放學。
9. 認真打掃並把掃具放回原位。
10. 友愛同學和睦相處。

（台中一年級蔡，970910）

上述每一項規準會有一至五不等的愛心，學生檢視之後給自己分

項的愛心並加總,以得知該週獲得多少顆的愛心。

翻閱許多聯絡簿之後,我看見很多有理念的小學老師使用諸多有智慧的策略在進行道德教育,一位中部四年級的老師每天請學生在聯絡簿的空白欄位寫下具有教化功能的佳言美句,例如:

心中有愛,就有力量

充分的合作是成功的重要條件

光榮之路常坎坷

要化敵為友

要糾正別人之前,先反思自己有沒有犯錯。

(台中四年級王,951219)

此外,讓學生背「弟子規」、「靜思語」等也是經常出現在聯絡簿中的項目。當學術社群擔心九年一貫課程成為「缺德」教育的同時,我敬佩台灣小學現場負責又具備專業素養的老師,以智慧來克服結構的限制,讓品德教育能在考試文化與缺乏課程結構支持的脈絡下繼續存活。當然華人豐厚的文化是道德教育得以繼續存活的重要。

※國語和數學兩科是最被看重的科目

道德文章中的文章比較接近當前學校中的學習科目或所謂的知識。「什麼是有價值的知識?」這是課程研究領域的經典問題。如果從聯絡簿中的家庭作業以及考試科目來進行分析,我很清楚看見「國語」和「數學」兩科是在小學被認定有價值的知識,同時也落實在「教師真正執行的課程」這一個層級之上。從聯絡簿的項目分析,我

清楚看見：毫無例外地，與國語和數學兩項有關的項目，分別占所有聯絡項目的第一和第二。絕大多數的情況下是國語占第一位，數學占第二位。這些項目如「考國卷 L11-L12，數習（一）p.79-p.81，查 L14 生字，圈詞 L14 等等」。

此外，從聯絡簿本身也可以看見國語文在小學中被重視的情形，例如有些老師會請學生每天利用聯絡簿的空白欄位寫上「成語以及其意涵」或者練習短篇的「作文」，有些學校的聯絡簿則利用空間印上了詩詞或佳言美句。從這些現象我看到下面幾層意義：第一：工具學科（國語和數學）是被看重的；第二：相對於過去而言，九年一貫課程固然減少了國語和數學兩科的時間比重，但檢視聯絡簿之後，我看到教師知覺課程和教師真正運作的課程不同於官方的正式課程，換言之，我看到課後學習內涵的指定，具有調節官方課程的作用。這是值得課程研究者關注的現象；第三：在小學通常由導師擔任國語和數學兩科的教學，因此國語和數學出現在聯絡簿的頻率高是可以理解的。

※絕大多數的作業形式係短程的練習

相對於放牧文化而言，我感受到台灣地區小學階段的家庭作業展現出農耕文化的特質。檢視來自台灣各地的諸多聯絡簿之後，我只看到非常少數的老師設計了長程性的作業，其餘絕大多數的作業性質是短程的反覆練習，例如抄寫生字、新詞，寫數學或國語習作等等，這個觀察和許多相關研究的結果是一致的（吳心怡，2006；李郁然，2002；林尚俞，2004；游淑婷，2007；鄭依琳，2004）。這些短程而反覆的工作宛如農夫日復一日在田間所進行的例行性工作，變化性不大，但日日得踐履，疏忽不得。也許我們也可以把這種密集的練習性

作業歸因於漢字的複雜，但是在國語科之外，我依然看不見太多長期性的方案作業。因此，我大膽的假設農耕文化的遺緒仍作用在小學階段的作業形式之上。放在悠悠的歷史長河來看，畢竟台灣脫離農業時期的日子並不長。

在目前我蒐集到的所有聯絡簿裡，只有一項是長程性的探索作業，它來自台中縣，作業內涵在開學第一週就以打字小紙條貼在聯絡簿上，詳細文字如下：

五年級五至八班小朋友本學期自然報告重點如下：
主題：星際探索
重點：封面設計1頁＋內文3至5頁＋感想及資料來源
（2處以上）1頁，報告占平時成績很大的比重，
請勿怠慢。

（台中五年級張，970214）

在訪談中，一位私立學校的老師告訴我，她所任教學校的低年級都是短程的作業，但是到了高年級他們偶爾會出一些長程的報告性作業，可惜我未蒐羅到這些聯絡簿。另來自小學現場的校長及老師提醒我，有部分科任老師僅以口頭方式規定作業，並未以文字呈現在聯絡簿上，而多數科任老師所授課目（如社會／自然）的屬性比較可能出現長程的探索作業。即便將這一個提醒放入視野，就比例來看，短程的練習性作業仍然占聯絡簿中回家功課的絕大多數。

個人主觀的覺知是：比較長程的作業擁有類似放牧文化的高自由度，給予學生探索的空間，也因此容易回應學生的個別差異。而農業

文化對於土地的感情，以及受到土地的圍限所降低的自由度，讓我們有「父母在，不遠遊」的文化價值，這一些和短程的練習性作業之低自由度有關嗎？抑或孔老夫子所謂的「吾嘗終日不食，終夜不寢，以思；無益，不如學也。」是這種基調導致強調探索的長程性作業不受青睞嗎？又或者是傳統科舉考試的形態深深銘刻在文化的集體記憶中，繼而影響到作業的形態？我仍在思索，但我確實感受到華人歷史文化傳承對於小學作業型態所發揮的影響，進一步細細釐清所有影響來源並非易事，留待有心人將來做進一步探究。

※考試文化並未成為過去

考試在當前小學生的生活世界中仍占有重要的位置，這一個觀察讓我再度肯定「過去的從未真正過去」，也想起蘇格拉底的話，他說：「不是我在執教，而是整個城市在進行教學。」借用蘇格拉底的邏輯，我看到「不是我愛考試，而是整個華人的歷史文化在考我們的下一代」。2008 年 9 月間一位來自澳洲的客座教授分享他對於台灣大學生的觀察，除了安靜不愛發言之外，大學生對於「評量」賦予高度關切，也讓這位澳洲的客座教授印象深刻。大學生關心分數、在乎評量是台灣教育現場從小烙印的結果，檢視學生的聯絡簿，讓我更清楚看到這一條烙印的痕跡。

翻閱小學孩子的聯絡簿之後，首先浮現的重要印象之一是「考試是聯絡簿中重要的項目之一」，以金門ＸＸ國小四年級某班一整個學期的聯絡簿進行簡要分析後可以發現：考試占了四十四項（14.62%），如果連同繳交成績單二項（0.66%）以及訂簽考卷二十二項（7.31%）併計，則與考試有關的項目在當學期所有聯絡事項中

位居第二，一整個學期的三百零一項聯絡事項，和考試有關者占六十八項（22.22%），其重要性可見一斑。回到台灣本島，一所以開放見稱的小學，二年級廖生在某學期的聯絡簿共有二百五十三項的聯絡事項，其中和考試有關者有二十一項（8.3%），位居當學期所有聯絡事項中第三位，其出現頻率亦相當高。

從數量的角度，我看見考試在台灣小學生的生活世界中占有舉足輕重的位置。這個現象讓我想起北歐小國芬蘭，蕭富元（2008，頁166）在文章裡說，芬蘭不以考試來衡量學生，沒有考試是為了老師能夠更專注在學生的學習過程，而不是只看到考試結果。在我們的聯絡簿中我看見老師以考試來檢核學生的學習過程，頻繁的考試也代表了老師對於學生的學習過程的細密觀察和關懷，孰優孰劣呢？我還在思考，讀者也必然有你自己的判斷。

另除了考試頻繁之外，從下面兩個現象我也再次看見台灣小學裡的「考試文化」，它們分別是：

※考試很早就進入小學生的生活世界

顏同學 8 月 31 日進台北縣的小學一年級，在 9 月 12 日的「今日功課」上用注音符號寫著：「考試本」。另一位學生在 9 月 17 日的聯絡簿上用注音符號寫著「考國聽寫」。換言之，小一學生在開學的第三個星期就已經開始接受考試的洗禮。

相較於中學而言，我原以為考試在小學生的學校生活中應該是一個比較邊陲的角色，但出乎我意料之外，考試在華人文化的支援下，即便在小學階段依然如此快速就進入孩子的生活世界中。

※在小學的生活世界中考試的分數是被看重的

顏生在一年級上學期的期末有不少的考試，每回考卷發回之後，在聯絡簿上都會記錄分數，例如：

2008 年 1 至 7 日的聯絡事項第三項是：

「發下三張考卷，我（的分數是）100、95、100 分。」

第二天 2008 年 1 月 8 日的聯絡事項第二項是：

「發下數卷，我（的分數是）100 分。」

在北縣另一個市鎮五年級胡生的聯絡簿上我看到相同的現象，胡生 2007 年 10 月 5 日的聯絡事項二如下：

「字音字形（95）分簽名。」

（北縣五年級胡，961005）

同一位學生同年 10 月 12 日的聯絡事項三如下：

「字音字形（97）分簽名。」

（北縣五年級胡，961012）

又 10 月 18 日的聯絡事項三是：

「數卷（92）分訂正簽名。」

（北縣五年級胡，961018）

胡生 2007 年 1 月 8 日期末考前的聯絡事項三寫著：

「目標分數：國（94）、社（95）、數（95）、自（96）。」

（北縣五年級胡，960108）

　　另外在中部一位四年級學生的聯絡簿中，我也看見類似的做法，該班每逢月考之前，學生必須針對各科目寫下自己的目標分數，從中我似乎看到「立志」的另一種版本。

　　這些一再出現於聯絡簿的項目，讓我得以近身看見我們文化中分數紋身的細密過程。同時也推翻了我個人在探究前的想法，我原以為需要入學考試的初中已成為歷史，因此考試不應該是小學教育的緊箍咒，但是從聯絡簿這一個窗口，我看見不同的景緻。再把眼光擺放到北歐的芬蘭，這是一個在乎教育過程而不強調考試的國度，而我們在台灣的逆向操作是以細細密密的考試來檢視學習的歷程，甚至以頻繁的考試來做為學習的途徑，不同的文化建構出不同的教育圖像。

※勤有功、嬉無益

　　從聯絡簿中的家庭作業，我清楚看到「勤有功、嬉無益」的傳統價值之展現。孔老夫子在《論語》中說了很多勸勉勤學的語言，他說：「學如不及，猶恐失之。」因此我們的孩子連寒暑假都有家庭作業，因為猶恐失之。孔老夫子在《論語》中又說：「十室之邑，必有忠信如丘者焉，不如丘之好學也。」在華人文化裡勤奮好學是被肯定。因此，日日有家庭作業，溫故以知新是很容易理解的。

　　西方國家的學校經常寒暑假就是真正的放假，老師通常不會再規定假期的功課，例如法國是案例之一（羅惠珍，2005），芬蘭也如是（楊淑娟，2008，頁124）。英國過去在小學階段根本沒有家庭作業這一件事（Hewitt, 2007）。但是台灣中小學在華人文化價值——勤有功、嬉無益——的影響下，不但平日有作業，週末作業份量增加，即使在寒暑假期間仍有作業。而且一放完長假經常就會有複習考，這

種控制的機制讓學生於寒暑假放鬆之餘仍能不斷向學，因為「學如不及，猶恐失之」。怎麼相信就怎麼生活，我在聯絡簿的家庭作業中看到華人的「相信」與「生活」。

再出發

透過聯絡簿這一個窗口，我以「人的課程」和「書面的課程」為架構，看到台灣的小學教育所湧現的幾個主要畫面如下：

1. 人的課程（people curriculum）
   - 小學老師呈現出教養兼重，不但教育學生也影響家長的形象。
   - 就親師關係而言，老師對於家長在學生教養上有一定的期待，而聯絡簿是溝通此一期待的有力中介。此外，透過聯絡簿的互動，有助於教育村落的建構。

2. 書面的課程（paper curriculum）
   - 就教育的內容來看，道德、文章二者目前仍同時存在於台灣的小學，道德和生活教育並未被忽略。
   - 就文章（知識）面向來看，國語和數學兩科是在聯絡簿中出現頻率最高的作業，而作業多數是短期的練習型態。另我意外地發現：在小學的生活世界中「考試文化」並未成為過去。
   - 「勤有功、嬉無益」的傳統價值仍然體現在當前的學校教育中，而表徵於家庭作業之上。

　　上述的畫面有些是我早已經熟悉的，有些圖像則出乎我意料之外，還有一些圖像則是過去隱而未顯，藉諸聯絡簿這一個窗口，我得以進一步看得更清楚明白。「過去的從未眞正過去」，從本研究所湧現的圖像，我看到華人的許多文化價值仍形塑著我們的小學現場，例如：我們的小學老師呈現出教養兼重，不但教育學生也影響家長的形象。這種遠遠溢出於「專業」框架的形象，來自於我們文化中人師的概念，也從「天地君親師」的傳統得到滋養和力道。我還看到「全人教育」的理念直到今日仍在傳統豐厚文化的支援下展現在小學現場，正因爲我們的小學老師扮演著「教」與「養」並重的吃力角色，傳統所謂「道德」與「文章」直到今日仍能兼顧。此外，不管考試文化抑或道德文章兼顧，乃至於「勤有功、嬉無益」的價值展現，在在都可以看見華人文化的特質展演在當前的小學場域。個人以爲這是一件值得欣喜的事，因爲華人文化在教育上一向著力甚深。

　　在欣慰之餘，如何做到「保存我們既有的文化厚度，而又能汲取不同文化視野所開展的優點」是我們要努力的方向。舉例來說，「教什麼給誰」這一個西方在討論課程設計時的核心議題（Hwang & Chang, 2003, p. 603）應放入視野，如果我們同意家庭作業也是課程的延伸，那麼就得面對「分化」的課程議題。換言之，如何因應個別差異而給予適切的功課，是我們可以思考與努力的議題之一。因爲從聯絡簿目前看不到「因材施教」給予不同家庭作業的做法。其實，這也是孔老夫子所重視的教育精神。此外，教師的投入與付出是華人文化的瑰寶，在華人文化社群擔任教師是一種志業、是一種使命。這種遠遠溢出於專業，超越於西方「教師契約」的文化，必須在各項相關的教育改革與新制度設計時加以珍視。例如當我們的小學老師連下班假

日都還開放手機給學生家長時，引進一定工作時數的「教師契約」在
表象上似乎保障了師生的某些權益，但是按照契約行事的老師和傳統
「一日爲師，終生爲父」的傳統相去何止千里，不可不愼。

　　同樣的，華人的「考試文化」有其美麗豐厚的一面，但如何因應
社會的變遷，而發展出植基於歷史文化而又能回應當前需求的雙贏做
法呢？短期練習形態的作業固然有奠定基礎及長期累積的效用，但如
何引進西方「放牧文化」的精神，讓作業有較高的自由度和探究空間
呢？在珍視認眞、勤奮的美德之餘，如何欣賞並善用「嬉」（休閒活
動）的美好？不少的議題等候在聯絡簿裡，打開它、面對它已經成爲
教育人不可迴避的功課。

參考文獻

吳心怡（2006）。**國小教師設計家庭作業理念探究——以幸福國小為例**。國立台東大學教育學系碩士論文，未出版，台東。

李　河（1998）。**文化是一個故事**。台北：書林。

李郁然（2002）。台北市國小學生家庭作業現況之研究。台北市立教育大學國民教育研究所碩士論文，未出版，台北。

林尚俞（2004）。**桃園縣國民小學家庭作業實施現況之研究**。國立新竹教育大學國民教育研究所碩士論文，未出版，新竹。

陳添球（1988）。**國民小學教師教學自主性之研究——一所國民小學日常生活世界的探討**。私立東吳大學社會學研究所碩士論文，未出版，台北。

游淑婷（2007）。彰化縣國民小學教師實施家庭作業之研究。國立台中教育大學國民教育學系碩士論文，未出版，台中。

楊淑娟（2008）。用家庭教育贏過世界。載於蕭富元等（編），**芬蘭教育——世界第一的秘密**（頁 120-127）。台北：天下文化。

鄭依琳（2004）。**國小教師教學創意與家庭作業安排創意之相關研究**。國立政治大學教育系教育心理與輔導組碩士論文，未出版，台北。

蕭富元（2008）。「一個也不能少」芬蘭教育的核心價值。載於蕭富元等（編），**芬蘭教育——世界第一的秘密**（頁 162-167）。台北：天下文化。

羅惠珍（2005）。**台灣媽咪在法國**。台北：華成。

Esquith, R. (2008). 第 **56** 號教室的奇蹟（卞娜娜、陳怡君、凱恩譯）。
台北：高寶國際。（原著出版於 2007）

Harry, D. (2005). *An introduction to Vygotsky.* East Sussex: Routledge.

Hewitt, D. (2007). *Getting rich first: Life in a changing China.* London: Vintage.

Hwang, J. J., & Chang, C. Y. (2003). Curriculum study in Taiwan: Retrospect and prospect. In W. Pinar (Ed.), *International handbook of curriculum research* (pp. 595-606). London: LEA.

The Incorporated Association of Assistant Masters (1967). *Teaching in comprehensive schools: A second report.* Cambridge: Cambridge University Press.

謝　誌

1. 感謝周遭親朋好友及學生們協助蒐羅來自各地的聯絡簿。

2. 感謝宋文里教授閱讀初稿並給予建議。

3. 感謝博士班學生顏寶月主任、王佩蘭校長及溫世展老師給予建設性的回饋。

4. 感謝接受訪談的老師、家長和小朋友。

5. 謝謝若水讀書會的夥伴們在撰寫歷程所給予的支持和挑戰。

6. 感謝國科會專題研究計畫（96-2413-H-152-014-MY3）的經費補助。

作者簡介

吳麗君

出生於窮鄉僻壤的金瓜石，就讀師專不但給了我不同的人生道路，同時也激發了我不斷追求向上的努力動機。由師專、師大至英國的 University of Bristol，一路在政府的公費照顧下完成我的學位，我深切感念這一份來自所有納稅人的扶持。我享受在教育大學的教學以及和學生的相處；至於研究，我喜歡在邊陲做探索，玩一些沒有太多人注意的現象或議題，例如本文「聯絡簿」就是一例。

9. 文化的小學徒──幼兒生活敘說中的自我、家人與社會張力

蔡敏玲 教授

台北教育大學幼兒與家庭教育學系

2008 年 6 月初，我到已經觀察了兩年的棒棒糖班問孩子一些問題，想了解他們怎麼理解幼稚園教室裡的假日生活分享：

> 我：你告訴老師假日生活分享是什麼？什麼是假日生活
>   分享？
>
> 小亮[1]：就是，
>
> 我：慢慢講沒關係。
>
> 小亮：我們去玩的才有假日生活分享。
>
> 我：喔，還有呢？要分享什麼事？
>
> 小亮：就是要分享去哪裡玩哪裡玩的事。
>
> 我：為什麼要分享給人家聽？
>
> 小亮：因為，因為人家都不知道我們去哪裡玩就要分享
>   給人家聽。

---

1 本文出現的幼兒名字皆為化名。

關於別人不知道的事情，一定要「分享給人家聽」嗎？一定有告訴別人的義務嗎？

那些孩子認為理所當然的事

連續問了好幾個孩子，都給了類似的回應，而且給得不疾不徐，理直氣壯。分享假日生活給同學和老師聽已經是棒棒糖班班級文化的一部分了，每個孩子都覺得理所當然。我花了好幾年的時間，不斷地聽著幼兒敘說自己的生活，想了解的正是這種**孩子認為理所當然的，過日子的方式**。我的理解方式不是站在孩子身旁看著他們玩耍和遊戲（事實上我也沒有這樣的權利），而是坐在教室裡，聽著他們在每個星期一早晨的假日生活分享時段裡，一個一個說著自己的生活，然後接受同學和老師的提問，回應困惑或把自己的生活說得更詳細些。從2002年開始到現在（2008年）[2]，我陸續在四個不同的教室裡聆聽幼稚園的孩子說自己的生活──聽著聽著，漸漸發現在耳際迴響的，可不只是孩子的假日生活；聽著聽著，我聽到孩子說自己，說家人，也聽到了孩子和文化的角力。

孩子敘說，無論是輕描淡寫或是巨細靡遺，都只是再現（或表

2 本文主要為〈台灣三個地區幼兒個人經驗敘說之內容、風格與主題〉（NSC95-2413-H-152-013-MY2）的部分研究成果，感謝國科會的經費補助、參與的幼兒與老師慷慨的分享，以及助理莊琬琦小姐、謝瑩亭小姐的協助。文中也採用了另項由國科會補助的研究〈幼稚園生活經驗分享活動的敘述建構歷程：參與結構與話題發展〉（NSC91-2413-H-152-004）少部份的資料。

徵）生活的文本，而不是生活本身。我沒有把生活敘說和生活混成同一件事，不過也不能否認孩子的敘說確實幫助我理解他們對生活的體驗與感受、對世界的經歷與觀點。敘說、經驗、自我與文化之間錯綜複雜的關係，論述不少；要一次綜理與細說，既不是這篇文章的用意，也超越個人的能力。這篇文章想做的，或是我想說的，包括三件不一樣但很相關的事：一是簡要地介紹影響我聆聽幼兒敘說的論述，同步也表達我對敘說的觀點；二是以幾個我自己很喜歡也很受啟發的幼兒敘說文本為例，**分享我發展出的一種分析敘說文本的方法**；三是呈現透過此種分析方法而建構的理解，即**我對幼兒敘說和文化之關係的體驗、思考與學習**。不過，文化的面向多而龐雜，本文選定幼兒生活的主要所在——家庭為主要範疇，討論幼兒在回溯與說出生活的歷程中，對家庭各種角色以及所面臨之家人社會關係的感知與回應——即，對父母、手足與自我角色的觀點，以及對親子關係與手足關係[3]的看法。

　　幼兒在生活經驗敘說中對社會關係與家人角色的敘說，能幫助我們看出什麼呢？這些年來聆聽與思考幼兒敘說的歷程幫助我看見幼兒就像**文化的小學徒**，雖然浸在文化裡按著大人的規矩說話行事，卻也有初生之犢的衝撞勇氣和探索活力。**教養力道雖是四面八方而來，幼兒迎上去，有時說得出自己創生的台詞，而且振振有詞，絲毫不是只照著文化腳本演出的規矩演員**。我想分享的正是此種從幼兒敘說裡聽到的精采與生機。精采具有美學價值，帶來聆聽與欣賞的愉悅；生機則幫助我們更認識幼兒與文化角力的能量以及對教養的回應——這或

---

3 不該不討論的性別關係，確實從這些幼兒的敘說中萌現有趣、值得深探的線索；篇幅所限，只好另文探討。

許就是文化新生的可能線索。

論述敘說與經驗

故事可說是一個文化的靈魂。做為文化新成員的兒童，是大多數的文化最主要的教育對象。文化對一個人應該如何與可以如何存在，就是透過既有的各類敘事文本來傳達與形塑。或更簡單地說，**文化以各種敘事文本來教養新成員**。從另外一個角度來看，**新成員對文化的理解、體會與回應，也可以透過敘事文本來展現**。不過，這些敘事文本可不見得是現成、既存的故事；文化新成員自己也可以說出、寫出、創塑出生活經驗或想像故事。我一直很感興趣的議題之一是：**文化中的敘事文本與幼兒所製造的敘事文本，兩者之間有著什麼樣的關係呢**？在幼稚園裡很容易聽到文化中的敘事文本（故事與電視卡通）成為幼兒敘說的內容或影響敘說結構的現象（如下段的兩個例子）；逆向來看，幼兒的敘事文本，在被認真聽見之前，似乎還沒有機會影響文化或文化中的敘事文本。以下的三個例子，至少清楚顯示：聽過的故事或看過的卡通很容易地就占據了幼兒心中的故事倉庫；而將生活中的經歷轉化為故事，對例子裡的幼兒來說，也是稀鬆平常的事。

故事影響敘說，經驗成為故事

2006 年快接近夏天的時候，我到一所私立幼稚園裡，向孩子索

求故事。[4]

我問孩子：「你可不可以說一個故事給阿姨聽？隨便你說什麼都可以。」有個願意說故事的男孩問我：「三隻小豬也可以吧？」然後花了三分五十五秒講了一個細節豐富的三隻小豬的故事。另外一個女孩也說她願意說，但卻只是睜著大大的眼睛看著我，沒有說半句話。我鼓勵她慢慢想，沉默了三十四秒後，她問我：「也可以講電視的故事嗎？」以下是她說的，像卡通一樣，畫面（情節）一再重複的故事：

> 從前從前有兩隻珍珠美人魚呢跟一隻相連
>
> 然後他們每天都會，都會，每天都會，每天都住在一起
>
> 然後他們，他們，有很多隻美人魚呢
>
> 只有一隻心如
>
> 然後，他呢，他是他是很久以前才出來的
>
> 然後呢，全部的都跟心如一樣每次都出來
>
> 然後，那幾隻美人魚呢
>
> 然後他們呢就每天住在一起

還有一個女孩小真，想也沒想，立刻以不到五十秒的時間說出以下的故事：

---

4 這是由教育部所補助的研究〈幼兒園教保活動與課程大綱：語文領域〉中的一個探索行動，這項研究已於 2008 年 1 月結案。

從前從前有一個

有一個那個

喜歡吃蕃茄的小鳥

但是他直接吃蕃茄

沒有先告訴別人

然後他就直接吃了

然後那個蕃茄他在咬的時候

被看到

所以然後那隻鳥就快飛走了

他就被、他就被抓起來

他就、他就一直飛一直飛

跑到那個他弟弟的家了

　　我問她：「妳講完了嗎？他跑到他弟弟家以後呢？」接下來就變成我們之間的問答互動：

　　小眞：然後他就玩弟弟的玩具啊。

　　我：只有他一個，只有他一隻鳥嗎？

　　小眞：沒有，還有其他的鳥。

　　我：他們玩什麼玩具？

　　小眞：他們玩那個，玩那個，玩那個假的棒棒糖。

　　我：假的棒棒糖啊，那怎麼玩？

　　小眞：就是他們拿著那個假的棒棒糖的甩的，這樣子甩

　　　　　（拇指和食指做打陀螺狀）然後就可以轉起來了。

我：你有玩過嗎。

小眞：我有玩過啊，我小時後玩的已經壞掉把他丟掉了。

（錄音，2006 年 5 月 17 日）

　　這三個孩子說的故事，風格與內容都不同，但是同樣清楚地顯示生活和故事相互形塑的有趣現象。**文化裡的故事，不論是圖畫書、卡通或動畫，對孩子的影響力道非常強韌，影響所及包括孩子說話的內容以及方式。文化裡的孩子，**運用故事來轉化生活經驗的能力也很雄厚。小眞說的小鳥吃蕃茄的故事，實習老師後來告訴我，可能和當天早上老師帶著孩子逛花園發生的眞「人」眞事有關。小孩發現牆上有個小蕃茄，蕃茄上有個洞，老師就問孩子：「爲什麼蕃茄上有一個洞呢？」經過一段猜測，老師告訴孩子：「有可能是鳥飛下來吃的。」面臨說故事的邀請時，小眞就把這個經驗加上一點點她對人情、社會關係與處事規則的理解（不可以不告訴別人就吃蕃茄，違規就會被抓），說成了一個故事。

　　故事與生活相互影響——這是很尋常的現象，陪在孩子身邊生活的老師或照顧者，天天都有聽不完的例子。重點在於，**文化中的敘事文本與孩子製造的敘事文本，雖然有「雙向」影響的潛力，卻沒有「雙向」影響的實質。故事常常成為規範兒童的工具，孩子說的故事或故事化的經驗卻還沒有被聽見，違論影響。**如果我們仔細檢視孩子身邊的故事，如果我們認眞聆聽孩子說出來的經驗（不論算不算大人眼中的故事），可以聽出或看出的，可不僅僅是「發生了什麼事」或「卡通內容」這樣表淺的事。**這些故事與敘說中，蘊含著在地文化的教養之道，也可能彰顯孩子迎向教養的能力與方式，**這是本文後半要

討論的議題。

現在先回頭談談**經驗敘說**對幼兒的重要價值。敘說,除了幫助我們為經驗創塑意義(Bruner, 1990; McCabe & Bliss, 2003),也是自我建構的一個重要管道。

個人經驗敘說和自我建構

敘說在文化和個體之聯繫過程中的關鍵角色與功能向來是文化心理學論述強調的重點。Bruner(1990)認為,以敘說來表達個人經驗與創塑意義占據人類生活相當大的部分。我們在各種敘事裡培養「何謂正常」的概念(the sense of normative),也在敘事裡認識何謂逸出常軌,何謂例外。如果缺乏這樣的能力,「人將無法承受社會生活引發的衝突與矛盾」(p.97)。敘事也可看成一種集體創造性的表達,它提供個體詮釋現象的文化框架,「組織我們的心理生活,填充居於邏輯真理與經驗事實間的空間」(Shweder, 1998, p. 17)。敘事,因此可說是個體的需要和文化的期待與要求兩造之間持續協商的重要仲介。做為文化存在(cultural beings)的我們,關於**自己要成為什麼樣的人?可以成為什麼樣的人?可以做什麼樣的事?可以如何說話、說什麼樣的話?**等等切身的問題,都要點點滴滴地從各種形式的敘事中得知,也不斷透過自身對於這些重要大事的敘說,不斷塑義與重構。Bruner(2002)因此指出,「人如果沒有敘事的能力,自我(self-hood)的建構就無法進行」(p. 86)。

事實上,在 2002 年出版的《創塑故事——法律、文學與生活》

（*Making Stories: Law, Literature, Life*）這本書裡，Bruner 用了一整章來說明：「自我的敘事創構」（The Narrative Creation of Self）。不出我所料，Bruner（2002）談自我和談社會眞實（social realities）的論調非常接近，即：沒有先存於彼處的眞實，也沒有早就在那裡的精髓自我，「坐在某處等著被話語描繪出來」（p. 64）。兩者都是在某種文化處境內透過語言且在語言中建構出來的。基本上，Bruner 認爲自我沒有固定的形貌與質地；人類「在對過往的記憶以及對未來的盼望與懼怕引導之下」，「不斷地建構與重構自我，以面對所遭逢的各種處境所衍生的需要」（p. 64）。而自我的不斷建構與重構，最主要的機制，便是敘說。

研究文化中的敘事實務多年的 Miller（1994）也指出，孩童習慣性地參與文化中「個人故事敘說」（personal storytelling）事件後，除了習得敘說技能，更重要的後果便是自我建構。Miller 認爲，個人故事敘說具有社會化的功能，她的立論基礎之一是**敘事與自我**在下列四個面向上的「近似性質」（affinity）：(1)時間向度：自我的經驗和故事中的事件都是以時間向度組織而成；(2)表徵人類行動；(3)評價性質；(4)對話性質（pp. 160-161）。Miller 認爲，敘事和自我兩者的特質相近，並且在「個人故事敘說」這個文類裡充分匯聚，因此，個人故事敘說實務可說是了解自我之社會建構相當重要的一個場域。

研究取徑不同於 Miller 的 McCabe（1996）也認爲，兒童的個人經驗敘說，除了前述「創塑經驗的意義」，還有「發展呈現自我的能力」、「讓事情具體呈現」（她認爲是最重要的功能），以及「建立關係」等功能。發展心理學家 Engel（1995）所列舉的幾項幼兒說故事的功能中，也包括「建構一個自我」（Creating a self）（p. 54）。

她指出,故事和自我的關係歷經五個發展階段,在每一個階段裡,孩子都使用故事來「創造、經歷與表達他們是誰」(p. 190)。這些故事當然也包括本文所討論的個人經驗敘說。[5]

這些年來,我聽到許多有聲有色的幼兒個人經驗敘說;不過,也常聽到依照時間順序把記得的事情一一說出,以及表面看來不帶任何評論觀點的流水帳。流水帳似的敘說,不符合前述學者對故事或敘事的定義(Bruner, 1994; Miller, 1994)。不過,幼兒說出來的事件總經過某種程度的選擇,並非全然任意或無意的作為。就像 Riessman(1993)所說的,個人敘說不能被讀成發生之事的精確紀錄,個人敘說也不是存於某處的世界之反映(p. 64)。而且,就算幼兒只是說出一件事緊跟著另一件事的流水帳,至少因著把事件具體說出,而有了對其進行思考的可能。正如Bruner(1994)所主張的,光是記得過往事件無法形成自我建構的活動,思考才是自我建構的關鍵認知活動。看重幼兒在敘說個人經驗時的思考與感受,建構與創塑,正是本文的基本態度。本文例子中的老師邀請孩子做的,並不是「告訴我你記得的事」;孩子敘說生活,自己決定要說哪些事,以及怎麼說出來。下段說明我閱讀這些幼兒個人經驗敘說的方式。

我如何分析幼兒個人經驗敘說

我閱讀幼兒個人經驗敘說的基本立場是:敘說不是任意的,說什

---

5 Engel(1995)稱為「個人經驗故事」(stories of personal experiences)。

麼和怎麼說，都顯示敘說者對所述經驗的理解與觀點（Mishler, 1986）。在本文之前的研究裡，我採用的切割敘說語料、界定敘說結構的方式，除了初次聆聽或首度閱讀敘說文本[6]的直覺判斷，第二次閱讀主要參考Gee（2000）使用的分行、組合成節、段與部分的方式（蔡敏玲，2005；Tsai, 2007）。與過往研究不同的是：撰寫本文的過程中，「第三次」[7]閱讀敘說文本時，我採用的方式是把**幼兒經驗敘說文本當成包含角色、場景、情節、結構與主題的文學文本來分析，從這些要素在文本中創造的意義與動能去推論製造文本的幼兒對生活與社會角色的理解與體會**。

這樣的做法架構在兩個認定之上：第一，再現（或表徵）經驗的歷程（如敘說生活），就是人理解經驗、創塑經驗之意義的歷程；第二，在敘說中再現經驗時，敘說文本的角色、情節、結構與主題的安排是顯示此種意義創塑歷程的重要面向之一。第一個主張早有許多理論與實徵研究的支持，如研究兒童敘說超過三十年的McCabe與Bliss（2003）說得很精要：「*敘事最重要的功能在於使我們能夠為經驗創塑意義*」（p. 5），同樣地，Polkinghorne（1988）也說：「*敘事是人對具時間性與個人行動之經驗賦予意義的一種基模*」（p. 11）。第二個認定，事實上**是我在分析歷程中回看分析行動才猛然察覺的隱默假定**。也就是說，我使用的分析方法在反覆閱讀敘說文本的歷程中已經緩緩成形，等到我停下來觀察自己的行動的時候，行動背後的認定才

---

6 有些敘說，我在幼兒敘說的當下同步聆聽；我不在場所蒐集的敘說語料，則只有閱讀已經轉譯的文本，遇到有疑問的地方，才找出錄音紀錄聆聽。

7 「第三次」只是相對於前兩次的閱讀，事實上，每一個文本的閱讀都超過三次。

呼之欲出。雖是如此，搜尋理論，也不難找到呼應的看法（當然也還有塵埃未定的爭議）。例如：Stein 與 Glenn（1979）認為，故事文法中的敘事元素包括：人物、場景、行動或事件（問題）、目標、嘗試（解決問題的行動）、解決（行動後果）和反應（人物對後果的感覺）。而 Bruner（2002）說道：「對自己說自己就像編織一個故事，其中包含我們是誰、是什麼，發生了什麼事，以及為何我們做著我們所做的事」（p. 64）。這其間，**不就蘊含著** Stein 與 Glenn 所說的**敘事元素嗎**？本文所呈現的幼兒敘說雖然並非 Bruner 提及的「對自己說自己」，而是幼兒對同學和老師說自己的生活經驗，但是這樣的敘事文本確實包含了 Stein 與 Glenn 所列舉的敘事元素。Nodelman 與 Reimer（2003）指出，在讀者反應理論裡，傳統文學理論所謂的敘事元素，被視為讀者回應文本的策略。也就是說，具象化、人物、場景、情節、主題、結構等面向，不是文本既存的、具有固定內涵的敘事元素，而是讀者閱讀、詮釋時可以使用的策略。**把敘事元素看成回應文本的策略與切入面向**正是我於此處分析幼兒敘說文本的方法與認定。

　　當然，**把幼兒製造的敘事文本當成文學文本來分析，似乎也假定幼兒平日經常接觸文學文本，所以已經習得故事概念並能運用故事的要素與架構來轉化經驗**。這樣的假定只有在幼兒確實頻繁接觸文學文本的前提下，才有成立的可能。本文即將呈現的幼兒敘說文本主要來自金門縣的棒棒糖班，[8] 而閱讀與討論圖畫書的確是我所觀察到的，這個班級從中班到大班兩年間的例行事件（蔡敏玲、戴芳煒，

---

8 下文只有例四來自位於台北市的白雲班，這個班級的老師經常與幼兒討論圖畫書，每日午睡前也有小孩說故事的活動。

2008）。因此，**以經驗敘說文本中的人物（character）塑造來推論幼兒對社會角色（role）的理解**，也就有了合理的前提。

以下呈現我對幾則幼兒敘說文本[9]的分析，同時也討論我從中所看見的，這些幼兒對家庭生活中的家人角色與社會關係的理解、感受與回應。這些文本選自前述兩項由國科會補助的研究，同一位幼兒的敘說文本，分析後顯示同一範疇的主題（如敘說與妹妹的相處）與類似的結構（如對比）至少三次才成為選擇的目標。**經驗敘說啓動也顯示幼兒對家人角色與關係的認識與理解，在理解家人角色與關係的歷程中，幼兒也漸漸建構出自我**——這是既有實徵研究似未涉及，而本文期望討論的重點。

體驗幼兒敘說中的文化理解與回應

家庭是大多數幼兒的生活世界，幼兒的敘說也顯示「**以家作爲切割流動經驗之主要界面**」的特色（蔡敏玲，2005，頁 350）。每一天，一個孩子要如何說話、行動，才算是好孩子，得要從與家人互動的經驗中不斷學習、體認與調整。在這樣的互動歷程中，每個孩子被認定或自我認定的角色與權力不一。有些能與成人直接話來話往，成功協商；有些則只有聽命行事的份；處境介於兩者之間的，可能更

---

9 本文呈現的敘說文本，都是由我依據 Gee（2000）提示的方法來分行、分段並加上段落功能與內容標示的版本。幼兒的敘說以標楷體呈現，我加上的段落功能與內容摘要則以新細明體呈現。

多。話雖如此，**不管是處於哪種權力關係中的孩子，一旦有機會面對他人敘說生活經驗，當下都成了主動的敘說者，掌控著一段時間，有了一個場子**。孩子們侃侃而談的，不是他們的生活精確實錄；而是他們對於生活的詮釋與觀感，對各種角色與社會關係的理解與看法。這其中，就有機會看到幼兒對文化的回應。**從這些敘說文本的內容與結構，以及敘說者對各種角色的刻畫、對情節的組織與安排，似乎都可**以聽到幼兒壯聲說著：「我就是這樣理解生活」、「這就是我的感受與看法」——「這就是我」。

親子之間

《例一》

第一部分：媽媽帶我去金城

摘要／場景：

我媽媽帶我去金城的時候，帶我去媽媽同學她們家

主要事件：玩樂

然後她們在玩那個牌

然後我就在

然後我們就在那裡玩遊戲，然後看電視，然後再把巧克力吃到嘴巴裡面

轉折：回家面對爸爸的命令

然後回家的時候，爸爸牽腳踏車進來的時候，他就說「上去睡覺」

後果：不服從命令也沒事

然後我不上去的時候，他也沒有罵我上去

第二部分：媽媽帶我去鳳芝阿姨家

摘要：

然後我有一天也有去鳳芝阿姨她們家

主要事件：我買東西吃

然後——[10]我又——去買東西——吃

補充說明行動背景：媽媽的食物供應不合我意

（然後媽媽只買那個開心果，沒買餅乾，沒有買餅乾）

轉折：爸爸要我們快回家

結果——我們———就回家，然後爸爸就打電話過來說「那麼晚了，還不回家」

後果：爸爸的要求和我們的抗拒

然後我們就回家

結果我們回家的時候，我爸爸———爸爸只會跟我姊姊哥哥說

〈去睏啦〉[11]

可是我們就是不上去

---

10 敘說文本中的——表示幼兒將符號前的尾音（韻母）拉長。

11 敘說文本中出現的閩南語以〈　〉和斜體標示。

再轉折：媽媽的堅持與姊姊的挫敗

然後媽媽就說「快點上去跟姊姊洗澡」

結果呢，她幫我洗澡的時候，媽媽就罵她

然後她尿床

哥哥跟姊姊尿床的時候，我就，媽媽就罵姊姊說「那麼大了還在尿床」

然後，然後她就跪在那裡哭

結束

完了

（錄音，2007 年 2 月 26 日）

　　這段歷時二分五十三秒的敘說，提及兩個離家事件；有趣的是，第二個事件似乎並非發生於敘說當日前幾天的假日生活（「*我有一天也有去……*」）。兩個事件的敘說結構十分類似，它們有相近的發展、轉折與結束方式，而其中的角色行動也一致。因此，**第二個事件可以看成第一個事件的記憶回聲或共振**，用來強調敘說者對家庭生活與角色的理解。敘說文本第一個部分裡的媽媽，帶可琪出外遊玩（大人玩牌；小孩玩遊戲、看電視和吃巧克力）；回家這個行動，使得玩樂事件必須結束，成了一種轉折，這其中爸爸的角色是提醒生活規範的人。敘說文本的第二個部分有更多細節把爸爸和媽媽這兩個角色描繪得更為細膩。**爸爸是提醒可琪和媽媽，玩樂生活必須告一段落、時間到了就要睡覺的那個人；但是就算不理會他的提醒，也沒有什麼不良後果。相對地，媽媽供應零食，回家之後要求姊姊堅守做姊姊的責**

任，而且要求盡責的方式顯然比爸爸更爲嚴厲。這個家庭中的爸爸、媽媽、姊姊與敘說者自己的角色，以及其間不對等、微妙的權力關係，在這段敘說裡有很清楚的展現。媽媽是一個既提供玩樂又對生活規則要求嚴格的角色；爸爸雖然一再限制小孩行動，但對於小孩的抗拒也只是消極地接受。

另一天的敘說裡，可琪把對爸爸和媽媽的不滿說得更爲具體：

《例二》

> 我在家裡玩玩遊戲的時候，看到一顆蘋果還沒切的時候，我叫媽媽切給我
>
> 結果她就說「不行」
>
> 然後爸爸叫我上去睡覺的時候，每次都睡很晚，他自己每次都睡很晚

有位同學聽懂了她的抗議，立刻發出同表不平的支持：「可是叫別人都睡很早，對不對？」

可琪繼續敘說爸爸惹火她的事情：

> 然後他叫，他就說「起來」，然後他就到床上進去睡
>
> 我不知道他爲什麼那麼愛睡覺
>
> …12
>
> 然後睡得都不下來，都不下來吃早餐了。他每天都這樣

---

12 …表示省略了沒有影響幼兒敘說內容的他人話語，例如：此處省略的話是老師對可琪前一句話的重述式回應：「他叫你起來，然後他自己又繼續睡。」

　　老師嘗試提供一個可能的理由，告訴可琪：「因為你爸爸工作到很晚，是不是這樣子？」但是可琪立刻否定這樣的猜測：「沒有，他到晚上就回來家裡。」同步也把爸爸愛睡覺的現象做了一個涉及性情的歸因：「早上了他就睡很久才起床。**因為他很懶。**」老師再度嘗試提供不涉及人本身的理由：「他很累吧？」孩子卻再度堅持：「因為他很愛睡覺。」

　　這個敘說的場子，讓輪流站到老師身旁對全班同學說話的孩子感覺自己掌控了幾分鐘的時空而暢快說話，**同學的回應則讓場子更為具象，說出來的話更有重量。**可琪說完「因為他很愛睡覺」這句話後，至少有六個孩子，此起彼落地或同時喊了出來：「我爸爸也是！」熱切騷動的五秒鐘之內，好多呼應的聲音一起發出。其中有一位還把爸爸睡覺的狀態具體說出來：「我爸爸睡到不醒，他一直 kon ──，從白天睡到晚上，從晚上睡到白天！」敘說者回應了這個回應，接著和老師及同學發展出一段關於爸爸打呼的對話。

可琪：然後我有聽到我爸爸 kon──shu

老師＞可琪：聽到什麼？

可琪：聽到他睡覺，一邊睡覺一邊

同學：打呼

可琪：像豬一樣

老師＞可琪：打呼喔（可琪點頭）

老師＞可琪：你跟爸爸一起睡喔？

可琪：沒有

老師＞可琪：那怎麼聽得到？

可琪：因為晚上，我們在睡覺，然後他就 kon——

同學 1：很吵，睡不著

老師＞可琪：然後呢？

（許多孩子：**我爸爸也是**）

可琪：然後就吵到我，啊我就眼睛張開，「一定是爸爸
　　　在打呼的」。他睡覺一直會打呼

（錄音，2007 年 4 月 2 日）

　　爸爸像豬叫一樣的打呼聲吵得人睡不著，這樣的說詞引發了第二波的騷動與附和聲。因為在大多數的家庭裡，爸爸都是主要的行為管束與行動限制者，所以孩子一說起對權威人物（至少是表面上）的不滿，就特別熱切嗎？這樣主題明確、敘述詳細的分享，以及敘說內容引發的回應聲浪，證明了在這個場子裡，孩子真有機會在經驗敘說裡**和經驗面對面，和就在生活裡的角色與角色的行動正面相逢。**

手足之間

　　和上述例一敘說同一天，生活分享後的例行問答時間裡，同學問可琪：「為什麼你姊姊不幫你洗澡？」可琪沒說理由，反而和她責備爸爸一樣，把事件歸咎成姊姊個人的缺失，連帶也罵起哥哥來了：

可琪：因為每天一直叫她洗，然後她都不洗

老師＞可琪：為什麼？

可琪：**因為她很壞**

老師＞可琪：呵呵，她對你不好？

可琪：**啊哥哥更壞**

老師＞可琪：他是不是不幫你洗？

可琪：**啊哥哥更壞，哥哥每天都罵我豬**

（錄音，2007 年 2 月 26 日）

此話一出，許多孩子都笑了，這笑聲隱含著聽眾認同此種對哥哥姊姊的責備呢？還是對此種輕微觸碰禁忌之語言的理解呢？**公然地說手足「壞」，畢竟不會是一件父母全然坐視不管或表示同意的舉動；但是孩子和手足相處的感覺，到底可以向誰說？可以怎麼說？**

況且，對於此種感受的覺知與表達，並不是每個孩子都和上例中的可琪一樣敏感又說得直接。在敘說生活的過程中，有些孩子像下例的如瑜一樣，以對比的結構描繪出自己和手足的不同：

《例三》

......13

然後要回去，我要**回去，新家的時候**，然後弟弟走草地
故意跌倒，跌倒了兩次，
然後還拿阿嬤的餅乾，拿著去草地，
啊他又故意摔倒了兩次，

---

13 ......表示省略較大段的敘說或對話。

> 然後我在家裡,**去家裡的時候**,我買很多東西,有買好
> 多東西,
>
> 然後我們就,我們就回家煮東西,
>
> 然後媽媽在煮東西,我在寫功課,
>
> 然後我寫完功課就去看電視……

(錄音,2008 年 1 月 7 日)

　　上述這兩段敘述,從當日如瑜的敘說內容看來,是離開敘說主線的旁枝;**旁枝是形式上相對於整體的類名,意義上則不見得是末節。**如瑜的兩位老師都認為這個孩子說話有點「跳」,意思就是讓人抓不到敘說重點。仔細看她的敘說,我則認為**在敘說線路上突然離開主軸,並非一種全然無意識的隨想隨說**。上例三提及弟弟之前,如瑜說的是她和爸爸、弟弟去溜滑梯的事情,說完這件事的摘要、開端與結束之後,她頻頻回頭敘說去溜滑梯這件事的背景、過程中發生的事,以及去程和回程發生的事。在這些時序看起來有點混亂的回顧片段裡,她強調了兩次和弟弟比賽誰跑得快,然後便說到此處呈現的,過程中某一段她弟弟不乖的事情,說完立刻跳接她在家很乖的事情,實在無法不讀成一種有意的敘說選擇。

　　有的孩子以**更為隱微的方式**說出對年幼手足的觀感。以下這份敘說,以及同一個女孩其他的生活敘說,不斷重複家人生活以弟弟為中心的情形:

《例四》

摘要：

我昨天，禮拜天的時候我去**公園玩**

開端：看人家打羽毛球

遇到那裡的時候，**弟弟在看人家打羽毛球**

然後呢，看完人家打羽毛球，媽媽就推車

（我們去那裡的時候還有看到我們班的寶寶貝貝）

然後，我們就去看，**弟弟就在看人家打球，**看人家打羽毛球

發展：玩溜滑梯、蹺蹺板和吊單槓

看完了洋洋就去，我跟洋洋說

（媽媽就去蹺蹺板那邊）

可是弟弟一直不下來

然後我們就去玩

（我們要去玩蹺蹺板的時候，弟弟就跟媽媽玩，弟弟都不讓我玩，

我就去玩溜滑梯，然後等媽媽他們玩完了以後，弟弟就去玩別的，

他自己跑去玩，跑去跟媽媽玩蹺蹺板）

玩完蹺蹺板了以後，我們就我跟弟弟還有媽媽，（媽媽陪著弟弟

然後我自己）

然後我們三個就一起去排隊

排到了以後我們就再玩

玩完了然後我們就去玩溜滑梯和吊單槓

結束：爸爸來帶我們去吃飯

玩完了我們就去，上廁所

上完廁所了以後我們就去社教館，去那裡等爸爸

可是呢，弟弟待不住那裡

我跟媽媽講說，媽媽，可是弟弟待不住那裡

媽媽就帶他去轉一轉推車子

然後爸爸就去另外一個地方找我們

然後呢，去完那個地方爸爸就帶我們去麥當勞

坐，坐下來，坐在椅子那邊的時候弟弟就一直哭，不要

後來我們就帶回家吃

（錄音，2004 年 4 月 19 日）

這一段結構完整的敘說，敘說者張欣在二分二十三秒間十分流暢地說了她和家人到公園玩的事情。表面看來，不過就是按照時間順序說的一段過往；再看，看出這個孩子有「先說大要再回說背景」的敘說風格（蔡敏玲，2005，頁 345）；三看，察覺**許多的細節都以弟弟為軸心而繼續發展**。可以清楚地看見，在主要事件之外，括弧裡的補充說明占據了相當多的篇幅，而這些行動之後的背景描述，說明的都是行動因為弟弟而轉向或改變的情形。例如：排隊的狀態是「媽媽陪著弟弟然後我自己」。連來接他們去麥當勞的爸爸也因為「弟弟待不住那裡」，而「去另外一個地方找我們」。行動的開啟或結束都要配合弟弟，在這樣的「生活報告」[14] 裡，主要的角色似乎是她的弟弟而

---

14 這個例子中的敘說者張欣所在的班級，分享假日生活經驗的活動稱為「生活報告」。

不是她自己。上述這份張欣大班時的敘說讓我想起她中班時提到全家一起外出吃晚餐的敘說（蔡敏玲，2005，頁 345-346）。說完事件大要之後，她回說背景的細節。其中，她以「阿公阿婆還有帶東西」「阿公阿婆有帶東西來」、「他們就有帶東西了」、「阿婆阿公有，還有帶那個，饅頭」共四個句子反覆說著阿公阿婆帶饅頭這個細節，一直到最後才點出帶的是「饅頭」，並以此做為結語。為何一直吞吞吐吐地說這個晚餐的細節？她的同學在提問時段裡一開始就提出這個問題：

> 怡如：為什麼不要吃饅頭？
> 張欣：因為那個要給弟弟吃。
> 怡如：弟弟有吃，別人沒有吃？
> 張欣：因為那個，阿婆阿公要帶給弟弟吃的。
>
> （錄音，2003 年 4 月 21 日）

　　如果沒有這個和別人分享生活的場子，幼兒有沒有機會透過敘說來說出自己和手足相處的感受呢？說出這些互動場景，到底有什麼重要性呢？

親子與手足關係中的自己

　　我所聽到的幼兒假日生活敘說，最主要的情節，不脫三類：自己玩、和手足相處，以及和父母（或其中之一）相處。敘說這些互動場

景時，幼兒描繪父母、手足所做的事和所說的話，而自己也在同一個場景與關係網絡裡。因此，**敘說家人的當下，同步也敘說了自己**，或說，至少意識到自己是一個什麼樣的孩子、姊姊、妹妹、哥哥或弟弟。

先說親子關係中的自我。前述四個例子中的孩子，有的對爸爸的要求不以爲然，有的描述自己依照媽媽的期望「做功課」，有的只能眼看全家的行動跟著弟弟的意願打轉。**選取不一樣的細節描繪各種父母的幼兒，因為必得敘說和父母互動的那個自己的回應與舉動而說出了自己。**

就幼兒敘說中呈現的父母角色而言，我在兩項研究中都發現幼兒敘說者呈現一種**既要倚賴又想脫離管制、既享受聯繫又渴望自主的複雜情緒**。這些幼兒經驗敘說中的父母角色，既是生活資源的提供者，也是行動限制者；既是自己不斷依賴的對象，也是自身行動的監控者。下例宇威的敘說，清楚地顯示這樣的雙重心緒：

《例五》

昨日生活大要：

我昨天，爸爸帶我去找姊姊

（那天姊姊已經要回，已經過很久的時候，那天姊姊已經要回台灣了）[15]

姊姊拿四個口香糖給我

然後爸爸最後就來了

然後我們就回去拜拜了

---

15 例五宇威提到的這位姊姊是住在台灣的表姊。

晚上的事：

已經晚上了，媽媽叫我們回去睡覺，然後爸爸回來了

背景說明：爸爸與我們的夜晚互動常態

（爸爸每天回來都在門口看我們有沒有睡著

還沒睡著，睡著了爸爸就沒怎樣，爸爸就去洗澡的房間了

然後洗完澡，去睡覺

爸爸，如果我們還沒睡覺，爸爸就拿那個棍子，然後，我們睡

著，爸爸就沒拿了）

老師＞宇威：沒睡著爸爸就拿棍子喔

宇威：對

老師＞宇威：拿棍子幹嘛？

宇威：打我們。啊沒睡著就沒，啊有睡著就沒有拿

老師＞宇威：那你有沒有被打？（宇威點頭）

老師＞宇威：有喔。你沒睡著啊？

宇威：對

老師＞宇威：呵。糟糕，怎麼辦？

宇威：嘻嘻嘻嘻

老師＞宇威：怎麼辦？

睡前的事：

晚上媽媽就去拜拜

第二天早上：

早上爸爸就抱我們起來，然後換衣服，去刷牙

然後下樓，爸爸幫我擦嬰兒油，還有那個乳液

就拿杯子，還有牙刷，還有兩個衛生紙，然後還有拖鞋，就來學

校了

（錄音，2007 年 2 月 26 日）

　　同一個敘說文本裡，宇威清楚地說明晚上睡覺時父子互動的一般
情形，和老師一段問答互動後，突然又回頭說昨天睡覺前媽媽去拜拜
的事情，接著說的是第二天早上爸爸細心照顧他的景象。2008 年 3 月
9 日，我到宇威家經營的賣場二樓辦公室訪問他的爸爸媽媽時，宇威
樓上樓下跑來跑去。訪談開始後不久，宇威拿來一串烤物給爸爸媽媽
吃。這對夫妻微笑地告訴我，這個孩子有吃的東西總是第一個想到爸
爸媽媽。六歲的孩子說出爸爸的兩種不同面向，似乎能夠整合地體會
與理解爸爸的角色；但是跳說睡覺之前發生的事來避開老師問自己下
場的問題，顯示宇威確實已經意識到被打的那個自己。不論過日子和
說生活，接觸父母的多元風貌，是這些五、六歲幼兒的家常事件。說出
來之後，也就**察覺到這些不同風貌的自己**，就像避開老師問題的宇威。

　　再談手足中的自己。幼兒談論自己和手足的相處，**說出或覺察自
己的直接程度**，因著敘說中是否有其他家人（特別是權位更高的父
母）出現而有所差異。例三和例四中的如瑜和張欣所描述的手足相處
場景，都有爸爸或媽媽在場，因此，在敘說中建構出的，**是爸爸媽媽
眼中的自己或處境**。下一個例子中的敘說者韶萱，假日生活的內容提
及爸爸和媽媽的次數和篇幅都極少。她的假日生活多半和哥哥或妹妹

相處，因此，**更為直接地說出手足關係中當妹妹、當姊姊的自己**。

《例六》

　　背景：一般生活作息（前一天）

　　我晚上還有哥哥還有牙牙還有我，**我們在打球**

　　……

　　打球，再去刷牙就睡覺，我們就快點起床去上學

　　然後，然後，我就回家，又去玩了

　　主要事件一：牙牙搶我的東西

　　常態：

　　我去玩我的米妮，然後**哥哥還去打籃球了**，牙牙跟我一起玩了

　　問題：

　　這樣，牙牙一直想要搶我的米妮

　　面對方式一：騙妹妹

　　然後我就騙他一個東西，

　　結果：問題沒有解決

　　然後他就還是看不到就轉頭過來，然後又要搶我的米妮

　　……

　　一直搶一直搶

　　插敘後續行動：告訴大人

　　等到牙牙睡覺我才去找媽媽

　　然後我告訴媽媽牙牙一直搶我的東西

面對方式二：自己玩

然後，然後那個，我，我還是再去玩了，再去玩我的米妮

面對方式三：騙妹妹

然後我還是再騙她一次，我＜叩＞她的頭

面對方式四：和牙牙一起看電視

然後，然後我就走，又我就去一個看電視，跟牙牙看電視

結果：問題解決

牙牙就不再搶我的米妮了

證據：

我還給他玩一下下而已，她就還，她就還我

補充說明：

（我有跟他講過要還我）

主要事件二：我幫助牙牙或我讓牙牙

背景：

然後，然後，媽媽也帶我去載水

……

開端：我倒水給牙牙水喝

嗯，然後，然後我就去，水那裡，喝媽媽把水倒在飲水機裡

我喝水，我就喝水，**幫牙牙倒水**

發展：我拿公仔給牙牙玩

然後那個，然後，然後，然後，牙牙我又給他玩一次了

（那是公仔）

（然後只有一個是我的）

我拿別的給他，他就要了

問題：牙牙沒有自己的公仔玩具

我還沒幫他找一個

嘗試解決問題一：

他就去找別的，他自己去找（我自己也要去找）

結果：問題沒有解決

然後，然後，然後我，牙牙還是不要，他就丟掉，丟在抽屜

然後我又去拿給他他不要，丟掉

……

（恩，丟掉兩次而已）

結局：睡覺

結果牙牙就去睡覺

補充說明：睡覺的一般情形

（只有我跟哥哥，只有我跟牙牙，跟我一起睡，沒有哥哥跟我們
一起睡，因為哥哥在那邊睡，在阿媽那邊睡）

……

（然後有時候我會跟哥哥睡，就是今天晚上）

沒有了

（錄音，2007 年 10 月 15 日）

這份敘說，表面上看來是敘說者和妹妹在家裡相處的情形。如果把內容和結構一起看，就有比較多的線索去推測這段敘說的涵義。和大多數的孩子一樣，韶萱規規矩矩地按照事件發生的時間順序敘說生活，除了一個插敘的細節，並沒有倒敘、跳接、離開主線等手法的運用。但是從選擇的細節與組織的方式，還是可以讀出比「和妹妹玩」更多的意思。開端說的是主要事件前一天（我猜是星期四）晚上的事，一路講到還需要上學的星期五以及晚上，做爲事件的背景。這個背景，韶萱選擇的細節是她和哥哥一起玩；接下來**長篇幅說的正是這個狀態（哥哥和她玩）不存在的時候發生的事情**。這樣的選擇與對比組織有什麼意義嗎？她和哥哥玩，她是妹妹；而她和牙牙玩，她是姊姊，而**姊姊可不是一個容易的角色**——這是這段敘說主要的內容。我的閱讀是：這段敘說要表達的正是她做爲姊姊必須處理的麻煩事（妹妹搶玩具），以及身爲姊姊必須承擔的責任和付出。敘說「做爲姊姊的我」，或是「我當姊姊的日子」是這個孩子**經常選擇的敘說主題**，或許也正是**放學後父母不見得在身邊的她所意識到的重要或必要生活課題**。

就這篇敘說來看，除了表明生活中其他常態做爲彰顯主題的背景外，可以看出兩個各有次主題的事件，描述姊姊這個角色的兩種質地不同的行動。第一個部分先鋪設因爲哥哥離開而造成的、她**必須面臨的處境——當姊姊**。接著說明因爲妹妹搶她的玩具，她以四種方式不斷設法因應的歷程。有趣的是，說完第一個因應方式之後，韶萱突然不按時序**跳說**問題解決後她才告訴媽媽的細節，似乎要提醒聽眾：以下的因應方式，是她在不向大人告狀或大人不在場的情況下，獨自努力完成的，而且也提出證據說明她已經成功地暫時馴服了妹妹。第二

個部分說的是她主動照顧妹妹起居，提供資源（水和玩具）的角色積極面向；同時也點出妹妹不乖的狀態仍然持續，她還是得不斷面對這個問題。

兩個敘述主要事件的段落都有完整的組織，段與段之間也有巧妙的對比。結局的補充說明似乎點出：敘說者雖然很有能力當姊姊，她其實還是比較喜歡和哥哥在一起，當個妹妹。像這樣，敘說和妹妹相處的細節，同步也說出身為姊姊的自己──自己的能力與期待。

孩子說生活、說家人，總會說到嵌置在人際關係網絡裡的那個自己：自己對所感知規範與期待的回應，自己的處境、作為、感受與想望。正如 Bruner（2002）所提出的，自我（selfhood），深層看來，在關係中界定，同時也指涉與構成某種或某些關係；[16]「自我，……，也就是他人」（p. 86）。

怎麼當小孩：從各自理解到集體協商

如果前述「經驗敘說文本中的人物、場景、情節、主題與結構可以呈現幼兒對社會角色與關係的體會與理解」這一認定可以被接受，上述幾個敘說文本的分析確實可以幫助我們看到這些四到六歲的幼稚園孩子對生活中人、事與規範的理解、對「小孩應該怎麼當」，以及

---

16 Bruner（2002）的說法是"selfhood is profoundly relational"（p. 86）；因為直接翻譯不容易寫出表達原意與符合華文語法的句子，所以此處的說法是我對這個英文句子的詮釋。

對做小孩「可以如何」所提出的看法。但是，這些幼兒敘說生活的例子與我的分析，對於這本書所談的**教養之道**，到底有什麼樣的意義與重要性呢？

Bruner（2002）認為：「自我建構的敘說行動通常是由未說出的、隱含的文化模式所引導，這些文化模式指陳自我應該是什麼、可能是什麼，以及不應該是什麼」（p. 65）。有趣的是，從這些敘說文本中由孩子所塑造的自我和家人角色看來：**幼兒經驗敘說不只單向、被動地受到文化模式的引導，他們也陳述自我該是什麼與可能是什麼。**這些主張不見得是文化鼓勵的小孩樣式。例子中親子關係中**敘說者「自己」的角色**包括：察覺不理會爸爸命令也無所謂的小孩（例一）、抱怨爸爸對待自己寬厚卻對小孩嚴格的小孩（例二）、因沒睡著而被打但又被爸爸抱起床、塗嬰兒油的小孩（例五），以及下文例八中靠自己的方式解決大人引發之爭端的小孩。**這些是我們的教育與文化所認識與鼓勵的孩童樣貌嗎？**再看手足關係中的孩子，包括：不像弟弟不乖而能夠順著媽媽心意作息的小孩（例三）、看著媽媽和爸爸以弟弟為生活中心的姊姊（例四），以及能夠獨自解決問題、「馴服」妹妹、提供妹妹資源和幫助妹妹的姊姊（例六），**這些是我們的教育與文化所察覺與喜歡的孩童形象嗎？**[17]小孩要怎麼當？該說什麼、怎麼說、該做什麼？可以說什麼、做什麼？**在經驗敘說裡，這些孩子參與了和文化協商童年的歷程。**

---

17 此處所指「我們的教育與文化」在本文其實可以進行更具體地描述，然因本文重點在於呈現幼兒在敘說生活的情境中回應文化的可能，篇幅所限，關於此種動能與在地文化的細緻關係只好暫時擱置。有興趣的讀者可以參考我之前與日後所寫有關棒棒糖班的論文。

其次，這樣的敘說場合成為學校生活中的一個常設活動與公開事件，也有重大的意義。在這樣的場子裡，幼兒個人對生活、家人與自我的理解因著敘說的情境而轉化為集體協商的歷程。如前述，本文所呈現的幼兒敘說文本來自兩個幼稚園班級，每一個孩子在同學和老師面前說出自己的「在家」生活後，照例要接受同學或老師的提問。事實上，有些孩子常常等不及分享正式結束就急著表達疑問或評論。每一次的分享時段裡，我也常常觀察到孩子的分享內容，或說其中的一個細節，受到之前分享的敘說內容影響的情形。在例二中，可琪提到爸爸睡覺睡得很久而且打呼的情節時，兩度引起同學的熱切回應，他們高喊：「我爸爸也是！」在例一的敘說裡，可琪提到她姊姊不幫她洗澡、被媽媽責備而哭泣、尿床的情節。雨庭詢問為何姊姊不幫她洗澡時，可琪說：「因為她很壞。」同一天，雨庭也說到她和姊姊的相處：

《例七》

> 然後我們回家之後，就跟姊姊去洗澡了
> 然後姊姊幫我洗頭髮
> 我姊姊很好
> 然後姊姊弄片給我看

（錄音，2007 年 2 月 26 日）

「我姊姊很好」這句評論，或許是因為同學提到自己的姊姊很壞而有的敘說內容。另外一天，亮婕（即文首的小亮）敘說自己和妹妹發生激烈衝突的情景：

《例八》

　　然後弟弟，大弟弟就說「你給我出去」

　　我妹妹在阿嬤那裡，啊我弟弟就說「你給我出去，我不讓你來阿嬤這裡」

　　……

　　嗯，然後我來阿嬤這裡，妹妹就是很生氣的說她不要讓我來這裡

　　……

　　然後我去阿嬤那裡的時候，她晚上要去的時候，我就把門鎖著不要讓她進去

　　說到這裡，老師和同學紛紛議論起來：

老師：妳幹嘛這樣？

如瑜：妳很小氣耶！

毅暐：妳是姊姊耶，幹嘛對妹妹那樣！

　　亮婕沒有直接回應這些評論，但是緊接著這些評論的下一句話裡，她點出主張鎖門的並不是她，她所做的不過是執行別人的主張：

　　然後大弟弟他就說「把門鎖著」然後我就去鎖了

　　　　　　　　　　　　　　　　　（錄音，2008年6月9日）

　　門到底是誰鎖的，對這個敘說者來說或許不是最重要的事。但是她察覺到同學的反應而小幅度地調整敘說的內容，顯示她和同學進入

一起思考小孩到底可以怎麼當的歷程。在面對群眾敘說生活的當下，孩子**意識到了那些不說或不討論就比較沒有機會意識到的東西**。意識不見得立即帶來文化的更新，但至少製造了一個機會。在這樣的公開場合裡，生活一旦被再現，敘說者與聽眾都有了看生活與看自己的機會，**怎麼當小孩與自己究竟是誰**，也就成了大家一起思索甚至討論的例行事件。就這樣，獨自體會與理解生活這兩件事，透過經驗敘說與分享，成為一段幼兒集體回應生活與文化的歷程。

誰來聽文化的小學徒說生活？

我年幼時家中有幾位學徒來和母親學習裁縫。我對她們的觀察是：在師傅身旁學習，全靠耳濡目染、專注觀察，做盡雜務，只能被動等待師傅交託事項，自行體會技藝的各種生成脈絡。這樣的學徒，對所學的技藝與自己究竟可以成為什麼樣的人，不見得有機會提出問題或主張。當代的孩子在各種處境裡生活，學習做一個好人、有用的人，就像文化的小學徒。不同的是，給他們機會，**對於怎麼當小孩、怎麼過日子，他們真能發展出有角色、場景、情節、結構和主題的生活故事來抒發己見**，就像本文所呈現的敘說者與文本。小孩不常也不會直接說「我是誰」；但是孩子會說生活。說生活的時候，透過敘說內容各個子部分的組織、敘說順序的安排、細節的選取、場景的變換、角色與情節對比的運用，文化的小學徒說出自己所領會的日常生活、多元面向的家人角色，以及自我的可能面貌與內涵。還有許多探索空間的議題是：我們的文化究竟提供多少空間仔細聆聽身為教養對

象的幼兒對生活的體驗與對自我的建構？**教養這件大事，如果沒有以教養對象對文化的觀感為基礎，如果無意正視教養對象的自我構築歷程，如果不能貼近人，如何可能深刻？如何保持新鮮的活力、蓄積再生的能量？**

子魚（2006）有一首詩，其中有個詩節這樣說**記憶、經驗和自己**：

回憶是一隻釣竿

經驗是一條魚

在廣大的腦海裡

緩緩釣起過去的自己（頁44）

經驗像魚一樣在腦海裡滑溜難以捉摸；卻不像魚那樣有形有體。在敘說中呈現的過往生活或一段記憶，雖然是孩子自己說出來的（釣起來的），無非仍是一種創塑出的自己。說出來的、創塑出來的那個自己到底算不算「自我」，各種說法與爭議尚未塵埃落定。[18]本文想要強調的是：**文化中沒有明說的部分，確實可能或說有潛力在生活經驗敘說這樣的場子裡被意識、察覺，回應並成為集體協商的議題。**可惜的是，在多數的托兒所、幼稚園與家庭裡，聽孩子說經驗都不是一件經常發生的事，遑論被「分析地聽見」[19]、領會與思考。

---

18 例如：Albright（1994）指出，文學界對「記得的自我」（the remembered self）這個概念相當不以為然。

19 「分析地聽見」是宋文里教授審讀本文時的評論用語。

　　文化中既有的、以兒童爲主角的敘事文本常常以兒童爲標的讀者；這些作品（如圖畫書、動畫和兒童戲劇）的創作者泰半都是成人。這些敘事文本與兒童之關係的各類議題固然相當值得探究；但相對地，我們對於**孩童自己製造出的敘事文本**也該投以合理的關注。成人有許多資源與空間參與「人可以如何過日子」的討論；[20] 相較之下，幼兒敘說過日子的情形、表達對當小孩這件事的看法卻只在少數有生活經驗分享活動的幼稚園教室裡寂寞盪漾。聽聽幼兒探索自我的生活敘說，讓小學徒有個場子說出他們對文化的理解與回應，我們的教養對象看世界、體會生活的方式才有機會漸漸成爲教養之道的主要機制之一。認眞聆聽幼兒的經驗敘說，應該是認識教養對象與思考教養之道的一條重要路徑，而我，正走在這條路上。

---

20 例如：自身並非敘事文本創作者的成年人，在 KTV 選擇唱一首關於如何當女人、男人或如何愛人的歌，也是參與討論的一種方式。

參考文獻

子　魚（2006）。為天量身高。台北：民生報事業處。

蔡敏玲（2005）。幼兒個人經驗敘說之內容、風格與意義初探。國立台北教育大學學報，**18**（2），323-358。

蔡敏玲、戴芳煒（2008）。畫一個星星給我——和幼兒一起編織文學密網。**教育實踐與研究，21**（1），133-162。

Albright, D. (1994). Literary and psychological models of the self. In U. Neisser & R. Fivush (Eds.), *The remembered self: Construction and accuracy in the self-narrative* (pp. 19-40). Cambridge: Cambridge University Press.

Bruner, J. (1990). *Acts of meaning*. Cambridge, MA: Harvard University Press.

Bruner, J. (1994). The"remembered"self. In U. Neisser & R. Fivush (Eds.), *The remembered self: Construction and accuracy in the self-narrative* (pp. 41-54). Cambridge, MA: Cambridge University Press.

Bruner, J. (2002). *Making stories: Law, literature, life*. New York: Farrar, Straus and Giroux.

Engel, S. (1995). *The stories children tell*. New York: W. H. Freeman and Company.

Gee, J. P. (2000). *Discourse analysis: Theory and method*. New York: Routledge.

McCabe, A. (1996). *Chameleon readers: Teaching children to appreciate all kinds of good stories*. New York: McGraw-Hill.

McCabe, A., & Bliss, L. S. (2003). *Patterns of narrative discourse: A multicultural, life span approach*. New York: Allyn & Bacon.

Miller, P. (1994). Narrative practices: Their role in socialization. In U. Neisser & R. Fivush (Eds.), *The remembered self: Construction and accuracy in the self-narrative* (pp. 158-179). Cambridge, MA: Cambridge University Press.

Mishler, E. G. (1986). *Research interviewing: Context and narrative*. Cambridge, MA: Harvard University Press.

Nodelman, P., & Reimer, M. (2003). *The pleasures of children's literature*. New York: Allyn & Bacon.

Polkinghorne, D. E. (1988). *Narrative knowing and the human sciences*. New York: SUNY Press.

Riessman, C. K. (1993). *Narrative analysis*. Newbury Park, CA: Sage.

Shweder, R. (1998, February 10). *Multiple psychologies, the stance of justification and the"place"of cultural psychology*. Paper presented at The Symposium: The"Place"of Cultural Psychology at National Taiwan University, Taipei, Taiwan.

Stein, N., & Glenn, C. (1979). An analysis of story comprehension in elementary children. In R. Freedle (Ed.), *Advances in discourse processes: New directions in discourse processing* (Vol. 2) (pp. 53-120). Norwood, NJ: Ablex.

Tsai, M. (2007). Understanding young children's personal narratives. In J. Clandinin (Ed.), *Handbook of narrative inquiry: Mapping a methodology* (pp. 461-488). Thousand Oaks: Sage.

作者簡介

蔡敏玲

　　幼稚園時期開始長程搭車的生活。公車上無事可做，安靜張望，同時得細心估計拜託大人協助按下車鈴的精確時段，或許就此養成在移動狀態中觀察與思考的習慣。1990 年開始在幼稚園教室裡聆聽小孩說話，當時人在美國中西部一個小鎮。1993 年回到台北，先在車程約兩個半小時的泰雅社區，後在步行約十分鐘的台北市區，領會幼稚園和小一教室互動的節奏與變奏。2001 年起，厭倦自己分析話語的方式，開始聽幼稚園孩子在教室裡說家裡的生活，並起步探索分析敘說的方式。過去五年，每週至少一天在台北、山區以及金門聆聽幼稚園小孩說假日生活。回到研究室和家裡的電腦前，螢幕上與心裡躍動的，常常還是小孩說生活的聲音。小孩說生活的聲音成為日常的聲音，是我小時候沒料到的事。中年回首，驚喜發現：沒有小孩的自己也有小孩好聽耐想的聲音作伴。這些聲音裡意外而好的滋味，幫助我重新認識與想像童年。

華人教養之道——若水

宛在水中央

10.教養之道——
若水[1]

呂金燮 教授
台北教育大學特殊教育學系

　　利用到小學演講的機會，我總想理解家長和教師對子女未來的期待，希望子女成為怎樣的人；也經常請我的助理以及身邊的熟人，請熟識的父母說或寫他們對子女的期待。不論是普通班教師、資優班教師、進修研究所的教師、一般學生的家長，還是特殊學生的家長，菜市場裡賣黃牛肉的張爸爸，還是博士學位的李教授，健康、快樂、做自己、能助人是每位父母的心聲。這中間比較多的是平凡的善良、自信和知足等，少了成龍、成鳳、成大器的樣貌。

　　如果有機會花五分鐘看看每所小學附近的招牌，會驚訝於我們的社會多麼「用心」在孩子的教育上，各式安親班、才藝班、作文班、美語班、補習班，甚至資優和潛能開發都要上課，街頭到處可見各類「名師」的招牌；只要問問國民教育階段的小孩，除了學校之外，課外的學習從數學、英文、各種才藝加上最近流行的作文，琳瑯滿目。

1　本篇雖然嘗試歸納本書其他章節的論述，但個人能力有限，無法精準表達，讀者閱讀時，可與前面章節對照，一定會有新的發現。本文獲國科會經費補助（NSC-97-2410-H-152-023），以及所有若水工作室夥伴的協力討論與建議，在此深表謝意。

一個如此重視教育功能的社會，學校體制外的學習如此豐富多元，每個人如此努力的學習，到底是爲了什麼？我們深知教育是改變未來最直接的方式，改變孩子的教育，將改變孩子的未來，也會改變我們的未來。而我們現在這樣的教育方式，將把我們帶到怎樣的未來？

每次與家長談論如何教養資優兒童，和教師討論課程設計時，他們最關心的是在升學主義的窄門下，如何讓孩子可以有好的分數考上理想的大學，又能真的發揮個人的潛能。我會停頓許久，然後很心虛的說：「靠智慧」，當然這個答案不能滿足焦慮的父母和教師，困惑的父母或教師需要更清楚的方式或者說技術，於是我會把一些研究結果提供他們參考。不過，最後我也會提醒他們，穩定的氣候下靠「智力」，因爲所有的問題似乎都可以有個合理的解答；而不穩定的氣候下靠「智慧」，因爲面對的問題沒有一個標準的答案，甚或沒有答案。我們永遠不可能當完美的父母、完美的教師，教養孩子沒有單一的完美標準，這是一個我們永遠在學習的課題。

面對漸趨多元的社會，我們的教育正在傳遞與再造典範，在傳遞與再造典範的實踐中，產生也匯聚了這個文化教育實踐的智慧。身爲華人教育實踐者，不可諱言的，在學術與實務實踐上，我們常常是西方文化的仲介者或代言者，爲了擺脫仲介者的角色，尋找我們的主體性，我們必須從教養的實踐中，重新獲得教養的活力，同時也反思與發現我們自身認識上和實踐上的盲點與不足。在這裡，我思考著我們的教養中如何傳承傳統華人文化並創造台灣的教養文化，同時，亦反問我們的教養實踐做了什麼？這些實踐能夠帶給教育怎樣的新意涵？

我們都是身在文化這條長河中的人，也是創造這條長河生命的人。身爲文化長河中教養實踐者的我們，在長河中教養下一代的同

時,也在學習如何成為理想的教養實踐者,我們和被教養的孩子一起創造長河的新樣貌。對教養這件事,我們沒有共同的標準,也似乎無法說出個清楚具體的方式。在教養這條路上,沒有人天生知道如何教養,或者如何學習,那是在文化中和他人互動生成的,換句話說,也就是在文化脈絡中,面對小孩,成人學著如何當老師、如何當父母;面對有經驗的學習者,小孩或小學徒學習著文化中的重要價值與活動,總之,教養之道指的是在文化中的學習之道。

因此,本章所謂教養之道,**是指所有在教養之路上的學習者(成人或小孩)的學習**,重點在討論小孩如何學習長大以成為文化中的人,父母如何學習當父母以教養小孩,教師如何學習當老師以教育兒童,而非單指成人的教養方式。站在台灣這塊滋養我們的土地上,我們希冀能夠呈現這些教養實踐上的特殊性,據以思考教育的種種可能,並與人類其他文化的教育理念對話。

處在文化變遷中的我們

古人寫樹,或三株五株,九株十株,令其正反陰陽,各自面目。

～石濤　畫語錄

面對全球化,處於知識爆發的資訊時代,兩岸華人的教育是如何因應這個變遷?LeVine與White(1986)整合許多人類學者對近代中國現象的研究,在《人類條件:教育發展的文化基礎》(*Human Con-*

ditions: *The Cultural Basis of Educational Development*）一書中，以
「為美德移動的教育」為主軸闡述中國近代的教育現象。他們指出，
在傳統階級結構以及儒家教育中，知識份子是最崇高的社會角色，
「萬般皆下品，唯有讀書高」。經歷了文化大革命與馬克思主義的洗
禮，這樣的信念與假說已逐漸褪色，「智力」（brain）與「勞力」
（brawn）仍有明顯的分野，但是它們的價值已經完全顛覆了。在邁
向現代化的道路上，勞力遠比知識更有價值。但是要明確比較中國與
西方教育系統的差異，莫過於對「道德」的重視，也就是以道德為核
心，而將其他的能力降為次要。

　　黃俊傑（2002）對比大陸更快向西方文化展開雙臂的台灣，對近
十幾年教育現象的觀察做了整理。他在〈論大學的知識社群特質〉一
文中，提到近代以前傳統中國的教育，基本上是以道德關懷作為知識
傳播與創建的動力，讀書人的求學目標在於「知書達禮」，讀書人最
為重要的是真誠與良心，他們常常要在外在條件的束縛下，經由自我
的解放而追求內在的心安理得。反觀，現代的教育型態則偏向以功利
主義作為知識創造的動力。黃俊傑還提到傳統中國知識社群中的師生
關係，是一種道德共同體，是一種從屬關係，師生之間德業相助，功
過相規，學校是道德的共同體，而教師則是道德的楷模。但是反觀現
代社會，現代大學的師生關係是由一套「權利─義務」下所規範的契
約關係，在社會逐漸工業化之後，傳統親緣關係的重要性逐漸被業緣
關係所取代。種種法規，例如：《大學法》的條文在法律層面明確規
範學生與學校、學生與老師之權利與義務關係。傳統中國書院教育中
師生情誼以及道德共勉的精神，已經隨風而逝。

　　但是從智慧理想人物的角度探討，有不同的發現。楊世英

（2007）以個人在現實生活中所展現之一系列經由思考、行動，以及發揮正面影響的歷程作為智慧的具體定義，針對六十六位被提名為有智慧的人，就其過去展現的智慧進行半結構式訪談。研究結果顯示，在台灣的華人社群，智慧所發揮的功能與表達形式，多與提升人際間的和諧與服務機構或社群有關，換言之，強調滿足他人需求造福社群的心理特性。這個發現如楊世英在文中所提，和華人具有社會取向、他人取向與相依的自我特質，與本土心理學的研究呼應外，也意味了在台灣社會不斷西化的歷程中，堅持的、追求的理想典範，或許與傳統或對岸的華人，在某種程度上仍有些共通性。

楊世英（2007）強調，在日常生活的智慧研究中，有智慧的人所從事的智慧事件中，並非藉由其遵循文化中的常模規範或是既定角色來展現；在很多事件中，智慧是透過個體不斷反省，傾聽自己內在聲音，對非親非故的陌生人伸出援手，堅持做自己認為對與正確的事情，或是投入自行設定的人生志業等。這類智慧的產生，可能基於個人與文化積極協商形塑的理想，更勝於基於社會常模的責任義務。

大陸與台灣深受儒家思想的影響，整體社會特別強調教育與成就。這幾十年間，大陸經歷了文化大革命與馬克思主義的洗禮，正在以世人無法預估的速度與方式西化，也許如 LeVine 與 White（1986）指出，中國的現代化是站在國家發展的本土文化觀點的產物，大陸的「迎頭趕上」絕非借用與競爭的代名詞，而是有計畫的與個人和社會行為既有的文化模式的相融與和諧的發展，這將有待繼續探究。

而由於整體的歷史背景因素，台灣比大陸的現代化早一步，台灣這幾十年的發展與世界的近代史密不可分，從 1624 年起，台灣歷經荷西、明鄭、清治、日治、中華民國（至今）等時期，這些歷史和文

化都深植於每個人的靈魂深處。因此，可以說台灣是一個文化的混血兒，現在的台灣擁有所有過去的各種身分，而每個身分被碰觸時，整個人都會顫動。台灣是所有台灣過去和未來的一切所形成的，而且全部都是，而所有的全部賦予了台灣教育的活力。同樣承襲了華人文化的台灣，在與其他同樣受到儒家文化影響的大陸、香港、新加坡，甚至日本，在不同歷史社會條件的地域上，我們建構了怎樣的教育智慧，又如何以這些智慧教育我們的下一代，這些教育實踐的智慧是豐富人類整體教育知識不可或缺的一環，我們先從自身的經驗開始整理。

我們的教養之道

我們希望成為我們自己生活的詩人，首先要在最細小的事情上做到這一點。

～尼采

在這裡主要討論前面幾個章節中，我們從自身教育實踐的歷程與研究觀察的經驗，闡述我們如何在快速變遷的文化長河中，實踐教育的種種可能性，而歸納其中教養之路上的學習者，所共同呈現的可能樣貌。我們所闡述的事情也許微小，只就我們幾位的觀察，討論我們文化中教養實踐的可能樣態，也難免有過度簡化之嫌；但是，藉著呈現我們思考的角度與歷程，可以促發我們更深入探問與觀察的敏銳度，這裡所做的歸納只是一個初步暫時的假設，一個藉以討論的平台，絕非封閉的結論。

滲透「當」人的關係網絡，探索自身的邊界

在我們的文化中，「當」字真的很巧妙，當小孩、當學生、當父母、當老師、當下、想當然耳……等，用途可真廣泛。《辭源》中，「當」父母的「當」字有個解釋是「擔當」，承擔責任之義。我們很少能說出怎樣當個好父母，但是很容易在這個不成文的「當」字被打破時，義正言辭的說：「你這個爸爸是怎麼當的。」在我們的文化中，往往先知道要「當」什麼人，才知道怎麼做人。怎麼個「當」法是在綿密的關係網絡中，慢慢滲透、摸索出來的。

「當」小孩的關鍵在「小」，文化的小學徒（第九章）並不像古代學徒「在師傅身邊，全靠耳濡目染，專注觀察，做盡雜務，等待師傅交託事項，自行體會技藝的各種生成脈絡」，他們的年紀雖小，也許不會直接說做人的道理，但是只要給予機會，他們的敍說中往往展現出他們對大人文化的切身詮釋。「小」學徒是我們希望的所在，是文化的甘霖，小學徒初降大地，在懵懂中用最微妙的方式，尋找隙縫，一點一滴學著滲入這塊未知的文化土壤。蔡敏玲觀察幼稚園生活敍說的場子，聆聽小學徒在場子裡說出對文化中沒有明說的部分理解。在場子裡，孩子不直接說「我是誰」，而是透過敍說，說出自己所領會的日常生活以及自我的多種面貌。她發現「孩子說生活、說家人、總會說到嵌置在人際關係網絡裡的那個自己。」在棒棒糖班孩子的敍說裡，當爸爸的可以很晚睡，睡到不下來吃早餐，「每次」、「每天」都這樣，「但是叫別人都睡很早」，孩子同聲應和「我爸爸

也是」；當姊姊的大了不能尿床，要幫弟妹洗澡、洗頭髮、倒水，不能欺負弟妹；當最小的妹妹可以一直搶姊姊東西，弟弟是家人的生活中心……，孩子從當妹妹、當姊姊的關係網絡中，映照出自己的邊界何在，卻不是直接說「當」小孩這件事。

「當」新手教師（第五章）則是另一類的文化「小」學徒，新手教師「跟在師傅旁邊，觀察一切過程，雖然也有幫忙實務操作的歷程，但是都是在師傅嚴密的指導下進行」。新手教師這類教學路上的小學徒，即使幸運地度過了實習這一關，幸運地考上了老師，也並不代表這些新手們就立刻能夠順利地進行教學。在對教學情境缺乏深入體會與了解時，以為教學就是班級裡發生的事情，以為創新教學的方式，卻引來學生、家長的不滿，甚至教務主任的關切。嘗試用對話式教學的老師卻被控不適任，原因無他，忘了教學的周邊關係，教學從來不是孤立在教室裡的事情，教師要面對的，也不是只有班級中的學生。這往往是新手教師最難以理解、也最需要學習的部分。新手教師在學徒生活過程中，逐漸看到各面向之間錯綜複雜的關係，教室管理、親師關係、師生關係、同儕關係、學生的行為與學習的關係等，掌握了這些關係，才真正上路了。

在我們的文化中，「當」學生（第三章）就不這麼小心翼翼的回應周邊的關係。在龍山寺，會看到國小學生坐在因慶典而打開的中門口石板地上，以拜墊為座墊就地寫生，問起來，好像老師要他們來畫畫，其他就不是重要的了；國中生和專科生則利用寺內的供桌或石珠（石柱腳），或站或坐地直接進行水彩作業。即使信徒告誡，如此行為會冒犯孤魂，招來不幸的，學生似乎也不表認同。在文化中學生雖然是「弱勢」。但是他們自小被小心翼翼的監管、保護與愛護，成人

對學生的責任大，學生的角色，給了犯錯的空間。學生得以在監控的緊張與容許犯錯的特權之間，心無旁鶩的建構自己的世界，在被擠壓與被保護的張力之間，越界、偷跑成為不成文的共識。

在我們的社會中，「當」特殊兒童的父母（第七章）不是「弱勢」（雖然西方文化稱之為弱勢族群），而是「行單影孤」。面對外在環境的敵視與不解，孩子的特殊狀況，從家庭、學校到社會層面，所需要的資源遠比一般兒童多太多，而可取得的資源卻又何其的少。在整體環境不能支持，資源無法順利取得的情境下，特殊兒童的父母往往和自己的孩子成為生命共同體。照顧孩子就成為一輩子的責任，甚至擔憂萬一自己過世，孩子的未來如何安置；孩子即使已安排就業、就醫，仍不放心。於是父母（尤其是母親）往往把自己和孩子綁在一起，把教養孩子的責任，變成自己生命的志業。這種「愛」，使得無邊無際茫茫人海，劃出了希望的邊際。

當老師的在我們的社會中，對學生而言，也許是最「權威的」了，但是這不代表老師最「大」，凡是教學上的事情都由他決定。抄寫聯絡簿（第八章）是誰發明的、誰決定的，我們不得而知；但是透過聯絡簿，小學老師不但教小孩也教成人；把它當成「教育村落」的文化工具，滲透進入教育村落的每個與孩子教育有關的角落，父母、祖父母還是課後輔導的老師。滲透孩子各個層面的學習，考試還是尿液檢查、國語還是數學、品德和生活教育一個不缺。教師也從聯絡簿中，找到自己在教育村落中可以著力的位置。隨著一般家長教育水準的提升，平常不能公然要求家長的，藉由孩子個別的問題，教師透過聯絡簿，請家長對成績不理想的孩子給予鼓勵，請家長協助孩子訂定讀書計畫，提醒家長孩子是「寶貝」，要好好為他加油。因為孩子，

聯絡簿成為大人間綿密的網絡，教師也很清楚，只要為了孩子的學習，大人是願意在這上面調整改變的。

從文化的小學徒到文化裡的師傅，從當姊姊、當學生、當父母到當老師，我們都得滲透到文化的關係網絡中，才能看清楚自己的邊界何在，在這個邊界中理解怎麼當文化中的各種人。在本質上，我們在教養的關係中重新改造和重組我們彼此的經驗。在我們的文化裡，教養可以說是逐漸成為某種人的歷程，逐漸掌握如何「當」某種人的歷程，難怪乎我們常常說把小孩教養「成人」。換言之，教養是我們在教養實踐中形塑自己成人的歷程，參與社會關係的歷程就是「成人」的歷程。在教養實踐中，沒有學生，「當」不了老師，沒有小孩就沒有所謂的父母；決定怎樣當小孩，是從有怎樣的父母與文化而來；決定當怎樣的特殊需求兒童的父母，也視當時的社會環境而定；決定怎麼當老師，是從有怎樣的學生開始，面對怎樣的父母而來；同樣的，決定怎樣當個學生，也要看面對的是怎樣的老師與文化背景。許多老師、父母之所以被視為「偉大」，在於當他們與學生、與孩子密不可分，隨著彼此的成長而成長。所以，要看到教養對受教者的影響，必須同時看到教養之中教養者和受教者如何彼此影響，這層關係不容小覷。

體察入微，拿捏底層的分寸

我們常常拿河流和水來比喻生命，例如：「生命之水」、「生命的長河」，因為生命如水，逝者如斯，一去不返。生命中所發生的每件事情、每個問題都會成為過去，每件事情的處理都可大可小，許多

問題並不是被解決了，而是被下一個更急迫的問題所取代了，處理問題的訣竅不是一個一個解決它，而是知道如何拿捏分寸，不致於過猶不及；這個知道拿捏是靠自己的生命一點一滴去浸潤，夠深入結構的底層才有的分寸。

「文化的小學徒」中的孩子，面對爸爸叫睡覺，抗拒不去睡覺，因為爸爸只會說「去睏啦」（台語）；沒睡覺，爸爸就拿棍子，被打了，用「嘻嘻」回應老師的「糟糕，怎麼辦？」換了被別人的棍子打了，換了不一樣的老師，就不會是「嘻嘻」這樣子了；遇到妹妹一直搶玩具，設法因應，不管用騙的還是用哄的，都是用當姊姊的立場來處理，用當姊姊的立場與妹妹當下的情境去拿捏的。同樣的，新手教師這類教學路上的小學徒，必須看當時的情境、當時的對象、當時的事件，看自己在整個教學周邊的關係中，才能知道當下如何拿捏自己的反應。這種複雜的行動知識，沒辦法從師傅直接教導，而是靠日積月累的經驗中，滲透之後得來的直覺。「當」老師的專業和自信，往往不是在理論上找到的，而是在實際踏入教學現場慢慢體會，才摸索出來的。

雖然年齡愈大的學生、受現代化學校教育愈久的學生，愈不在意龍山寺內信徒或法師所遵奉的老規矩。M國小學生不在成人的監控下「非官方」的生活，用陽奉陰違或者打游擊抗命的方式維持「六加五」的次文化，但是，基本上他們的內容上還是「善有善報，惡有惡報」，對合適與不合適的行為拿捏，有基本的尺度與價值觀，例如：重視和平、正義與友誼、保護弱小等，而非簡單的叛逆或無厘頭創造性而已。觸邊踩線，但不至於犯罪，基本上還是與成人的世界規範相呼應。

特殊需求幼兒的父母，雖然行單影孤，面臨照顧孩子，被迫選擇單薪或更換工作；旁人無法代勞，隨時得面對無窮的無助感，以及一

顆永遠懸在半空中的心。在沒有邊際的大海中，只能靠調整自己的心態，從拒絕相信、坦然面對孩子的障礙，到肯定自己的孩子，靠堅毅不拔的毅力與勇氣，穩住自己也支撐起自己的孩子，甚而成為支撐別人的力量，因為「**她是我所愛**」。

在我們尊師重道的文化中，當老師的雖然似乎掌握了所有孩子的學習內容，對自己教室裡的教學方式應該有相當的自主權。但是文化變遷下，這樣的權威已變得相當的尷尬。「當」老師（第六章）的面臨幼稚園家長要求教寫字，自己堅持專業不教，無奈學生開始轉出；國中的美伶老師在進修後，想嘗試較有創意的討論教學，家長並不贊同，要求轉班，甚至學校教務主任也要求改回較傳統的方式；教師為了提供學生另一種學習，教學方式卻受到家長質疑，家長的要求與專業的訓練相違背時，教學上該如何拿捏？有創意的教師想的並不是二選一的問題，而是如何兩全其美。於是幼稚園老師想出一個讓家長滿意又能不影響自己專業的方式，而國中的美伶老師用討論的方式，而且讓學生成績還可以往前。

聯絡簿這個教育村落的文化工具，在教育村落裡的各個村民對兒童的教育都有發言權，但是前提是發言的內容不用經過兒童本身的同意，而且是在兒童的眼前來來去去。聯絡簿內大部分是每個村民對孩子學習上在意的事，而不一定是兒童本身在意的事。每位父母或者說每個大人在意的不會一樣，甚至是南轅北轍，如何在不同大人的價值觀與自己的教學理念間，拿捏分寸，成為教師寫聯絡簿的藝術。於是對一位要求遠多於鼓勵的家長，教師在聯絡簿上用「寶貝」稱呼孩子；為了提醒家長共同承擔教養的工作，又不想讓家長發現自己越權時，教師措辭多半從「請給予關心鼓勵」、「請協助處理」、「請多

給予鼓勵和肯定」到「感謝家長配合」，如果只是例行的提醒，口吻則是「發下打針卡簽名繳回」、「數卷訂正簽名」，要能夠適度拿捏用詞的分寸，重點當然是關係的基礎，聯絡簿自然也負起了教師經營親師關係的重要工作。這樣看來，小學老師光寫好聯絡簿、聯絡親師的溝通，就是一門大學問。

文化的小學徒或者新手老師，對所處的情境不夠熟捻，常會被說「白目」，因為看不到隱而不顯卻至為關鍵的「眉眉角角」（台語），常常撞得鼻青臉腫。我們只有處在關係互動的網絡中，不斷學著深入底層，體察了一些只可意會不能言傳的大大小小的竅門，才能拿捏「當」某種人分寸。教養的歷程往往是許許多多的問題串連起來的生活經驗，當父母的、當老師的、當學生甚至是當小孩的我們，面對生活中一連串的問題，都不可能先深思熟慮之後，決定最佳的方式或原則，再據以行動，甚至許多的問題，不容許我們有思考的餘地，許多問題是不可能有萬全之策的。教科書裡的理論原則，教養寶典裡的最佳典範，不能適切的解決我們的所需，這時候靠的是，我們在不同情境中累積出來，無可言說的拿捏原則。

不論是家庭中、學校裡還是社會上，每個教養的環境中都規定了各自特有的價值觀，擁有各自的拿捏原則，這些原則界定了我們可以轉圜的空間；在這個空間裡，每位小孩，還是父母、教師的我們，根據我們在這個空間裡的位置，轉化我們已知的回應整個環境，而我們也只有完完全全投身融入這個場域，才能切切實實拿捏在這個環境場域中的適切行動。這種適切的行動是一種「能動」的「知」（Gallagher, 1987），不是固定的知識，這種知道是整全的經驗，是一種知行合一的真知，正如魚得水，而魚卻不知水之存在，很難表述。

順應形勢，發揮若水的力量

有路可以走的地方，我們不會費力去披荊斬棘另闢蹊徑；有電梯可以搭的時候，我們不會費力去爬樓梯。仔細觀察我們的日常行為，會發現能夠省力的，我們決不費力去做。人前進的時候，一定找尋最容易的路；循著阻力最小之路，才能把能量集中在目標上。當無路可走，橫山阻撓，山不轉路轉，我們很少會像愚公費力去移山。為了省力，周邊的環境，當下的時空背景，就成為我們另闢蹊徑的重要助力。在清楚的目標下，即使是阻力，也能化為助力。

幼稚園裡的文化小學徒，還是新手教師的小學徒，夠小，以致於用點滴滲透的方式是最省力的。身為姊姊的，分享假日故事，敘述妹妹搶玩具，身為姊姊不向大人告狀，自己解決難題的事，而且還提醒聽眾她還是一位會幫妹妹倒水刷牙的姊姊。大人不在場，她用了大人最常用的方式，連哄帶騙，從自己玩妮妮（玩具）、「再騙一次」，和妹妹一起看電視，然後妹妹終於不再搶她的玩具，自己一直等到妹妹睡著了，才告訴媽媽，這種種要說的是她怎麼當姊姊的，言下之意，怎可不佩服還是個文化小學徒的她？

當學生的感受到擠壓，而且擠壓支配的力量過大，夾縫已經到了底層，在自己的文化中，沒有空間，於是台灣的學生族群不約而同「偷跑」，投向異文化，接納異文化，演繹外來文化，運用非華人文化的元素，做為弱勢者自我伸張的策略。學生在成人文化的擠壓下，形成一種向外的動力，這種動力把自己的土壤和非華人文化的土壤，

打破、重新和泥，形塑文化的另一種面貌，也同時維持了文化結構中斷裂之處。當學生成人之後，這些當初在成人文化夾縫底層中的次文化，翻上檯面，成為文化主流，成為浪頭，直接造成文化板塊的更迭，這反倒成為帶動文化變遷的捷徑。

當特殊兒童的父母（尤其是母親），意識到必須用自己的力量，才能一肩扛起所有孩子的教養工作，同時又意識到自己的力量如此微薄時，最好的方式就是善用所有孩子所需要的資源，做為增強自己的力量。於是舒安的母親林美瑗進入心愛兒童發展中心當保育員，結交了特教的好夥伴，也接觸許多其他的慢飛天使和家長。之後進入慈濟大學社工系就讀，當自己力量儲備夠了，舒安的母親跟郭煌宗醫師於1996年成立「早療協會」，參訪其他文化下的早期療育，推動「健康列車」兒童發展義診，到各地與慢飛天使的家長們分享寶貴的經驗。把滴水穿石的堅毅力量，匯為載舟的河海。

我們常常自嘆台灣的學校教育在升學主義的陰影下，過度強調集體的成就標準，忽略孩子的個別性；過度強調知識上的學習，忽略了孩子情意態度上的陶冶。在聯絡簿這一章，我們看到小學教師利用聯絡簿，把教學的觸角延長了，也把學生的年齡層擴大。利用聯絡簿，關照每位孩子個別學習上的問題，觀照孩子身體健康上、學習態度上和情意發展上，以及文化與道德上的素養，這些無法統一在課堂上處理的課題，教師巧妙的利用聯絡簿補齊了正式課程所遺漏的洞。在台灣的社會文化與教育環境下，聯絡簿讓教育村落各個相關的村民可以互相聯絡的方式，成為教師發揮教育功能，一條輸送補給到各部落與匯集部落特產的重要河道。

「當」老師（第六章）的遇到小朋友把松鼠帶到學校當玩具，沒

收下來，保管可就成問題了。把它變成教學的素材，不但不再是問
題，還是最生動的教學；一位轉學生來了，坐哪兒常常是老師很頭痛
的問題，放進數學座標圖教學，學生幫忙解決了問題，也學習了座標
圖的概念。這種例子在老師平常的教學裡，屢見不鮮。以前的經驗不
夠用，教科書上的例子不適用，一定要找出適合學生，也適合自己的
方法。克服教學上的困境不是解決問題而已，而是一種最高創造的藝
術。有創意的教師，善用各河道的交匯點，成爲載舟的力量。

我們的教養實踐從來不只是知識的傳遞，而是洞察情境、發現關
係文化涵義中，享受一種創造性的實踐歷程，也是構築我們關係的溝
通過程。教養實踐是教育的生命力，是極具創造力的經驗展現。凡是
教育實踐，其本質一定是我們自身的活動和行爲，雖然有我與我們之
分，但總是以一定的時空、環境和資源做爲必要的條件，這些時空環
境背景可能是我們的阻力，也可能成爲我們教養實踐的助力，端看我
們自身對他們的詮釋。從一個角度看，松鼠是班級管理的問題，換一
個面看，松鼠是極佳的教材；從一個角度看，聯絡簿是教學的額外負
擔，換一個面看，是發揮教學眞諦的重要管道；更難的轉換是，社會
的壓力如何成爲學生越界的動力，愛搶玩具的妹妹如何成爲姊姊成人
的助力，特殊兒童如何成爲父母成長的內在力量。

教養實踐不會是單一目標的，不會是單純的教的問題，我們如何
在教養歷程中，不斷內省，探看自身與教養的目標，找出適切的路
徑，成爲我們最大的挑戰。更進一步的說，則是我們如何在實踐中學
習實現自身的同時，也實現教養中多重複雜的目標。當自身的邊界，
從小孩，變成學生，變成父母、老師，面對的情勢雖然愈加複雜，但
是反過來說，可善用的資源也變多，自身的邊界也擴大了，能發揮的

影響力也加大了。在華人文化這條長河中,這樣若水的力量,怎樣才具有「智慧」的樣貌?我們試著探探看。

若水的初探——自身即道

> 子絕四:毋意、毋必、毋固、毋我。

在滲透「當」人的關係網絡中,如何不迷失在複雜的關係中,還能找到自身的邊界?在多元價值觀的社會中,我們如何拿捏自己的行動準則,或者拿捏對孩子或學生是好或正確的行動?在變動的形勢中,如何順應形勢,發揮最大的力量?我們**遡洄遡游**所呈現的教養實踐的種種面貌,與在師道初肇的三位大師(第二章)和古道照顏色的教育家(第四章),兩相映照下可以給我們怎樣的啓示?從小學徒學「技」到大師「庖丁解牛之道」,是否有跡可循?還是失之毫釐,差之千里?

面對快速變遷下所有的不確定性,我們從來無法以確定的方式,決定教養的最佳之道;在不斷變動的龐大世界中,不穩定的社會中,教養所面臨的最困難挑戰是一種能夠面對日益增長的複雜性、不斷加速的變化性以及不可預期性的智慧。Morin(2000/2004)強調,變動中的社會,永恆的定律將逐漸退位,既定規律的程序將無法繼續運作。面對變動,我們需要的是能體察形勢的各種可能性與不可能性,從複雜與變動的情境中,掌握教養的內在品質,藉以實踐創發與轉變受教者意識的智慧。

從孔子、墨子、莊子（第二章）乃至蘇格拉底（第三章），我們可以發現這些教育家之所以偉大，並不是用道德和批判性的理論高度去引導學生思考，用概括性的原則或方式教導門生，而是以一種可以體驗的、可以檢驗的、具體的日常生活為課題，在其中體察教育在各種情境和環境中的可能作為。這種教育的作為，關乎他們與受教者交往的方式，他們所學即所教，而他們自身即是教育之所繫，那是一種學習的歷程，遠勝於教學的歷程。

面對變動的社會、多變的教養對象，我們永遠是根據當下情境所採取的立即性行動，而愈是立即行動，行動愈自發，愈反應那一霎那間的內在傾向，這個內在傾向，不是根據抽象的道德觀念，也非依靠抽象的知識系統；不是隨機的反應，也不是偶然的結果，而是一種預備性的內在品質關鍵（Mayers, 2002），一種「知是行之始，行是知之成。若會得時，只說一個知，已自有行在，只說一個行，已自有知在。」[2]知行合一的體現，這樣的內在品質是靠長期「日月至焉」、自我心智磨練的結果。

這種內在品質是孟子所謂德性精神充盈於內而顯發於外，身心一體的「踐形」。將所學所知付諸實踐，成為自己做人的法則，長期累積，「有諸內，形諸外」的。當仁、義、禮、智根於心，就能「睟然見於面，盎於背，施於四體，四體不言而喻」[3]，就是我們在孔子身上，墨子、莊子乃至蘇格拉底身上看到的丰采，他們渾身上下都是仁、義、道、智的泱泱君子之風。他們自身即所學之道，即所教之

2 參考王陽明《傳習錄》。
3 參考《孟子·盡心》。

道,門生不需要他們多費言語,只要接近他們,自然就學會該學的仁、義、禮、智之道。就像有創意的美術老師(第七章)這麼說:「藝術……生活化,因爲你這樣讓學生覺得,藝術其實不會很遠,鑑賞美學你就是放在生活上。然後你自己就是品牌,爲什麼?因爲你站出去,你給人就是代表你的品牌。」所教即所學,所學即生命價值的實踐,教與學從來不能與生命價值沒有關係。自身即道,始於變動的自身,終於生命所求之道。

在我們的社會文化中,自身的邊界是在與他者互動中形成的,我們的「我」若水隨時在變動中,這個變動的自身隨著情境而改變,隨著「當」下的社會角色和關係而變。沒有固定的「自我」,對一般熟悉心理學概念的人來說,是一件非常令人不安的事情。心理學強調健全的人應該認識自我、實現自我。在與外在環境互動的過程中,好似有個固定「自我」等在那兒,等著我們把洋蔥皮一層一層的剝開,找到那個核心,把那個核心解放出來,心理分析就是這個典型。

我們文化中變動的「我」,是積極對外聯結的自身。孔子強調「毋我」、莊子強調「忘我」、「喪我」,並非放棄「我」、放棄自身,而是和蘇格拉底一再強調自己的無知是一樣的態度,那是一種積極向事物開放的態度,隨時接受全新的可能性,爲的是更好、更整全的掌握所欲理解的對象。就如水沒有一定的形態,所以可以倒進杯子、倒進茶壺裡,也可以倒進大河裡;水藉由自身形式的改變,映照出所處情境的界線,以使「我」在情境中得以最大化。孔子在面對所有人的問題,是大夫還是鄙夫時,都是一樣「空空如也」的態度,不斷與其對話,直到自身理解對方的問題,而對方也自己開竅爲止。

這個變動的「我」,隨著情境關係網絡的變化,在理解對象的同

時，也重新發現自身。當「我」對理解的對象敞開自身，從生疏的對象中見出自身的東西或特質，自身與對象融爲一體，從理解的對象出發返回認識自身。這樣的理解不能用科學獲得，Gadamer（2000/2005）強調，只講究對象的形式、性質和數量的客觀認識，是不足以用來理解人類本身。這種理解不是由五官的運作，不是由理智的認識，而是透由而全面滲透來領悟事物的關係與眞諦。這種對象的深刻理解，來自情意的滲透。

> 人類的了解不是乾燥的光線（dry light），而是與欲望和情感融爲一體，產生「希望的科學」（wishful science）……簡而言之，情感以無法察覺的方式遍及並影響人類對事物的了解。（Bacon, 1994, p. 59）

Morin（2000/2004）強調對人類本身眞正的理解，建立在個體間的交流、感情的移入，甚至同情的基礎上。理解使得我們感受到他人的微笑、憤怒、害怕與歡喜，並與他們有同樣的感情。理解包含個體對個體的同情與同理過程，看到一位兒童的哭泣，我們之所以能夠理解他，不是透由測量他眼淚的濃度與容量，而是透過我身上重新發現孩提時的悲傷，透過把他同情於我和把我同理於他，我與他之間的情感交融，眼淚中看到他和我們自身。這樣的理解，需要開放和寬容（Morin, 2000/2004）。透過情感的交融，我們理解一個對象的同時，也理解自身，我們自身也在我們對對象的理解裡。爲了這種根本的理解，爲了把握理解對象的整體意義，我們必須將自身與所處的情境緊密聯繫，讓自身與對象不斷融合在我們的理解中，重新不斷獲得新的視

界。情感投入的理解能夠充實和修正對象，也同時充實並修正我們自身。

在我們的文化中，沒有核心的「我」，「情」字就是我們撐起關係網絡，維持我們世界的關鍵。對智慧的教育實踐者而言，他們藉以行動的不是表面關係，而是藉著情感滲透整體關係，藉著情感承諾拿捏行動的分寸。他們也在理解的過程，不斷重新拓展自身、改變自身。對理解對象的情感投入愈深，愈難改變，這種情感的承諾，會成為所有實踐的唯一考量。以致孔子無論講學、生活、從政、流離播遷，學生都是他的親密夥伴，「仁」始終是他生命實踐的依歸，乃至於只願意用老師的身分死於弟子之手，也不願意死於家臣之手。

在變動的現實中，有人選擇出污泥而不染，也有人選擇隨波逐流；有人選擇「留取丹心照汗青」，也有人選擇「留得青山在，不怕沒柴燒」，哪種若水選擇是智慧還是智取，其間的差異何在？這種選擇沒有標準答案，端視個人價值觀上的拿捏。如 Sternberg（1995）與 Gardner（1999）所言，那是文化價值取向問題，也關乎整個環境的歷史脈絡。身處動盪的春秋戰國時代，孔子選擇以仁的忠恕之道教導門生，濡化當時每個人。墨子選擇以義的判斷行動帶領門生，企圖改變世界的秩序，改變每個人的素質。莊子則選擇以道示人，不斷用不可直接言傳，只能心領神會的假託之人、事、物，有志之士，聞得自會開悟，信賴德行自然的感召以及學習者的靜觀默會。諸子百家自成一家之言，自有各自的主張，當然背後隱藏更多的是對事物與社會的價值觀，乃至對如何影響受教者以及整個社會的重要信念。

人類總是企圖尋求最好的良善判斷，不讓自己的行為全然的盲目，能夠超越社會慣例（Gadamer, 2000/2005），換言之，人類會自我要求行為的正確性，在實踐中不斷要求自我行為的正確性需要的是

一種智慧。這種實踐智慧非聰明也不是技術，而是當沒有法則可用時，個人必須根據對的理由而行動，這之間正確的行動依賴著個人以為向善向上的理念（Gallagher, 1987）。Gadamer（2000/2005）強調，這種實踐是一種清醒的意識行動，而且在行動中自我調整、自我檢驗，並且達到榜樣的作用。在實踐的歷程中，對教養者或受教者而言，都意味著一種極其深刻的精神轉變，這個轉變使我們能身臨其境般的始終與孔子、墨子、莊子時代處在一起。這之間起關鍵的作用並不是普遍的準則，而是透由自身不斷的「內在性」反思而完成，那是一種對判斷力的品味選擇，一種價值觀的選擇，這就是人文精神的所在。

新心理學的創始人 Williams James 在完全被自己的憂鬱症所癱瘓的時候，喪失了所有行動意志。有一天，他發現自己可以決定去相信自由，於是他寫道：「第一個自由的行動，便是選擇自由。」全球變遷的複雜世界，對我們提出各式各樣的問題，並以各式各樣的方法試煉我們。William James 強調面對某些試煉，我們可以用簡單的行動輕而易舉的解決，某些問題，我們可以用既定的成語回應。然而，面對愈複雜的問題，愈是與生命價值有關的最深沉的問題，愈不容我們以言語回答。不能用語言的回答問題，必須用生命去實踐的教養之道，就成為所有學習者、教育者對生命的可能性作回應時的試金石和判準。身處複雜世界的我們，能做的第一個行動，便是選擇我們願意用生命相信的。

Csiksentmihalyi（1996）透過對九十一位不凡人物的訪談，提出如果處在一個社會規範已然喪失的狀態，無論個人潛能，或是團體自主能力的發展，都絕對無法完成。混亂的社會，價值觀和內在法則蕩然無存，將喪失自我發展與修正的方向與支持。同樣的道理，當個人

價值觀與內在選擇的法則混亂，將無法有效利用周邊的資源，有效的發展潛能。在快速變遷的社會中，多元價值觀的社會，我們或許可以選擇和蘇格拉底同聲：「我不知道，但我相信！」和孔子同聲：「仁遠乎哉，我欲仁，斯仁至矣！」

水，順應所有外在情勢而改變自己的形式，但水的本質從未變過。當自身即道，可以隨時映照外在情境，掌握整體關係，拿捏底層的分寸，順應形勢，發揮力量。自身即道若水的內在品質，可以爲法則，可以美其身，[4] 可以爲後世典範。自身即道，則可若水隨著形勢，隨著受教者而變動，因材而施教，則教養之道，無定法無定則，乃能得心應手，遊刃有餘；受教者從師，則師其人而非其法。

智者樂水

這一路來，我們從學術的象牙塔出發，溯源而上至孔子、墨子、莊子，乃至蘇格拉底，順流而下至文化的小學徒。從涉水的經驗中，我們發現教養這件事在我們的文化裡，比較像是綿密的關係企業，教育村落中的所有關係人，人人有責；親子是生命的共同體，師生是學習的共同體。我們教養的實踐若水的變動性與多樣性，就如文化長河中生命的豐富與多元，所有可用的資源都是我們教養之道，所有可行

---

4 參考《荀子‧勸學》：「君子之學也，入乎耳，著乎心，布乎四體，形乎動靜。端而言，蠕而動，一可以爲法則。小人之學也，入乎耳，出乎口；口耳之間，則四寸耳，曷足以美七尺之軀哉！古之學者爲己，今之學者爲人。君子之學也，以美其身，小人之學也，以爲禽犢。」

的方法，都是教養可用之道，所有的人都可以是學習的對象。這其中最關鍵的是我們願意改變自身，在教養與學習中，所教即所學，所學即生命實踐之所在，不斷追求生命價值之所在，最終讓自身成道。我們的教養之道若水，而若水的內涵是智慧的教育實踐者**體現過**的，這些體現過的智慧，用生命建構出來的獨特性，是高度個性化的，那是一種生命影響生命的精神轉變歷程，成為代代受教者發展智慧的催化劑。

華人文化中若水的實踐思維，隨情境的變動而調整的生命力，是我們自身處世、形塑自身與他人的重要力量。相對於強調理論與外顯教育原則的西方教育理念，華人文化是個強調實踐行動、重視身教的學習文化。面對日益複雜的社會，我們教養下一代「成人」的歷程，這些實踐與內發的智慧如何持續發揮若水的生命力與影響力，是現在也是未來教育研究的重要議題。

探究教養實踐這個議題中，我們比較像涉水的人，涉水一定會弄濕衣服。我們都是在水中央的人，有的人全身泡在水裡、有的人站在水中，無論如何身體都不可能是乾的。這裡所呈現的經驗與思考，是我們在水中不同的位置上，摸索到的樣貌。可是，不同的時間，不同的地點，伸手觸摸到的河水，都已不是原來的水；文化教養智慧的長河隨時滋養著涉水的我們，而我們永遠觸摸著不同的河水。這本書所呈現的是我們此時所觸摸到的河水，只是暫時性的假設，提供關心華人教養實踐的人士，一個不同的觀看角度與平台。對華人教養之道，這本書，是我們探求的開端。

參考文獻

黃俊傑（2002）。論大學的知識社群特質。載於大學通識教育探索：台灣經驗與啓示（頁 54）。台中市：中華民國通識教育學會。

楊世英（2007）。日常生活中智慧的形式與功能。中華心理學刊，**49**（2），185-204.

Bacon, F. (1994). *Novum organum*. Chicago: Open Court.

Csiksentmihalyi, M. (1996). *Creativity*. NY: HarperCollins.

Gadamer, H. (2005). 解釋學、美學、實踐哲學（金惠敏譯）。上海：商務出版社。（原著出版於 2000）

Gallagher, S. (1987). The place of phronesis in postmodern hermeneutics. In R. Martinez (Ed.), *The very idea of radical hermeneutics* (pp. 22-32). NJ: Humanities Press.

Gardner, H. (1999). *Intelligence reframed: Multiple intelligences for the 21st century*. New York: Basic Books.

LeVine, R. A., & White, M. I. (1986). *Human conditions: The cultural basis of educational development*. NY: Routledge & Kegan Paul.

Mayers, D. G. (2002). *Intuition*. New Haven, MA: Yale University Press.

Morin, E. (2004). 複雜性理論與教育問題（陳一壯譯）。北京：北京大學出版社。（原著出版於 2000）

Sternberg, R. J. (1995). Understanding wisdom. In R. J. Sternberg (Ed.), *Wisdom: Its nature, origins, and development* (pp. 3-9). New York: Cambridge University Press.

國家圖書館出版品預行編目資料

華人教養之道──若水／呂金燮等著.
--初版.-- 臺北市：心理, 2008. 12
面； 公分.--（教育基礎；8）
含參考書目

ISBN 978-986-191-229-5（平裝）

1.教育　2.文集

520.7　　　　　　　　　　　　　97025600

教育基礎 8　　　**華人教養之道──若水**

作　　者：呂金燮、吳毓瑩、吳麗君、林偉文、柯秋雪、
　　　　　徐式寬、袁汝儀、蔡敏玲、閻鴻中
責任編輯：郭佳玲
總 編 輯：林敬堯
發 行 人：洪有義
出 版 者：心理出版社股份有限公司
社　　址：台北市和平東路一段 180 號 7 樓
總　　機：(02) 23671490　　傳　真：(02) 23671457
郵　　撥：19293172 心理出版社股份有限公司
電子信箱：psychoco@ms15.hinet.net
網　　址：www.psy.com.tw
駐美代表：Lisa Wu　　tel: 973 546-5845　　fax: 973 546-7651
登 記 證：局版北市業字第 1372 號
電腦排版：辰皓國際出版製作有限公司
印 刷 者：東緒彩色印刷有限公司
初版一刷：2008 年 12 月